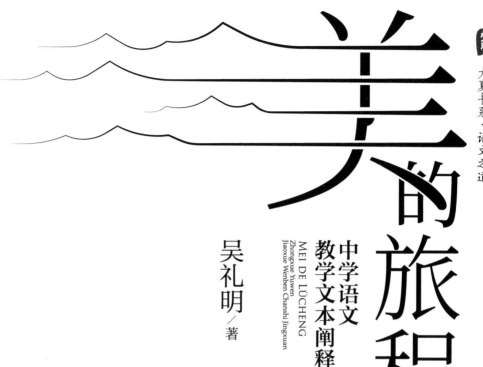

美的旅程

大夏书系·语文之道

吴礼明／著

MEI DE LÜCHENG

中学语文
Zhongxue Yuwen
教学文本阐释精选
Jiaoxue Wenben Chanshi Jingxuan

华东师范大学出版社
全国百佳图书出版单位
·上海·

本书的方法与路径

本书主体部分是两个较大的板块，是关乎"诗"文本与"文"文本（古今体散文、小说与戏剧等）的感读与析读。

就诗歌而言，重点在诗歌的发散与其意涵的稀释。在读析诗歌时，舍弃了惯常的从诗歌意象到意境的路径，而有意讲求文本元素的关联性，注意诗歌的叙事性，并运用文艺心理学知识，注意将诗歌文本元素的理解与抒情主体的表现结合起来，避免诗歌读析与理解的程式化及碎片化。总之，不特别强调中国古典诗歌诗论概念，同时注意发现诗歌文本内部的矛盾与不平衡之处，强调理辨，注意问题的发现或新义的发掘，将古典诗歌与现代诗歌等同融汇在"意义"的寻求上。

至于"文"文本的读析亦在于此。

本书的一个方法论，是着眼于文本内的文本要素的兴感所系、文本结构上的矛盾冲突，以及不同文本间意义的关联。这一点，在"诗"文本的解读与欣赏之中有贯穿，而在感读、析读散文体文本时，也始终如此。

在这一域，作者除了运用知人论世的传统解读法外，还适当地运用一些结构主义及解构主义等方法，而侧重于内涵发掘，或文本澄清，或路径梳理。尤其在感读的散文文类部分，则重在因文会心，强调作文的用心所在。当然，无论是诗歌类文本还是散文体文本，两者都强调对文本的"生命"的感悟与解读。

此外，本书在欣赏或解析时，旨在新得的发现与见解。但并非刻意，而是着意于指谈之间的言必有据、言必有理，以此作为成言立范的一部分。

至于世人所谓语文教师要做的"必修课"，可谓众言纷纭。而从阐释学的角度看，在古诗文教学不断得到强化的情势下，注重文本细读、语言的厮磨与文意的梳理，并尽可能把握创作者的情感与个性风格；同时着眼于文本的观点、材料与思路之间存在的误差及问题，讲求文本阅读的意义的寻求与考据，可能才是一个大体切实而可行的方法吧。

第一辑　可以感：其言有感触

第二辑 可以议：论议在析理

附　录

在细读中彰显见识和魅力

钱念孙

当今信息时代，每天海量信息风起云涌，扑面而来。如何快速过滤和处理各种蜂拥而至、应接不暇的信息，已成为人们时常烦恼和困惑的问题。面对不是囿于信息太少而是苦于信息太多的时代，人们阅读和吸纳信息的方式也悄悄发生变化。我们不论是看书、看报，还是看电脑、看手机，已经越来越习惯于一目十行的快速浏览，甚至只是关注标题的一翻而过。这样固然能够提高阅读的速度和效率，却也难免囫囵吞枣、走马看花，以至如《礼记·大学》所言："心不在焉，视而不见，听而不闻，食而不知其味。"

其实，从掌握知识，尤其是学习语文的角度看，我们恰恰应取相反的态度，即舍快取慢，去粗取精，摈弃不求甚解的粗放式阅读，倡导钻研式的精细阅读。叶圣陶先生在《语文教学二十韵》里，曾着重申说细读的意义和价值："陶不求甚解，疏狂不可循。甚解岂难致？潜心会本文。作者思有路，遵路识斯真。作者胸有境，入境始与亲。一字未宜忽，语语悟其神。惟文通彼此，譬如梁与津。"这告诫我们，作为语文教学的阅读，"不求甚解"是浮浅疏狂的表现；只有潜入文本，细抠一字一句，才能理清作者思路，体会作者用心，"悟"出词语背后的精神，真正把握文章的津梁。摆在我们面前的这本《美的旅程——中学语文教学文本阐释精选》，就是吴礼明先生"潜心会本文""语语悟其神"的成果，堪称一位语文教师精研业务、细读文本的典范。

所谓"细读文本"，当然首先是指对文字的细嚼慢咽，认真弄懂文章的一词一句，各个段落之间的层次关系，作家创作的总体构思和脉络展开，以及文字表面直指的和深层象征的意蕴等。这种咬文嚼字和仔细推敲，无疑是中学语文教学不可忽视的关键环节。它不仅是理解文章内涵、掌握写作技巧、提高表达水平的基础性工程，而且是帮助学生积累文字传达的广阔知识、丰富情感和生活经验的重要途径。《美的旅程》重视字、词、句的解读，却并不满足于一般教参式的套路分析和老生常谈，避免解读的程式化和碎片化，而是注重文本内在问题的发现和新鲜意义的阐发，探寻作者为文的用心所在和生命感悟。

陶渊明的名篇《归去来兮辞》，以往的解读多认为其抒发了作者辞官归隐的志愿和喜悦心情，以及回归乡村田园后怡然自得的生活感受。"舟遥遥以轻飏，风飘飘而吹衣。问征夫以前路，恨晨光之熹微。乃瞻衡宇，载欣载奔。僮仆欢迎，稚子候门。"诸如此类的词句，确实勾画了陶渊明挣脱仕宦羁绊、迷途知返的欢欣，归心似箭的急切，以及与亲人相见的高兴和激动等。然而，礼明先生认为："从《归去来兮辞》里仅仅看到作者回归田园的快乐，则远远不够。"他以"肉体的还乡与精神的焦灼"为标题，指出陶渊明回乡不仅要面对内心深处贫与富的交战、穷与达的烦恼、生与死的煎熬，还要面对亲人离世、生活艰难、暮年体力衰损等种种困难和考验。"已矣乎！寓形宇内复几时？曷不委心任去留？胡为乎遑遑欲何之？富贵非吾愿，帝乡不可期。怀良辰以孤往，或植杖而耘耔。登东皋以舒啸，临清流而赋诗。聊乘化以归尽，乐夫天命复奚疑！"他慧眼看出："陶渊明这段表示决心和付诸行动的文字并不是轻松的"，因而也启示我们思考"乐夫天命复奚疑"的喟叹，实有深层而丰富的内涵。

对于一篇篇耳熟能详、似乎早已了如指掌的中学语文佳作，礼明先生几乎都能像分析《归去来兮辞》一样，灵心慧眼，别出机杼，从中挖掘出人们常常忽略的新意和深意，并作出头头是道的论证和阐释。譬如，谈论

《孔雀东南飞》，标题就是"府吏的局外与知识的悲哀"，这既点出焦仲卿的软弱性格以及在母亲与妻子矛盾之间模棱两可的态度，为焦母的专横跋扈和刘兰芝的镇定坚强提供了书写与展示的空间；又说明刘兰芝悲剧的产生，也与其"十三能织素，十四学裁衣，十五弹箜篌，十六诵诗书"紧密相关，因为婆婆需要的不是一个知书识礼的媳妇，而是一个可供随意驱使的"下人"。在深层意义上，刘兰芝的悲剧也可说是"专制对'知识'可悲的胜利"的悲剧。类似这样深入文章肌理并开人眼界的论述，在书中俯拾即是。如读《诗经·卫风·氓》，看到"一个女人可以作出人生决断的时代"；读《战国策·触龙说赵太后》，触摸到"建构'理解与沟通'的心路"；读《后汉书·张衡传》，体悟到"参透天道，奈何人道"的哀叹；读鲁迅《记念刘和珍君》，感受到"阮籍式的深情，离骚式的表述"。如此等等，不仅显示了作者读书善于在"不疑处有疑"的钻研精神和可贵品格，也从接受美学的角度对文学史上经典范文的意蕴作了有价值的补充和丰富。

真正的阅读从来不只是知识的被动吸收，也是阅读者原有内在经验被唤醒和激活，并在文本意脉的滋养下草长莺飞、杂花生树，产生新的感悟和认识的过程。这本《美的旅程》，一面汲取和消化经典的丰厚营养，一面对经典的内涵探赜索隐和阐幽抉微，开拓了中学语文教学细读文本、深入阐释的新境界。它不论是对继承祖国文化遗产，尤其是学好用好中学语文经典文本的遗产，还是对提升读者细致观察事物、培育敏感心灵、洞悉社会万象和人生真谛的能力，都是颇有意义和价值的工作。

礼明先生嘱序，让我有机会拜读书稿并颇受教益。匆匆写下粗浅读后感，权当旅游景区有它不多、无它不少，甚至挂一漏万的简介。读者诸君欲知实景如何，请翻开正文探幽揽胜，相信也会感到"此中有真意"，不虚一游。

2022 年 5 月 30 日完稿于合肥书香苑

钱念孙

1953 年生，民盟成员，安徽省社科院研究员，省文史研究馆馆员。出版著作《文学横向发展论》《朱光潜与中西文化》等 27 部。近年来倡导君子文化、乡贤文化研究，影响甚大。

文本解读，从哪里出发

吴华宝

2012年为礼明的《散文阅读新路径》写序，2016年为他的《中国醉美的古诗词》作序，都是令人愉快的经历。

此番研读礼明新著，往往惊喜，既惊且喜，或先惊后喜；常常感叹，感动并赞叹，废书而叹，击节赞赏。我要郑重祝贺礼明兄，是书是他的珍贵成果，也是语文界的重要收获。

一

名篇佳构如同名珠、美玉，人人喜爱观瞻，人人愿意把玩。然而，正因其为名篇为佳构，读者、研究者或"横看成岭侧成峰"，或论甘忌辛，好丹非素，得出不同的结论，形成不同的观点。礼明深知其理，也深知其弊，所以，他的研究实事求是，由始至终从文本出发，并以文本为归宿。礼明的研究做得结实扎实，因此常获创新的成果，相信他的成果和方法必然产生积极而深远的影响。

读《卫风·氓》，一般都会关注到桑女的决绝。礼明则沿波探源，从桑女的勇敢私奔中看出她悲剧结局的逻辑性，从心路历程里看出她性格的成长史。《一个女人可以作出人生决断的时代——读〈卫风·氓〉的细节》，使读者的认识提升了，通透了，文章引人登上观景平台，居高临下，从而可以从高处清晰地看《卫风·氓》了。

赵太后是不是"溺爱"长安君？礼明发掘相关史料，从家内外、国内外分析，从母亲的身份和情怀分析，有力否定了"溺爱"观。说"溺爱"，是简单了，偷懒了，甚至是肤浅的，迎合的。触龙是不是用了纵横家的技巧？他知道赵太后既是母亲，又是国家治理者，而二者是可以统一起来的。于是先从长辈（父母）爱孩子谈起，获取共同话题，后从国内外形势发论，终于说服太后。纵横家巧舌如簧，伪饰夸张，触龙心平气和，娓娓而谈，入情入理，跟纵横家真没有多少关系。礼明的《建构"理解与沟通"的心路——〈触龙说赵太后〉导读》扎实有力，有很好的导引之效，有很好的纠偏之用。

讨论苏武故事的结束处，礼明忙里偷闲，引读苏武归汉以后的事，略加点拨，引发深思，力透纸背。

曹禺曾就《雷雨》发声，礼明对曹禺先生的观点也是客观分析，肯定其是否定其非，作品问世，就是一种社会存在，对该作品的观照，作者然，读者未必然，作者未必然，读者何必不然？

礼明兄的文章就是这样：或纵横捭阖，左右逢源，或追踪溯源，发微探幽，或爬梳剔抉，明辨是非，或抓住细节，发散延伸，但一贯坚持从文本出发，不先入为主，不迷信盲从，也不刻意立异标新，一切由文本说了算。

二

不仅如此，我还要强调，礼明这部书的结撰，也是从语文教师出发的。

书中有一组"综述"文章，如关于"推敲"的讨论，关于陶潜的"隐逸"问题，关于现代诗如穆旦、艾青、梁小斌的诗的阅读难度，关于鲁迅小说的主题，等等，作者采用"综述"手法。综，提纲挈领、切中肯綮；述，客观公允、简约明洁。礼明兄掌握着故土桐城学派的利器，于义理的把握，于考据的使用，真可谓得心应手，游刃有余。更可贵的是，述中时有新见，新见经得起推敲。在综述时，他考虑最多的，是广大一线教师。从教师出发，是本书又一鲜明特色。材料可靠、富赡，结论明朗、可靠，牢不可破，读本书的教师将大获裨益。

在《是"赞美"还是"眷恋"——郁达夫〈故都的秋〉解读》中，礼明语气委婉，但是，结论明确。说郁达夫赞美故都的清、静、凄凉，似乎没有毛病，但推敲一下，清、静、凄凉，实在是郁达夫的主观感受，他喜欢它，享用它，陶醉于它，忘不了它，所以实在只能是眷恋。

《丧家狗，弄圣道具耳——读李零信件和〈韩诗外传〉所涉细节》一文，臧否名教授李零大作。在尊敬李教授的前提下，礼明征引辩驳，条分缕析，犀利而温厚，从容自若，兵不血刃而稳操胜券，即便李教授读到此文恐怕也会一时语塞。

礼明对流行观点、权威观点加以评说驳议，给语文教师的启发是十分深刻的。

不论到什么时候，不论出现什么新理论，教师的指导引领作用都搁在那里，教师功夫过硬，课堂效果就好，学生受益就多。所以，"从教师出发"，也是从课堂出发，从学生出发。

三

文本解读是语文教师的看家本领，文本解读的功力是语文教师站位的标志。所以，掌握文本解读方法、熟悉解读文本技巧就显得尤为重要。

本书综合使用多种解读方法，书后两篇附录是点睛之笔，值得反复咀嚼，正文28篇堪称样板，需要细致研读。枯燥说教与现身说法的效果怎么能同日而语？

不仅如此，礼明兄的这本书中，还有成为优秀教师的方法、教学研究的方法、做学问的方法、读书的方法、写作的方法……综而言之，这部书是一座蕴藏丰富的金矿，请语文教师、中文系学生努力发掘！

2022 年 5 月 2 日

吴华宝

1957 年生，中国科学技术大学附中名师，安徽省特级教师。著有《趣味语文精选简释》《中学语文中外名篇比较欣赏》等 20 余种。

第一辑

可以感：
其言有感触

一个女人可以作出人生决断的时代

——读《卫风·氓》的细节

《诗经》中的《卫风·氓》是春秋时期卫国的民歌，描写了一个勤劳、美丽的女子对爱情、婚姻的悲愤与悔恨，以及她与负心人果断决裂的经过。这首诗以时间为序，中间穿插议论，结尾又附补插，使诗歌文本极富变化的特点。

全诗截取了一段富有意味的生活片段来展示人物的生活情形。诗共分六章，但六章写来并不是四平八稳，而是有其波澜的。全诗交替运行着两条叙事的线索，一明一暗，桑女为明，为她的愁怨与控诉；布氓为暗，他使出卑鄙的手段得到了桑女，又用暴虐的手段去折磨她，而面对桑女的申斥，他显得很猥琐。诗歌用节约的文字先诉之于布氓的形象，一个矛盾的形象：蚩蚩的外表与恼怒的内心，说明他根本没有什么良善与诚挚之心来对待这个柔弱温娴的女子。此一正一反，使得诗歌在活泼的情节流动之中丝毫不显得板滞。

从道理上说，在爱情之中，男女的地位与关系应当是对等的。而我们从那男子恼怒的表现中看出了事件的不祥瑞的影子。这个暴虐之徒，所有的悲剧性后果都是他一手造成的。而开始的"怒"，则与恋爱的气氛格格不入，你看是多么的不和谐！相反地，在首节诗中，我们却看到了一个善良、体贴，对爱情甚至执着得不顾后果的女性形象。当然，我们也可以说，这是女主人的软弱与过分迁就的表现，这也为后文埋下了不幸的根子。

诗的第二章充分地展示了桑女对于爱情的执着的心情和举动。"乘彼垝垣，以望复关"，她的内心充满期盼；"不见复关，泣涕涟涟"，她的内心是多么伤悲啊；"既见复关，载笑载言"，其内心是多么欣喜啊……所有的这一切，都历历于我们的眼前，时光晃过了千年，而今天这个感觉仿佛还在，就因为诗歌所写的，是真实世界里真实发生的事情，而这样的事情，在每一代年轻人的心理上都或多或少地存在着。所以，我们真的要佩服那写诗的人的感情的细腻和逼真了。

然而，这一章的精妙还不在这里。我们试着将以上的桑女的行为联系起来看，在时间的流动之中，是不是有着一个我们原来意想不到的情形出现了？是的，那桑女不见她的心上人，她等得真是不耐烦了，她这时的心全在他那里，她不再矜持了，走啊，走啊，于是，"乘彼垝垣"的是她，"以望复关"的是她，"不见复关，泣涕涟涟"的是她，而"既见复关，载笑载言"的仍然是她。也就是说，从"不见复关"到"既见复关"都是她，是她，一步一步地走着，期盼着，走着，巴望着，不断地朝向她全身心所寄托的那个"蚩蚩"之氓。这一全情性的行为，我们今天谓之"情奔""私奔"，仍然可见桑女性格里的某种让人隐隐忧心的东西。女人有时就是这样的痴情、忠贞与执着。值得注意的是，诗歌这一章是一韵到底，节奏明快，虽然夹杂着"泣涕涟涟"，但到底是欣喜的、欢快的。这就是断续的动作里我们可见的表情和内心！

诗的第三章为桑女的感慨议论之言，在结构上使得全诗波澜陡起。这不仅是由叙事向抒情的一个转变，而且也是诗歌的情节发生巨大的转逆。而在诗歌情感的抒发上，由欢乐的底色突然转入到了一种悲情的宣泄。给读者以当头棒喝，不能不使人惊醒过来。于是由爱情烂漫的遐想转入到对现实冰冷的沉思。桑叶多么润泽有光，桑女多么青春鲜丽，然而，这非常危险。危险在只看到眼前的有限时光，而忽视了对生命的自省。桑女沉浸在自身姿容的想象的世界里，因为她对家庭的维系与依托仍然建立在"以色悦人"上。也就是说，只要"我"有足够的姿质，就会像当年那样有足够的信心赢取布氓的心。

而在诗歌的阐释上，这一章又为全诗的理解提供了一个新的解读空间。再回到诗歌的开头，我们看"氓之蚩蚩，抱布贸丝；匪来贸丝，来即我谋"这几句，就会发现，桑女决非没有脑筋的傻女子，她其实早就"识破"了布氓的狡狯，她为自己的这个"发现"而暗自欣喜。在她看来，那个男子虽然有点小手段，却显得那么笨拙，到底是借着以布换丝的名义傻愣愣地、小心翼翼地来试探她的芳心，到底在与其他女子的争夺战中，让那个一时为情色冲昏了头脑的家伙重新回到了自己的身边。在这场超长度爱情角逐的游戏中，究竟是一个"伟大的胜利"了。而这胜利的本钱，便是她"其叶沃若"般的姿容。

但她却从此掉进了一个自设的陷阱之中。为了巩固这得来的成果，她不惜一而再再而三地委曲求全，先是异乎寻常地背弃了婚姻的社会性契约，不要良媒牵引而私下里指秋为期；紧接着，又偷偷地带着全部嫁妆不计后果地私奔布氓；甚至冒着危险，趟过了水流湍急的淇河（在今河南省鹤壁市）；而与布氓成婚后，又起早睡晚，没日没夜，辛勤劳作，苦苦操持，唯一没想到，这样的结果会是"桑之落矣，其黄而陨"。转眼之间，是桑叶的枯黄飘落，是桑女的失容憔悴。最终，"以色悦人"落了空，她心力憔悴，未老先衰，色衰爱弛，终于酿成了巨大的人生悲剧。

她为她的"胜利"偿付了太多的代价。现在，她是多么后悔！

自第四章至末尾为桑女的倾诉和控诉。诗中历数其良善、艰苦的经历与不被理解的痛苦。她多年为妇，苦楚经营，而结果却是丈夫喜新厌旧，变得暴戾冷酷，夫妻关系终至破裂。她重新回到娘家，然而家人不仅不问，兄弟们反而耻笑起来。这究竟是一个多么沉深的困境！朱熹对此是这样议论的："盖淫奔从人，不为兄弟所齿，故其见弃而归，亦不为兄弟所恤，理固有必然者，亦何所归咎哉，但自痛悼而已。"（《诗集传》，中华书局 1958 年版，第 38 页）

这个教训确实是非常沉重的。一方面，爱情并非单方面的行为；另一方面，婚姻家庭生活能否得到保障，感情生活能否天长地久，依照民间最普通的习惯，还需要倚赖于双方背后的力量的支持度。对于桑女来说，尤其在结婚之后，为维持婚姻家庭生活的质量，而获得娘家人的支持，比任何时候都显得迫切、显得重要了。

事情确实有前因后果，相当一部分责任确实是需要桑女自行承担的。她的第一个人生抉择是自己作出的，当初是那么勇敢、坚决，她为情色所迷，这个教训确实是非常沉重的。然而要她偿付青春与人生的艰辛，又着实是非常严重的社会性问题了。因为在这场爱情婚姻生活中，她并无过错，为了爱情而角逐而情奔并不是错，为了家庭日夜操劳更不是错。

但是，诗歌并没有带来绝望。桑女在偿付青春冲动的学费之后，她变得冷静了，理智了。她说："及尔偕老，老使我怨。"由此说明她在生活的磨难里，已经清醒地看到了事情的真相，与其与布氓苦熬度日以怨愤终老，不如现在就快刀斩断乱麻。汤汤的淇水，总有堤岸；绵延的沼泽，也有边际；而这痛苦难耐的婚姻，也该是有个到头的时候了。这是她的第二次人生的选择、人生的角逐。盲动的青春让她痴狂，而沉重的生活又使她清醒。我们还能看出经过生活历练的桑女是果敢的、坚强的。

在诗的结尾，桑女再度对人生的细节进行了回顾、检索与反思。她回忆当初他们两小无猜、青春年少时的相愉相悦的情形，以及布氓在刚刚结婚时的旦旦信誓的表现，她发现，这些其实都是不重要的；重要的是，人生的道路上，要懂得回头，要知道反省。既然男人不珍惜眼前的这一切，既然她再努力也没有效用，那还不如就此了结一切。她说："反是不思，亦已焉哉。"她容不得她的婚姻生活被当成儿戏，又经受蹂躏和摧残。在这里，她以其勇毅的决断，维护了做人的那一份尊严。她在娘家的这一抉择就显得非同寻常了。

当然，在男尊女卑的社会里，桑女此番举动，肯定要付出惨重的代价，我想她是清楚的。由桑女回到娘家的反省，并作出新的决断，已经再清楚不过地说明一切了。清人方玉润在《诗经原始》里评说此诗"为弃妇而作也"，并以此与《古诗为焦仲卿妻作》相比，认为"此女始终总为情误"（《诗经原始》，中华书局 1986 年版，第 179—180 页），可见还没有真正将诗歌理解透彻。

不过由此引发的一系列社会问题，可能都不是桑女所能想象的。但无论如何，当时社会编织的罗网，究竟与后来社会相比，要宽松得多。所以并不像白居易在《井底引银瓶》诗中所慨叹的那样："为君一日恩，误妾百年身。寄言痴小人家女，慎勿将身轻许人！"而白诗所写为情而奔的女子却不能获得堂堂正正的名分，反映了封建礼教对爱情男女自由恋爱婚姻的凶恶摧残，这在封建社会都是一个带有普遍性的社会问题。而这首《卫风·氓》中的桑女，显然要幸运得多了。所以，从这个意义上讲，受殷、周文化的双重影响，比较自由开放、直率热烈的卫国民风，留给我们的并不是那么一份沉重的回想。至少，那是一个女人可以作出自己人生决断的时代。

建构"理解与沟通"的心路

——《触龙说赵太后》导读

　　《触龙说赵太后》这一文本真伪在学术界有争论，这里存而不论；但从以往的教学效果来看，这一课很多老师的理解与处理一直不很理想。问题出在哪里呢？是课文的字词有难度吗？其实生僻一类的并不多。是文本阅读有难度吗？其实文本粗读起来不仅不难，反而感到比较浅显。但就教学的实际情形来说，教学与文本阅读似乎总是隔膜了一层。

　　现在不妨先出示新辟的设计思路，等一会儿再解决前面所提及的问题。其具体设计可以是这样的：（1）让学生的学习理解由一般情境走进特定情境，在对课文作简单的检查、回顾后，直接聚焦课堂话题。（2）围绕文本，即"品味个性化的人物语言、深入生动的细节描写，把握鲜明的人物形象"，展开讨论和分析，并同时建构"理解与沟通"的心路，以显现理解作品的意旨。（3）在此基础上，将古文所蕴涵的有关意识引入当下生活。

　　这一课可由问题讨论开始：

　　1.赵国处于怎样的形势？从哪句话可以看出？（"新用事""急攻赵"写出了秦国乘人之危和赵国所面临的国家危机。）

　　2.从第一段中可见怎样具体的矛盾？（秦进攻，赵危急，要化解危机需齐国强援，而要齐国援助又需长安君为质，但以长安君为质而太后又

"不肯"，大臣强谏又激怒太后。齐国的要挟和太后的"不肯"这对人为的矛盾已达到不可调和的程度。）

3.此段中，赵太后给人留下什么样的印象？从人之常情出发，虽然赵太后实为一国之君，但她也是一个母亲，她在对待子女的问题上有偏差吗？（课堂可能出现这样的解答：她有出自其自私和任性的一面，"有复言令长安君为质者，老妇必唾其面"表现出她作为一个统治者的顽固和专横。但还有另一面……）

4.有很多人说，赵太后对长安君太"溺爱"了，这是没有眼光的表现。是不是这样？那么，什么是"溺爱"？请阐述自己的理由，最好都根据文本进行回答。此外，你认为父母应该怎样爱子女？当今社会在父母关怀子女的方式上，你认为是否妥当？

这样，课堂便自然而然地进入一个关键点。因为几乎所有的资料，包括学者如吴小如先生都持赵太后对长安君所谓"溺爱"的观点。小如先生在《读〈战国策·触龙说赵太后〉》中说："这篇文章的主要矛盾在于太后的溺爱少子而置国家安危于不顾，坚决不肯让长安君到齐国去做人质，以至于发展到不讲道理的地步。……而齐国的'必以长安君为质，兵乃出'，和太后的'老妇必唾其面'，两个'必'字就活画出这人为的矛盾几乎已达到无法统一的地步。"（见《古文精读举隅》，山西教育出版社1987年版）那么，为什么会产生"溺爱"的看法呢？在最根本上，是材料与背景不详，以及不少人对所谓统治者心怀一种天然的抵触所致。而教参所提供的两则材料作用其实并不大，一则为时代背景介绍，因与课文文本几乎一致，而事实上并没有起到什么作用；另一则所引为《战国策·齐策》里一段"赵威后问齐使"，因赵太后"先贱而后尊贵"而显示其开明，但教参却作了一番曲意引申，以为"在这篇课文中，她却表现出溺爱子女甚至蛮横不讲理的一面，完全不像一个开明君主的样子。这说明统治者的子女观并不绝对地与个人品质有关，而是与社会制度和当时的社会文明程度有关"。所以，如何补充背景知识就显得相当重要。同时，欲使课堂走进文本、深入历史现场，教师就必须重新深入理解问题的实质，并辛苦搜集和查证相关的资料。现将一个资料列之如下：

● 赵太后与其子女

赵武灵王十六年（公元前310年）娶孟姚，生赵惠文王。（据《史记·赵世家》）

惠文王十年娶齐愍王女，为威后。（据明代冯梦龙《东周列国志》）威后至少有过三子二女：赵孝成王、长公主、燕后、庐陵君、长安君。长子孝成王生于前288年，死于前245年；长公主生于前287年，夭折于前286年；燕后生于前284年左右，死年不详；庐陵君生于前282年左右，长安君生于前280年左右，去世时间不详。

● 赵太后执政前后的赵国

前286年，齐愍王倚赵灭宋，燕昭王呼吁各国击齐。齐孟尝君受排挤，在魏反齐。赵为盟主，秦昭王也投机参与，维持十余年的赵齐关系破裂。

前286年，赵威后刚出生不久的长公主夭折。两年后，其父死于丈夫势力之手。前279年田单破火牛阵后，赵齐恢复邦交。之后，赵文有赵豹、平原君、蔺相如，武有赵奢、廉颇、许历，与秦相持数十年而不失利。

前270年，赵派公子郚作人质，愿以焦、黎、牛狐三地换回秦占之蔺、离石和祁。秦交付三地而赵反约，大怒攻赵阏与，赵奢和许历大破秦军。

前269年齐相安平君田单访赵，加强友好。一年后，威后另一女择燕王孙今王喜，称燕后。赵加强齐、燕关系，无事。

范雎"远交近攻"策略得秦昭王赏识，前266年任秦相。范雎与魏相魏齐有深仇，昭王发誓为雎报仇。魏惧，魏齐逃赵，藏匿于平原君府。这年，赵惠文王去世，赵孝成王即位，赵威后执政。秦诳而软禁平原君，写信威胁孝成王，并出兵攻赵，陷三座城池。孝成王恐慌。当时，燕相荣蚠对赵不友，赵之盟友只剩齐。齐襄王已病入膏肓，国事绝于君王后，而君王后不想过多参与。齐向赵求威后幼子长安君入质才可发兵。赵威后陷入困境。

齐接受人质如约出兵援赵，主将田单，赵声势高涨。后，魏齐被迫自杀。赵即索人头送秦，昭王撤军并释平原君。继而，燕荣蚠侵夺赵地冀中。赵威后欲以土地换田单入赵为臣，领兵攻燕，遭赵奢等宗室大臣反对。结果田单入赵败燕，赵只得一些小城和贫地；而齐获益最多。

威后摄政前身体已虚，不能走路，出行须依人和车，饭少，只食粥。前264年，赵孝成王二年，威后病逝，享年四十一岁。四五年之后，赵国长平大败。三十六年后，秦破邯郸。四十二年后，秦灭赵代王嘉残余，七雄之赵消失。（部分资料来源于网络，并稍作整理及补充。）

待学生阅读完相关资料后，课堂便可进入"聚焦'溺爱'"的环节。一旦回到与当下相隔2000多年的历史现场，问题就会变得异常清晰起来。我们应该如何看待那个纷扰的年代中，一个既是太后又是母亲的人如何艰难地生存和处置政事呢？一俟学生讨论完毕，历史一幕里似乎很复杂的层面，便渐渐地浮出了水面：（1）战国的国际局势极其复杂，处理国家政事也因而变得极为艰难；（2）这些年里，赵威后的心情始终不能舒展，因为身边的亲人如女儿、父亲、丈夫相继离世，因而怜子之情变得更加凸显，何况幼子长安君尚未成年；（3）此时，她早已身体虚弱，已经不能下地走路，出行都要依靠人扶和车辆，吃饭也很少，只能进食一些稀粥。

在这样的历史和现实下，看待赵太后对长安君的疼爱，便不能是所谓的"溺爱"。不少人以为赵威后不知大义而溺爱少子长安君，这一点多少属于误读了。在道理上要说明某事某物为非，似乎并不难，其判断的依据，就看对关键证据数如何取舍，以及对支撑证据面如何取舍了。《触龙说赵太后》一文本没有涉及"溺爱"的问题，在资料比较充分的情势下，应该是可以判断的。再则，不妨想想何谓"溺爱"，这个问题想通了，就有可能冲破语文教学在这一课几十年僵滞不前的局面。而这种"冲破"并非刻意追新，而是思所必至、理固宜然。

对一个历史而兼文学的文本，究竟应该怎么上，或者说对于类似的文本究竟应该怎么处理，这一课也是很值得探究的。而回到历史的现场，深入人物的内心，理解像赵太后这样的人物的苦痛而脆弱的心灵，从而理解她在历史关键时刻的艰难选择，就显得异乎寻常的重要了。而要理解赵太后当时难以割舍长安君的心理，除了上面所涉及到的，至少还需要有以下这么三点：

（1）赵孝成王即位时不过20岁，作为太后幼子的长安君也不过14或15岁，试问哪个母亲发自本能而愿意将年幼的孩子出质他国？所以，作为一个母亲，赵太后的"过激反应"其实很正常。

（2）大臣的"强谏"貌似有理，实则无情，不仅说明赵国在国家处于危急之时辅佐帮办集团智力孤穷，还有胁迫人家孤儿寡母之嫌。本来，"食君之禄，分君之忧""受君之托，忠君之事"，结果真正临事，又都"齐心协力"地形成非常滑稽的压力集团，所以赵太后的"有复言令长安君为质者，老妇必唾其面"，不能说不含有这样的因素。确实，明知长安君是太后最疼爱的孩子，还要硬生生地将其送入虎狼之地，在赵太后看来，夫丧子幼，外患又至，可谓内忧外患，已是心力交瘁，又无人能体谅她女人的艰难，在她精神最为脆弱的时刻，便带有明显的逼迫意味，又怎能让她不气愤和委屈，从而激起她激烈的反弹呢？

（3）齐国条件之所以说苛刻，是由于它击中了赵太后的软肋——人在这个时候，特别想抓牢那些能够看得见的骨肉亲情的"生命线"，即她最疼爱的小儿子，而赵太后的反应也恰恰说明了齐国人的要挟之重。"兵乃出"的"乃"其实可见外交斗争的复杂。不难想象，长安君在齐国手中，后者便掌握了多少主动性。

在这样的"强谏"下，大臣们的行为几乎类似于"逼宫"，还能够说赵太后"有自私和任性的一面"吗？同时，就触龙后面劝说的成功，还能够如教参上所说的"课文充分体现了《战国策》的纵横家思想""触龙虽不是纵横家，但毕竟是以说客的身份出现的，加之《战国策》作者的'纵横'意识，使得他的劝说不同于一般的进谏。全文几乎都是在人物对话中展开的，'其继有在者乎'以下一连串的反诘句，表现了纵横家巧舌如簧、纵横捭阖的游说特色"吗？试拿《左传·僖公三十年》"烛之武退秦师"

一节里烛之武在郑国处于危急存亡之时的所作所为进行比较，其气色神情与慷慨豪勇之高下，就会立即显现了。总不能将赵国大臣们的此番举动说得多么义正词严、豪壮激昂吧？那么，即使是触龙劝说获得了成功，也不能显示什么"纵横捭阖"而"意满志得"了。所有的一切，其实只说明了赵国今日之势，究竟是何等颓败和令人感慨。将"纵横家""巧舌如簧""纵横捭阖""游说"诸语施之于围困自救的赵国国内问题的急就处理，虽然不能说2000多年后的评论家们冷眼旁观，但至少说明他们没有走进文本、深入语境并体察人物心灵，而将施之于"纵横家"们在他国间的所作所为的种种标签随意贴在这里。

明了如此，就知道触龙的一番举动实则是无奈而下下策之举，哪有如一些评论家所说的要计和炫耀，以及与赵太后的几个回合的所谓智慧斗争呢？其实面对如此充满了危机的国家，哪有做人臣子的要在这个方面显露他的纵横及智慧的？这都是不得已而为之。虽然在道理上似乎很简单：秦进攻，赵危急，实在已经没有任何他计可施，要化解危机需齐国强援，而要齐国援助，又需长安君为质，但事情到了这个份上，就意味着要动王室的切身利益，这不仅不合理，也显得极不人道。按照一般的做法，最需要为国家祭旗的是臣道，除非这个国家已经无臣可用。所以以长安君为质而太后又"不肯"，大臣强谏结果便激怒太后。齐国的要挟和太后的"不肯"这对人为的矛盾于是达到不可调和的程度。

要计较利害关系，最应该打板子的是赵国的臣子们。但僵局的打破，并非通常所谓的"利害"二字。问题的解决，最终还是在非利害方面获得了突围。是触龙的拖着病危之身的努力，更是最诚实的情理袒露，才使得艰难困局得以扭转。所以，明了如此，也就不难理解为什么僵局最终会被打破。问题的顺利解决，确实有赖于老臣触龙善解人意：体察太后的处境，理解太后的性情，用真诚打动，以事理晓谕。这就是"修辞立其诚"的道理。需要说明的是，看了古代很多评价《触龙说赵太后》的文字，总在"机巧"上赞不绝口，便感到问题严重，幸亏吴楚材、吴调侯等人的见解滤了毒。今观《触龙说赵太后》一文集评一十二处〔详见朱一清主编《古文观止鉴赏集评（第二卷）》，安徽文艺出版社 1997 年版，第 61—64 页］，惟二吴所谓"老臣一片苦心，诚则生巧，至今读之，犹觉天花满目，又何怪当日太后之欣然听受也"（同上）感动至深，并且究竟也与现代的意识为近。但我又以为，以上诸公其实还只看到了问题的一个方面。"老臣一片苦心"固然不假，而赵太后"深明大义"似乎更值得大书特书。确实，从后面的情节看，赵国的转危为安更依赖于赵太后的深明大义，否则假如她对幼子长安君的爱无原则、无节制，就不会有后来将长安君送往齐国当人质的情形发生。所以在这里，值得称道的，倒是艰难重重的赵太后，她终于克服了自身的情感和对朝臣的愤怒，着实不容易，诚如姚鼐所说"左师言固善矣，亦会值太后明智，易以理谕耳"（同上）。在这种艰难抉择里，她仍然不输于《战国策·齐策》"赵威后问齐使"里的表现，甚至有过之而无不及。

当然，这里还有一个问题：触龙对自己的幼子"愿令得补黑衣之数"，即为儿子求谋一份宫廷侍卫的职业，究竟是权宜说辞，还是心存真爱呢？如果是前者，就有欺玩赵太后的意思，这是断断不可能的。但正如二吴所谓"诚则生巧"，恰是无心的经营，而有了积极的效应。触龙以拿自己儿子说事，诚心款款，于无形中缩短了他与赵太后之间的心理距离，即所谓"情同此心，心同此理"，而深深地打动了后者。在这里，不是使智，而是显诚，触龙同赵太后一样年老，身体都不好，饮食也不便，同样钟爱幼子等，有了这些共通点，从而引起赵太后的"共鸣"，觉得他是最理解和体贴她的，这样才有了矛盾解决的转机。虽然这些都是下下策，但最终一切都还要去面对，去承担啊，即使是面对着面唾甚至是死亡的威胁，相信触龙也是一如既往的。

应该看到，赵太后作出如此选择是艰难的、痛苦的。她是掌权者，同时又是一位母亲、一个女人，角色的不同使她必须直面理智和情感的冲突，直面艰难的选择。国家和爱子间必舍其一，或暂时必舍其一。在情感上儿子是她的全部，在理智上儿子属于整个国家，母子亲情和国家利益在痛苦中抉择。触龙看出了太后的复杂心情，所以他引出了一个问题：赵太后到底是爱长安君还是更爱燕后？这又是一个情感与理智的二难问题。应该说，两者在赵太后心目中同样重要，送燕后走时赵太后处在一个比较平稳的境况下，赵太后能够很理智地分辨其去留的利弊；但送长安君为质时，由于上面我们所已知的原因，这位伟大的女性产生了异乎寻常的抵触心理。但在触龙的"诚心"面前，更由于"太后明智"，更多的是母性的呵护让位于政治得失的考量，她毕竟是为国家大船掌舵的政治家，问题终于得到了解决。

在这里，理解、沟通，并将这二者置于最日常、最普通的层面，让对方情感上能够接受，让对方能够静心思虑，是很重要的。问题的解决，一定是尊重了对方而不是强使了对方。而赵太后心态的转变，恰恰基于此。

只有在这个时候，我们才能谈及次一等的话题：触龙的成功与他杰出的说辩才能是分不开的。他煞费苦心地选择话题，他采用迂回的战术，从日常生活小事谈起，由日常生活小事中的小道理引出治国安邦的大道理，这种劝谏功底，确实能够见出"出神入化"的劝谏艺术。但最重要的，是他们都站在对方的立场上，理解对方。触龙通过理解和沟通，使太后觉得还有人关心她，有了一份知己慰藉之感，从而比较愉快地接受了意见，并使她从种种有欠考虑的"强谏"压迫中摆脱出来。应该说，加强理解与沟通是可能的，也是可行的。如果太后与大臣双方不能建立起一个理解与沟通的渠道，即使有再"精湛"的纵横术，怕也是不助其效反添其乱了。

正是在这个意义上，古文所蕴涵的意识——"理解与沟通"的话题——才与当代生活相交通，也才有了进入当下学生生活的可能性。

胸藏万汇凭吞吐　笔有千钧任翕张

——漫谈《逍遥游》的"形象性"

　　"吾生也有涯，而知也无涯"（《庄子·养生主》），的确，两千三百多年已逝，但哲人的智慧与文辞至今还跃动着生命的活力。感读斯文，不能不让人在阅读的间歇里停下来思考一番。

　　读庄子，每每想到的是他奇特的思想、他自在的体系和中国思想史上的位置，似乎他思想的光芒总能激起我们贫乏思维的莫名的激动。然而，那承载着哲人智慧与思想的语言，那形象性的表述还静静地躺在那里，尘封已久，似乎正散发出阵阵遗忘的气息。我们有没有对庄子语言真正的阅读？对庄子的"形象性"究竟应该怎样阅读？其实，我们习惯性的行为与阅读方式可能离真正的阅读很远，那么要领受他真正的思想恐怕只是一个奢侈的想望了。

　　在庄子的文本世界和我们的阅读世界之间，我想，势必要营建一个阅读的"场"或阅读的图景，让作品中沉睡的灵魂从它的物质（纸质）性和静止性中多少解醒一些过来，而不能让我们继续冷冰冰地保持着一颗颗浅陋的失望与冷漠交织着的灵魂。

　　阅读庄子如《逍遥游》不能从先在的逻辑或概念，应该从作品的形象性出发，这样才有可能找到阅读庄子和古代作品真正的法门。所谓形象性，是指事物可以为主体感官所感知的特性，尤其是其美的可感知性。这种感知性，常常表现为可以直接观照，自由地感受和把握事物的本质。庄子散文所包含的深邃的哲学思想，不是以直接的判断和推理表达出来的，而是以其独特的形象系统来寓示的。在他的散文中，庄子运用了一系列虚构的人性化形象，包罗万象、令人叫绝地创造了如幻似真的浪漫风格。《逍遥游》中像凭风而徙的鲲鹏、目光短浅的蜩与学鸠等有灵魂的形象，形成了他的哲理的特质，并放射出奇异的光彩而为人所称叹。

同时，在其形象体系中也占很大比例的神话、传说中的人物，如"御风而行"的列子，"不受尧禅"的许由，"肌肤若冰雪，绰约若处子"的藐姑射山神人，也被刻画得栩栩如生，从而扩大了我们的经验世界和精神境界。

一、文辞的跃动：动感之美

庄子的散文总是从视觉或听觉角度，冲击着读者当下的感受，于是他笔下的形象就显得极具张力而富有表现性，也使其文辞极富张力和生命性。就像已经迸发出生命活力的舞蹈与音乐一样，那些节奏既有激情，又和谐而有节奏，从而引人走进一个个惝恍迷离的世界。

《逍遥游》中，庄子大笔挥洒，以描写神奇莫测的一条"不知其几千里"长的巨鲲开端，向我们展示了一幅雄怪壮阔的画卷；继而刺激着我们的视觉视阈，当这条巨鲲旋而"化而为鸟"，这只神奇的大鸟岂止是大，还要腾空而起，乘海风而起作万里之行。它怒张羽翼，振飞上天，翅膀像遮天盖地的大块云块。面对巨鱼和大鸟，我们在他跃动的想象力里错愕了，在急速的变化之中，我们不得不抛弃原有的成见、原有的限制，才能在思想上有所超越而继接起庄子在我们面前展示的景象和那份广阔。不仅如此，他还以所谓《齐谐》一书来确证其所见的可信性，并以凿凿之物理学原理冲闯着我们的经验和视野，唤起了我们的生活经验，调动了我们的联想和想象，因而，他把他心目中那种为常人难于理解和想象的高远哲学境界，变得异常清晰而富有激情了。

这样，读者的精神变了，从狭隘变得广阔，精神从精神的桎梏中解放了出来。当惊涛骇浪的巨鱼化而为展翅翔空的大鸟时,我们的视野也从水里朝向天空,而具有了无限高远的可能性。但他似乎仍不罢休,"野马""尘埃"的运动,"蜩"与"学鸠"对笑的捉弄里,又使人感其或大得无边,或小得微而难辨,帮着我们以全新的视野去感知宇宙的生动景象与无穷的奥妙,让人充分领略到他在我们面前所展示的宇宙的惊人之美。

这就是其笔法上的"汪洋自恣"。给人的是"意出尘外,怪生笔端"(刘熙载《艺概·文概》)的强烈印象:或如龙翔云中,或如风行水上,都一样飘逸洒脱。清代林云铭评《逍遥游》笔法云:"篇中忽而叙事,忽而议论,以为断而未断,以为续而非续,以为复而非复,只见云气空濛,往返纸上,顷刻之间,顿成异观。"(林云铭《庄子因·〈逍遥游〉总评》,清光绪六年白云精舍刻本,第42页)这种笔随意至随文挥洒,是庄子追求自由精神的外化,是传统理路里诸如创作分析所难窥其妙的。

二、想象和夸张:形象的大美

《庄子》"寓言十九",使这部哲学大书充满了奇特的想象和夸张的烂漫风情。寓言篇幅短小,用达趣寄理,具有极大的思想启示。其行文几乎都是用一连串的寓言、神话、虚构的人物故事联缀而成,而他的思想便融化在这些故事中。其中人物、动物无奇不有、千汇万状、出人意表、迷离荒诞,超出了先秦的故事例证性,使文章充满了诡奇多变的色彩。所以明人屠隆在其《文论》中说:"庄、列之文,播弄恣肆,鼓舞六合,如列缺乘蹻焉,光怪变幻,能使人骨惊神悚,亦天下之奇作矣。"(屠隆《由拳集》,伟文图书出版社有限公司1977年印行,第1167页)

《逍遥游》中的一系列寓言,任情挥洒,不拘一格,深深地吸引和打动着读者。更为重要的是,庄子以其"万汇凭吞吐"的心胸驱运其"千钧任翕张"的如椽大笔,大开大合,纵横跌宕,浩荡奇警,挥成这一节千古妙文。所以,林云铭说"大字是一篇之纲"(《庄子因·〈逍遥游〉总评》)。确实,"大美"是庄子的理想境界,理想境界的追求势必决定了庄子的理想世界、理想人生，从而折射出庄子特有的审美视野。

首先是他的"恢宏阔大的时空之美"。

成玄英在《庄子序》中引顾桐柏解释说："逍者，销也；遥者，远也。销尽有为累，远见无为理。以斯而游，故曰逍遥。"（《南华真经注疏·南华真经疏序》，中华书局1998年版）庄子以其奇崛瑰丽的想象力勾画了一个宏阔的时空。在这里，精神的绝对自由与物象的极度延展是成正比的，鲲鹏展翅，扶摇直上九万里青天，人的想象力挣脱了空间的束缚而使时空变得极其辽阔而无边。汤问棘曰："上下四方有极乎？"棘曰："无极之外，复无极也。穷发之北，有冥海者，天池也……"正因为如此，上古神话中的长寿老人彭祖在"以八千岁为春，八千岁为秋"的"大椿"面前就显得可悲了。这时空的极度张大，便是庄子所赞颂的大美、壮美，一种阔大而浩瀚的无垠之美，体现了拓展宇宙时空之美的博大视野。

其次是所谓"超尘脱世的高远之美"。

庄子人生之旅的极至是"乘天地之正，而御六气之辩，以游无穷者"，从壮浪的美学角度看，他是站在宇宙的无穷高远处，或者已与宇宙融为一体，下视渺小的人世间，自有一种高蹈、狂放与豪迈，同时这种壮浪的风情也自然超脱了人世的狭隘与冲突。这就是他的"无己""无功""无名"的阐释之所由来。

他设想着寄寓着他崇高理想的"藐姑射之山"的神人："不食五谷，吸风饮露，乘云气，御飞龙，而游乎四海之外；其神凝，使物不疵疠而年谷熟。"在这里，美是更高境界里的动若飞龙的完全超越于人世间的生活与需求，可以自由地顺应宇宙的阴阳、风雨、晦明变化的刚健和豪迈，已远非从北冥朝向南冥飞越的大鹏之所及了。而其"神凝，使物不疵疠而年谷熟""大浸稽天而不溺，大旱金石流，土山焦而不热。是其尘垢秕糠，将犹陶铸尧舜者也"的神力，也已经与造化同日而语。

这正如他在《知北游》中所说的："天地有大美而不言，四时有明法而不议，万物有成理而不说。圣人者，原天地之美而达万物之理。是故圣人无为，大圣不作，观乎天地之谓也。"这些都闪耀着超脱人世的大美，是一次人生理想境界的壮伟开拓。在这种视野之下，所谓"四德"之人（即所谓"夫知效一官、行比一乡、德合一君、而征一国者"），所谓宋荣子，所谓列子不都显得逼促而渺小了？庄子在《逍遥游》里所说的、追求的与达成的就是这种壮浪天地的"大美"，给人以极大的崇高与积极的美的引领与享受。

三、身临于其境：阅读的历险

在我们全身心地投入阅读时，《庄子》里的寓言、神话、人物渐渐地鲜活了起来，而不再是纸上僵硬的文字，并渐次走进了读者的心灵深处。有人说，阅读的冒险其实已经开始了。阅读《逍遥游》的过程中，涉险的奇趣层现叠出。读到精彩之处，有时会拍案叫绝，或惊出一身冷汗，有时浑然忘身，或与人物同喜同悲，完全没有了所谓的旁观与冷静。

姜广平老师说："真正的阅读是一种他者的大量的观念在读者的思想中各得其所的阅读。"〔姜广平《我们有没有真正的阅读》，《福建论坛（社科教育版）》2004年第2期〕在《逍遥游》中，由寓言、神话、人物等所构筑的形象系统和生命空间跃出了纸面，活荡于读者的精神世界里，他们的大脑里充斥着作者庄子的所有的精神和意念，使之在走进书的世界时，"告别了一种生活的真实存在，沉浸在书所编织的语词世界之中，被幻觉与幽灵所包围，成了语言的猎物与俘虏，而且没有逃脱这种控制的希望与愿望"（同上）。这似乎是一个远古洪荒时代，爬上了高地的人们望着汪洋水面和被大水淹没的看不见的低凹所产生的或兴奋或恐惧的幻觉。

尤其，当我们面对的是像庄子这样的顶级大师时，我们更无法回避他的生存境遇与其所显示的深沉所给予我们心灵的重负与压抑。而"丈量自己与大师的距离，是一种真正意义上的冒险"（同上），常常，那种距离使人难以跨越。所以有像郭象注庄所谓的"苟足于其性，则虽大鹏无以自贵于小鸟，小鸟无羡于天池，而荣愿有余矣。故小大虽殊，逍遥一也"（郭象注《庄子》，上海古籍出版社1989年版，第3页）那样的孩子式，以寻找到一些庸浅的阅读发现来安慰自己。而那种认为"大鹏逍遥，小鸟不逍遥"，则又显现了读者或误读或错读的妄念与罅漏。

所以，这种阅读里，"严格地说我无权再将其视为我的我了。我被借给了另一个人，这另一个人在我心中思想、感觉、痛苦、骚动"（《我们有没有真正的阅读》）。这种现象在某些令人神魂颠倒的阅读中使读者异化；但心中的两个"我"却激烈地较量着，折磨着，甚至使人迷失了方向。那种"大鹏逍遥，小鸟不逍遥"的读《庄子》就是这种感觉。浦江清说："以大为通，以小为陋，此类思想，即《逍遥游》之正解。"王守华阐发说："鲲鹏之变化这一段是全篇之纲要，它不仅象征性地描述了道的至大不包，不同凡响，同时，还暗示出道的运行不息的伟大力量。"（曹础基《逍遥游赏析》，转引自黄岳洲、茅宗祥主编《中华文学鉴赏宝库》，陕西人民教育出版社 1995 年版）其实在《逍遥游》里，不但蝉、小鸟和"四德"之人只是小知小见，没有达到"逍遥游"，就连高空九万里的大鹏和御风远行的列御寇，也算不上真正的"逍遥游"。

有人借助于西方的分析利器，企图在《逍遥游》里对庄子所反对的人生困境作出分析，结果只能是徒劳。这不能不说也是一次失败的冒险，就像西方的那些逻辑大师曾做过的一样。其实，撇开了"形象性"这个引向更加深入的、幽奥的人的心理领域的东西，便不能理解"庄子的思想又一次表现为中国先秦思想发展中的理论方向转机的深刻性的优点"。德国当代著名的哲学家卡西尔（E.Cassirer）曾经指出人类文化发展上的一个重要现象："从人类意识最初萌发之时起，我们就发现一种对生活的内向观察伴随着并补充着那种外向观察。人类的文化越往后发展，这种内向观察就变得越加显著。"（转引自张祥龙《现象学的构成观与中国古代思想》，中国现象学网）而这才是很贴近的认识——所谓现象学的认识。这个认识，对于我们解读庄子，一方面，需将人生的境界不断地提升，另一方面，又需不断地祛除人人心中的那个顽固的"我"（道家所谓固执的、是非的"自我"，佛教所谓"我执"。——作者注）。唯此，方可以在阅读中不断地临深履险，而会同庄子所展示给我们的种种伟大。

四、建构与生成：超文本的旨趣

当我们视现象学的精华在于其"构成"思想，张祥龙说："中国古学就确实'有一肚子话'要与现象学交流了。海德格尔本人就已强烈地感受到了这种交流的必要。"海德格尔说："此（老子之）'道'能够是那移动一切而成道之道路。在它那里，我们才第一次能够思索什么是理性、精神、意义、逻各斯这些词所原本地、即出自它们自身本性地要说出的东西"。（转引自《现象学的构成观与中国古代思想》）

张祥龙认为，《易》的"二进制"的、充满了变易势态感的象数并没有导向一种贬低和脱离变易现象的"存在"论哲学，而是开启了一个不离现象与生成的、"极深而研几"的阴阳天道之学。……中国古学并不是达不到概念哲学的高度，它之所以"没有概念化"，是因为它的那些深受"变易中的天道观"影响的主要流派从一开始就对于概念抽象的缺陷有一种几乎可以说是天生的敏感或反感，并因此而求助于"构成"的方式而不是针对从现象中抽象出来的普遍"本质"和"规律"。……对老庄而言，这最终的根源都不是任何一种"什么"或现成的存在者，而是最根本的纯境域构成……是一种根本意义上的"湍流"，总在造成着新的可能，开出新的道路。所以，现象学的根本特性如果被理解为"构成"，那么它与东方思想，特别是中国古学的主流就大有对话和相互激发的可能。而西方的以巴门尼德—柏拉图主义为脊梁的传统哲学，无论其理念化程度多么高，概念体系多么庞大，逻辑推理多么堂皇，先验主体多么突出，辩证法思想多么发达，都不能理解中国思想的微妙之处。（同上）

其实，当形象的理解一旦超越了对知识切分的时候，《庄子》的文本形象便获得了超越寻常的意义了，从而为解读文本创造了广阔的阅读和生命空间。在这里，《逍遥游》以其丰富的形象性，我们可进行这样的理解，而这种理解都是生成性的，包含着我们对生命、对古文、对社会的那份理解——可以理解成美丽的大鹏形象体现了作者无法施展抱负、无法实现理想的深深痛苦；也可以理解成虚拟的、空幻而美丽的"无何有之乡"与"逍遥游"境界，产生于庄子对那个争名夺利、尔虞我诈的黑暗社会的不满与绝望；还可以将这篇《逍遥游》解读为在一个寂然无声的暗夜里，饱经沧桑的时间老人，用睿智的想象编织成一个个奇幻的故事支解着人们心头的恐惧；同时，可以理解成庄子出于对黑暗现实的孤愤，深刻地批评维持现存秩序的儒家思想，热切期待世人摒弃狭隘的功利观，去追求一种高雅的超然世外的精神生活。

"形象性"这种特质，使哲学家庄子更富于诗人的气质。因而，《庄子》这部哲学著作，又自然充满了浓厚的文学色彩。

一曲个人英雄主义的哀歌

——《李广李陵传》述评

李广（？—公元前 119 年）是西汉抵御匈奴的名将，陇西成纪人。文帝时，以良家子的身份从军击胡，受封郎官。景帝时为骑郎将，骁骑都尉。后任代郡、云中等西北边陲太守。武帝时调任未央卫尉，任右北平太守、郎中令等职。他作战勇敢，胆略过人，爱护士卒，其英雄形象引发人们无限的景慕，后世时时有"龙城飞将"的比拟与呼唤，即使在匈奴军中也赢得"汉之飞将军"称号。但自束发大小七十余战，因"数奇"和种种阴差阳错之事而始终未得封侯，更造成自杀身亡的人生悲剧。

其孙李陵（？—公元前 74 年），字少卿，"少为侍中建章监。善骑射，爱人，谦让下士，甚得名誉"，"拜为骑都尉，将勇敢五千人，教射酒泉、张掖以备胡"，后请缨杀敌，并出居延，达到浚稽山（今蒙古国戈壁阿尔泰山脉中段），以五千人马与单于的三万骑兵相遇，旋即又遭遇匈奴十余万兵力围困，斩敌万余，后弓尽兵竭而投降匈奴，极尽其复杂的情势，最终也难逃悲剧性命运的渊薮。

《汉书》传写李广和其孙李陵，推论将门之势，其惋惜之情溢于言表。这篇《李广李陵传》是史篇力作，记述了汉代名将李广和他的孙子李陵将军的军旅事迹，祖孙二人胆略过人，英勇善战，险中求胜，使匈奴闻风丧胆，麾写了一代名将临深履险、孤胆豪勇的动人风采。在具体的写法上，以李广将军的人生经历为经，而以李陵将军纬之。

李广一生与匈奴战斗七十余次，常常险中取胜，以致匈奴人闻名颤胆，"避之数岁"。传记主要选择了三个战例来集中刻画李将军临战勇敢的形象。一是"上郡遭遇战"。李广率百余骑，猝然与数千敌遭遇，万分危险，但他沉着应变，凭丰富的战斗经验和惊人的胆略，解鞍下马，横卧沙场，巧布疑云，终于化险为夷，安然返营。二是"雁门出击战"。李广因寡不敌众，兵败被俘，且身负伤病，几无脱身希望，不意他瞅准时机，夺马而逃，并抽借匈奴儿的箭枝，射杀追兵，从而虎口脱险。三是"右北平之战"。李广所部被十倍敌人包围，吏士震恐，面无人色。李广临危镇定，命儿子李敢冲击敌营，以安稳军心。然后身先士卒，奋力搏杀，一直坚持到援军到来。文中还写了"从卫青击匈奴一战"，虽然此时李广已年过花甲，但英气不减，一再请战，愿与单于决生死，以酬生平之志，也能够见出他的风采来。

而与之映衬的是，李广将军的孙子李陵将军，论其勇毅，可谓与乃祖有过之而无不及。曾身率八百骑深入匈奴腹地两千里。后又请缨杀敌，兵出居延，达到浚稽山，率领五千荆楚子弟兵与单于三万骑兵遭遇，后又被匈奴十余万兵力围困，但毫无畏惧，依靠军车为掩体，进退有序，又谷底、丛林、苇荡、峡谷，艰难辗转，哀感悲壮，斩敌万余，至弓尽兵竭而无奈投降。浚稽山恶战十余日，论其英雄气概，横行沙漠、摧毁顽敌的气势，可谓孤胆无匹、气壮山河。这些笔墨，集中地展示了一代军人及其家族的风采，同时也展示了大汉朝的赫赫军威和闳大国势。

同时，传记还以精彩的笔触从容道说名将的超凡出人之处。文中特别交代李广同时也是一位最能体恤士卒的将领。他治军简易，对士兵从不苛刻，尤其是他与士卒同甘共苦的作风，深得将士们的敬佩。正是由于李广这种战斗中身先士卒、生活中先人后己的品格，使士兵都甘愿在他麾下，"咸乐为之死"。虽然对李陵将军没有正面描写，但是从士兵效死战斗直至最后一刻，其实也可以见出一代名将的家传风范来。

但是，传记用意正如明代陈仁锡所说，"以'不遇时'三字为主"。传记抓住李广一生孤胆传奇却屡不封侯，以典型的事例，从不同侧面刻画李广的杰出才干与他的不幸遭遇，而其孙李陵亦然，显示了史家对人物衷心钦佩同时的深切同情。

李广的悲剧无疑是深刻的。他经历文帝至武帝三朝，但每每与时代相隔，这里有复杂的情势。首先是时代不遇。他虽然善射勇猛，但是在文帝时代无法施展，概因其时"无为而治"，所以文帝感慨说："惜广不逢时，令当高祖世，万户侯岂足道哉！"景帝时他虽然于昌邑显名，却因私受梁王将军印而没有受到朝廷封赏。而正当时代发生巨变，西汉国防战略由"无为而治"变为"有为进取"，一改在匈奴和战问题上的消极防御的重大转折时期，他"老骥伏枥，志在千里"，也欲奋力一搏之，但年岁已老，在军事人员安排上显然不及年轻有为的后辈们。而其间几次伏击战又屡屡落空，最终随大将军卫青出击匈奴，迷路而无功。难说是卫青挟私，究竟时代已经不允许了。

当然，细细究来，文中似乎处处为李广的不幸设下伏笔。

在行文的开始，从文帝的断言里，其人生其实就已经被定格。为什么一名善格杀的良将生不逢时呢？当我们阅读本书《晁错传》中文帝回答晁错所谓"狂夫之言"的时候，不难见出文帝非凡的见识。也许李广诚为良将，可能他身上究竟缺少了一种普通军人素质之外的统御性的素质。如果将文帝这句话作为解读李广的一把钥匙，那么，李广私受梁王将军印，典属国公孙昆邪所说"李广……自负其能，数与虏敌战"，确实有其短处。果然，匈奴侵上郡时，解中贵人之围，箭射虏卒，生得匈奴射雕者，却招致敌人围困，后依靠胆识才回到军中，不能不说他过于信赖自己的个人之力。武帝时，为人推崇，与程不识相比，他治军简易，使人人自便，以贤著称，终究竟又与军队文法相隔。这其实已经埋下了悲剧的种子。因为治军终究需要与这些文法相周旋。

文帝之语似乎还有另一层意思在。有人说，也就是天下草创的时候，一切简易，而汉朝至今，依靠的是逐渐建立起来的各种各样的规章制度。马邑城诱敌，无功而还，雁门关攻打匈奴，被击破又生擒，依靠智慧才得以脱险。削职为民后，夜里违规，后又诱霸陵尉，并上书请罪又为武帝教训，是谓见识不广。他出猎射石杀虎，见个人勇力，但终究伤及自身。以郎中令为将军时，被匈奴左贤王将包围，不能取胜，被贬为庶人。李广的兄弟、部下都封侯，而他独无，他曾经就此询问望气者，得到的回答是"祸莫大于杀已降，此乃将军所以不得侯"，又见其还有杀伐凶暴的一面。

当然，这一层意思在人物传记里其实是可以忽而不计的。但这一处的春秋曲笔却是耐人寻味的。因为与杀伐成性的一般职业军人比较起来，可以记数的这几件事情完全可以忽略不计。而这些居然成为李广将军不能封侯的主要原因，究竟有些匪夷所思了。而对于文中提及的"诱霸陵尉"一节，有人说这正见出了《汉书》继《史记》"不虚美，不隐恶"的实录风格，其实还是没有真正理解史家的用笔所在。文中说："广在（右北平）郡，匈奴号曰汉飞将军，避之，数岁不入界。"如果连连征战，如果李广邀功请赏，遵照这种汉家赏罚，几不知已经升至万户矣。文中还说，他"得赏赐，辄分其麾下，饮食与士卒共之。……家无余财，终不言生产事"，"广讷口少言，……将兵，乏绝之处，见水，士卒不尽饮，不近水；不尽餐，不尝食。宽缓不苛，士以此爱乐为用"，等等，又照见了当时为将者淫威残忍之外的不多见的绿地来，所以，如此胆识过人、英勇善战、仁义待兵的将军，又不知汉家规圆矩方，那么发生在他身上的悲剧性究竟让人难以接受了。所以这篇传记写人叙事的复杂性正在这里。

在具体的写法上，本篇传记还有很多值得注意的地方。

文中很善于在一些细节上展示人物内在的精神风貌。比如作者写李广善射。一方面，以"广家世世受射"，"广为人长，猿臂，其善射亦天性也"作概括的叙述介绍，另一方面，又抓住了非常生动的细节："广出猎，见草中石，以为虎而射之，中石没镞，视之石也。"以石为虎，引弓而发矢，竟然"中石没镞"，显示了他臂力强劲非凡。用这样独特的细节来写他的善射，使人难忘，印象深刻。又如李广爱好射箭。"广讷口少言，与人居则画地为军阵，射阔狭以饮。专以射为戏……"这一细节，使人物具体可感而跃然纸上。而且，李广"画地"专画"军阵"，又见其忠于职分，写出了李广独特的个性。

当然，行文也特别善于在复杂的对比当中刻画人物。只有将人物放到特定的历史与现实的境遇之中，人物的精神风貌才有了具体而感人的价值。本文多处运用了对比手法来烘托李广的形象，使之在与他人的比较中显示出独特的风采。如写李广，一是与匈奴射雕者的对比。匈奴射雕者射技高明，虽仅三人，但与中贵人及所率数十骑兵交战，"伤中贵人，杀其骑且尽"。但李广不让别人援手，只身与三人对射，结果"杀其二人，生得一人"，见出了李广才是真正的强者，而一切射技在李广面前都相形见绌。这就非常有力地突出了李广的神勇。清代吴见思说："百骑驰三人，不见广勇；惟不用百骑而自射之，正极写广勇也。"（《史记论文》）

二是与程不识的对比。程不识与李广俱为武帝时抗击匈奴的名将，但治军风格迥然不同。程不识带兵，法度谨严，"正部曲行伍营阵，击刁斗，士吏治军簿至明"。而李广治兵却极简易，不讲部行伍阵，"省约文书事"，甚至"不击刁斗以自卫"。然而，由于他待部下宽厚，甚得士卒拥护，士卒"咸乐为之死"。所以加上他胆略过人，尽管治军不讲法度，匈奴却对他依然深怀畏惧。对比程、李二人的带兵作风，而李广治军之简易，"未尝遇害"，彰显了超越治军严谨认真的更为独特的个性与人性价值。

三是临阵与部下吏士的对比，无须细说。

四是与李蔡的对比。李蔡论才能"在中下"，论名声则"出广甚远"，然而官运亨通，平步青云，身为列侯，"位至三公"。李广智勇、才略、军功、威望，无一不强过李蔡，却始终"赏不行""无赏""官不过九卿"，身不得封侯。作者以李蔡为镜，映照出了李广所受待遇之不公不平。

而写李陵将军，写他在前线出生入死，奋力决战，而在后方家人却遭受到非人的待遇。他的主动请缨，不仅受到伏波老将的牵制，并且还受到皇帝本人的误解，最后又因为这种误解与隔膜之深，竟使他终身处于艰难的痛苦之中而客死他乡。

当然，对于李陵将军的历史评价，主要存在着两种绝然不同的看法。一种看法是，李陵悲剧值得同情，另一种看法是他的变节罪不可恕。其实，李陵走上不归之路，矢尽道穷，至全军覆没，乃力尽而降。而投降之初，李陵心寄汉室，欲有所作为，而武帝听信公孙敖竟诛杀李陵全家，致使最后一线报国之望全部断绝。最为重要的是，无论是史迁还是史班对于李陵，都寄予了深深的同情，不能不令人深思。决不能以后世狭隘的伦理与道德观，像王夫之在《读通鉴论》里所说的"已缁之素不可复白"那样，而后李陵投归匈奴后，也曾"忽忽如狂，自痛负汉"，这些心迹都可以说明很多问题。而李陵走上不归之路，汉朝的政策要负起更大的责任来，决不能以所谓"汲汲于个人恩怨的行为更见出李陵人格的丧失"的看法来掩盖深藏于人物内心世界的极度恐惧。而在个人性命与家国情怀之间，事实上还有很多问题需要史界进行澄清的。

此外，文中不少描写也精心着意。本传从李广一路写来，直至其孙李陵兵败始末，用笔详赡，有助于理解复杂的历史情势。向来论史，以为班固褒苏（武）贬李（陵），李广自杀为抗议朝廷，都是读史不慎。无疑，李氏祖孙的悲剧性，既有时代背景，更有复杂的人事背景，也是英雄自身性格使然。

大节不亏　彪炳千秋

——《苏武传》述评

　　苏武（公元前 140 年—前 60 年），字子卿，杜陵（今陕西西安）人。早年以父荫为郎，稍迁中厩监。武帝天汉元年（公元前 100 年），以中郎将奉命出使匈奴，因匈奴缑王谋划劫持单于母亲阏氏归顺汉朝事受到牵连，单于威逼利诱其投降而不从，后幽禁大窖，啮雪咽毛维生，又被流放到北海（今俄罗斯贝加尔湖）地区牧羊，受尽种种磨难，中间经历好友李陵劝降，终不为所动，手持汉节而朝夕不离，表现了崇高不屈的民族气节。昭帝始元六年（公元前 81 年），须发皆白的苏武终于回到国都长安，受封典属国之职，在匈奴前后共 19 年。宣帝时，作为辅佐重臣，名入麒麟阁，为千秋彪炳。本篇《苏武传》虽然附于其父《苏建传》，实为该篇传记主体。《汉书》写苏武热爱祖国，大节不亏，极为盛赞。这是《汉书》中闪烁爱国主义情操的光辉篇章，读来悲壮慷慨。

　　作为班固的力作，这篇作品很善于通过营造紧张激烈的矛盾冲突来塑造人物。本篇所叙真实，但并不板滞；主要展开"受审逼降"和"北海牧羊"两事，但波澜起伏、跌宕生动而有极大的感染力。如单于欲送苏武归汉而恰逢虞常谋乱，谋乱似乎告成又遭内里告密而事泄，而败事牵连汉使而让苏武无法脱离干系，苏武欲不受辱而自杀又横遭拦阻，苏武后来引刀自刺气绝身亡又被奇方所救活，单于壮其节让人见出苏武归汉的一线生机，但旋而苏武又遭审讯和威逼，威逼不成而幽置大窖绝不饮食，但他啮雪咽毛又数日不死……作品就是在这样紧张激烈的矛盾冲突中抒写苏武艰苦卓绝的斗争。苏武受审，威逼与富贵不可摧其志；啮雪咽毛和北海牧羊，穷厄不能夺其心；而朋友李陵的肺腑倾诉，也不可化其坚定的家国信念。历经长达19年的流放生涯而能作殊死斗争，而仍坚守民族国家气节，真乃"艰难困苦，玉汝于成"。作品就是这样塑造了一个不辱成仁的英雄形象。而"苏武牧羊"也成了民族精神不屈的象征。

同时又很善于通过抒情性的场景来揭示人物的内心世界。最为凸出的是对李陵劝降场景的描写。本篇本与《李广传》合传，所以读者对于李陵投降匈奴的始末已经很清晰。李陵踏上不归之路，情非得已，这里不再赘言。在人迹罕至的北海，苏武艰难维生，遥望南天，必充满了对乡土和亲人的强烈思念。而风雪弥漫，朔风凛冽，苏武手持汉节，孤伴冷月，苦听笳声，备受遥遥无期的流放折磨，生死究竟是什么呢？确如宋代范成大所说，"万里孤臣致命秋，此身何止一沤浮"（《会同馆》）。而李陵于几年后来到苏武身边，诉说苏武兄弟获罪被杀，母亲患病而死，妻子被迫改嫁，所遗二妹和三个子女生活无着，必将在人物内心产生极大震荡，然而苏武是一个珍重国家利益胜于家庭与生命的人，前有汉使卷入谋反事件，他两次选择自杀，都在于不想"屈节辱命"而重负国家。所以对于苏武来说，在朝廷负我而刻薄寡恩、汉廷无常而大臣安危莫测的情形下，到底该如何选择自己的人生路呢？在这样的大是大非面前，对于对李陵的劝降，他不是不理解，但他毫不犹豫地选择了国家利益，而对于李陵的好意严词拒绝，致使李陵深感愧疚，不禁仰天长叹："嗟呼，义士！陵与卫律之罪上通于天！"李陵最后"泣下沾衿，与武决去"。事实上，年过四十的苏武在出使之时与流放之后的相当长的时间里，他早已将人生价值与家国价值都作了深长的估量了。

此外，文中还善于通过塑造不同的人物形象来突出传主的形象。如卫律投身匈奴，背叛自己的国家，为劝降而耍尽种种卑劣的手段，显得厚颜无耻、凶残狠毒。对于卫律的强加之罪，苏武据理力驳，而卫律又以死胁迫，苏武仍然岿然不动，后来又以利相诱，又被苏武严词痛斥，并将卫律"畔主背亲"的无耻和"欲斗两主"的居心——揭露了出来，显得正气凛然、慷慨激昂。而与此形成鲜明对照的是张胜。缑王谋划劫持单于母亲阏氏归顺汉朝之事败露，张胜惊惶失措而茫然失计，虞常被斩后胆战心惊，在卫律"举剑欲击"下，他仓然"请降"。同为使者，苏武重名节轻生死，张胜急其功贪生死，其质素可谓有霄壤之别。其他的情节和人物，如张胜的贪生怕死，苏武为於轩王赏识及牛羊被盗之间等，于对比映衬中鲜明而突出。李陵的泪洒襟袖，对苏武多方照顾和尽诉衷肠，对家庭灭族的深恸，对汉朝难舍的思念，与他客居异乡的难言痛苦和复杂心情，也很传神，颇有余味。《苏武传》是中国传记文学中富有文学性的名篇，当不虚言。

需要指出的是，本篇传记为塑造苏武形象，并未将李陵作为对立面来刻画。文中又将苏武归汉后的曲折情事作了较为详尽的叙述，苏武卷入上官安谋反事件，廷尉奏请逮捕苏武，由于霍光"寝其奏"而免死。由此可见李陵心灵深处的生死畏惧，并非仅仅以今日所谓见识短浅一语所能概括的了。

参透天道 奈何人道

——《张衡传》述评

张衡（公元 78 年—139 年），字平子，南阳西鄂（今河南南阳）人，东汉中叶著名学者、政治家、科学家和文学家。早年游学长安，并就读洛阳太学，不仅通贯五经六艺，而且在天文、历算、器械和文学等许多领域，都作出了杰出的贡献。他创制浑天仪，撰写《灵宪》等天文学著作，还写成数学著作《算罔论》，此外，还发明可自行转动的三轮，能独自飞行的木雕等。尤其是阳嘉元年（公元 132 年），又制造出"候风地动仪"。这是世界上第一台地震仪，并在六年后精确地测定来自陇西地区的地震。

张衡还是一位著名的文学家。他模仿班固《两都赋》而创作的《二京赋》，精心构思、安排布局和修饰润色，历时十年，成为"汉大赋之极轨"。本篇传记所录的两篇奏疏《上陈事疏》《驳图谶疏》和两篇长赋《应间赋》《玄思赋》，都可以见出他密而兼雅的文采。

同时张衡还是一位在政治上积极有为的政治家。无论是太史令时还是侍中职任上，以及河间国相期间，都可以见出他忧虑国事的深远意识和强劲有力的治政措施。尤其是出任河间相历经三年，为百姓所称道。面对河间国王骄横奢侈、不守朝廷法令，当地豪强大族为非作歹，张衡一到任所，便树立威信，整顿法纪，清除恶霸奸党，使郡国和平安定下来。

张衡能够取得各方面的巨大成就，首先与他的禀赋、志向是分不开的。他从容淡静，"不慕荣利"，也"无骄尚之情"，又不喜欢与庸俗之人相交往，他对于自己的为人与对现实的看法其实是有比较清醒的意识的。这些都来自他的儒家君子理想和高远的人生追求。他始终以道德高标严格要求自己，这在《应间赋》和《玄思赋》里有深刻的揭示。而这些理想与追求在他的身上，具体体现为一种"有为"治世的思想。同样存在于他的文字与人生轨迹中，特别是他申述了想著述成就古代所说的"'立言'不朽"的思想。

正是基于这样的意识与追求，他专心于天文、阴阳和历算的研究，将这些研究延伸到对宇宙现象及其发展规律的探究，并最终将天道与人事紧密地结合起来。对现实的深切关注和对国家政治前途的深深的忧虑，都使得他的科学研究多了一份拯救现实的关怀。他至担任侍中前，太史令一职竟达十余年之久，这期间更是集中精力和时间，更深入地探究阴阳等天道和人事的关系。他一生中重大的科学贡献都集中在这一时期，应该不是偶然的。

张衡十年精思，进行文学创作，也主要是基于当时国家太平无事的时间较久，自王侯以下的官员，没有谁不过着过度奢华的生活，于是想通过《二京赋》来委婉表达他的劝谏思想，同样体现了他对于现实的热心与关怀。

所以张衡淡泊名利，宁静致远，不羡慕当权执政，并非他的思想消极隐退，要做一名隐士。传记说他在永元年间（公元89年—104年），曾被推举为孝廉而没有前去赴任，而三公府署连续征召也没有前往去就职，甚至大将军邓骘连续征召他也没有前去应征。这些其实都蕴涵了张衡清醒而冷静的人生价值判断。

而这一思想，集中体现在他的赋作《应间赋》里。

这篇长赋里，张衡就积年于太史令之任不得升迁及其所涉及的如何看待仕途、学问钻研与政治作为，以及遭浅陋儒生诽谤等问题，作了详细的回答。就所谓不能顺应时势及不能屈身事人的问题，张衡说，"君子不患位之不尊，而患德之不崇；不耻禄之不夥，而耻智之不博"，"枉尺直寻，议者讥之，盈欲亏志，孰云非羞？"就所做研究只是屠龙术的问题，张衡回顾历史，指出职任不同，而具体的时代处境也不同；同时指出，事物发展的形势错综复杂，需要通晓其中的变化道理，不能刻板看待。并表示他不愿意谋求仕进、屈从附和以取容于世；同时申述了他仰慕前贤，痛悼典籍的消沉，希望钻研这些古圣君王的典籍，所以他采取了淡泊恬退、依朝而隐，并等待良时的到来，而并不企羡富贵。

总之，对真理的追求，使他潜心天道与人事的研究；正道直行，洗却了他身上的浮躁俗气，并让他安守乐道，心胸博大而情思深沉。同时也平添了一份正直士大夫的威严。

在政治问题上，张衡则直率地表现了对现实深切的关注和深深的忧虑。

在太史令和后来的侍中职任上，针对当时政事渐损、权移于下、自王侯以下莫不奢侈的风气，多次向顺帝进谏。其《上陈事疏》《驳图谶疏》都集中地表达了他的政治思想。在《上陈事疏》中，对于凶患现象，希望顺帝警惕上天昭示的征象，"瞻前顾后，援镜自戒"，并戒慎"政事渐损，权移于下"。同时尖锐地指出由于纵容宦官宠臣胡作非为，弄得天怒人怨，灾祸并起。他列举郑众、樊丰等辈乱政害民造成严重恶果的事例，警告顺帝赶快改弦更张，清除奸佞。在《驳图谶疏》中，张衡强烈反对争相学习图谶纬书及附会歪端邪说的风气，他数列历史多桩成例，揭露图谶者种种荒谬之处，并希望将图谶之类的书籍收聚蓄藏起来，并一律严令禁绝使用。

但是，很显然，现实政治问题远远较科学研究更为复杂。

当时东汉王朝内部的主要矛盾是宦官同外戚的斗争，其中宦官对国家的危害最烈。张衡被提升为侍中后，虽受顺帝信任，但是传记说："（帝）尝问衡天下所疾恶者。宦官惧其毁己，皆共目之，衡乃诡对而出。阉竖恐终为其患，遂共谗之。"在这种黑暗的形势下，直言难申，张衡才无所施，因而格外忧愤苦闷。他希望有一个相对安定的环境，从事学术研究，几次给皇帝上书，要求到东观去编纂史书《汉纪》，也未获准。在这样的情形下，张衡自身的安危吉凶就成了一个需要考虑的问题了。"出为河间相以避阉竖之祸"，所以张衡《思玄赋》里不可避免地含有"全身远害"的老庄思想。

在《思玄赋》里，张衡展开绮丽的想象，写他去文王处占卜，路过少皞居地，寻访东海三山，登会稽山，取道苍梧，越过卬州，登上炎山，又历弱水、华山、黄河，问询黄帝，又驰马西北，入地探幽，访问银台，幽会双艳，然后邀游星际空间，这一切都使他得到一些精神慰藉，因为在复杂的时代乱象前，景慕前贤，美德荣身，善良之人总不免遭遇世俗打击的悲哀。但美好的理想同黑暗现实的矛盾，在张衡心灵深处始终产生巨大的痛苦。更有甚者，虽然由于时代黑暗而有退隐避世、逍遥仙乡的想法，但是，强烈的"嘉禾恋根"式的家园情怀又使得他不忍离开。所以张衡的内心始终是劳忧苦痛的。

虽然张衡一身正气、刚正不阿，但是宦海沉浮，面对帝国腐败与凋敝态势，张衡无力回天，而只能多增一份忧国伤时的苦痛，并且始终有性命之虞，所以在河间相任期三年后，61岁的张衡给汉顺帝上书"乞骸骨"，而这份请奏没有获得批准，反而他被调回京师，任职尚书。但不到一年，张衡即心怀忧愤而辞逝，以悲剧结束了自己的一生。

在具体写法上，本篇传记很值得探究。

传记文本以张衡毕生致力于精深玄理天道与人事的探求为叙事的核心，而引述张衡《应间赋》《驳图谶疏》《上陈事疏》和《玄思赋》作为行文的纬线，既展示了人物的思想状况，又见出所处的时代政治，还能折射人物潜心钻研的精神源泉。对于传记全文来说，引文既与传记融为一体，又避免繁杂而俭省文字，并使之与传主其他方面浑然一体，足见史家裁剪的高明。

《应间赋》中"性德体道，笃信安仁"是根本动力，"约己博艺，无坚不钻"是意志体现，"君子不患位之不尊，而患德之不崇；不耻禄之不夥，而耻智之不博"是应有态度，"捷径邪至，我不忍以投步；干进苟容，我不忍以歆肩""方将师天老而友地典，与之乎高睨而大谈"是凛然气概。《玄思赋》思绪迭宕而绚丽多彩，有屈原《离骚》的愤世嫉俗，但更着意于天地四方的真理与人生理想的苦苦求索；有怀才不遇的愤懑，但更有无高不攀、探索玄道的自强不息。同时又从一个侧面表现了人事之道的复杂与困境。

府吏的局外与知识的悲哀

——《孔雀东南飞》家事转为社会事件解读

《孔雀东南飞》塑造了众多的人物形象，而不少形象都栩栩如生。在塑造这些形象时，诗歌特别注意通过语言来构建人物的个性，又通过性格的冲突与变化来反映现实、揭示主题。一般说来，诗歌展示了性格鲜明的两类形象及其矛盾冲突。

一类是正面的，刘兰芝，温柔、善良、孝顺、体贴、知书识礼，有容止，果敢坚强，忠贞不渝；其夫焦仲卿，忠于爱情，但优柔寡断，缺乏抗争，充满矛盾，最后充满反抗的精神。另一类是以焦母、刘兄为代表的封建家长势力，他们专横、武断、暴戾。

但是事实上，上面的说法值得推敲。在具体的矛盾展示上，诗歌经历了极其复杂的转化，使其在时间的流程上呈现一种文学的真实生态（也是美的悲剧的真实生态），从而使文本的解释有了迹象可寻。我以为，本诗的可贵之处在于焦仲卿性格的塑造与刻画，对本诗主题的阐发和对刘兰芝的悲剧形象的塑造都起到了关键的作用。在矛盾的展示上，焦仲卿、焦母和刘兰芝三方构成一个三角矛盾互动体，他们的变动展示了极其微妙的关系变化。下面试述之。

在焦母与刘兰芝的矛盾冲突中，焦仲卿实际上是一个不定因素。正因为如此，焦母的骄横才得到展现，而刘兰芝的从容镇定、坚强与果毅也因而有了一个展示的时间与空间的平台。如果焦仲卿完全执行母亲的意志，那么刘兰芝的个性便无以展现，而她的愤恨的性格与情绪则有可能得到不适度的夸张，从而掩盖了蕴藏在她身上种种美好的品格。换方向而言，则焦母的专横与暴戾亦无从揭示，那么，这场"离别"就自然至多是一场再寻常不过的"休妻"事件了。

看似简单的事件，必有深刻的原因。这中间经历了比较复杂的转变，并酿造出摧折人心的悲剧。开始，矛盾其实并不甚剧烈。在游移于妻子与母亲两端的"平衡"持握之中，焦仲卿扮演了一个近似"局外人"的角色，这使得矛盾的展示其实仍在焦母与刘兰芝之间，因而这场"婚变"在一开始还不具备实质性的意义，也就是说，至多不过是婆媳之间的"纠纷"。

但事情的关键是，在婆媳矛盾激化时，焦仲卿继续扮演一个类"局外人"的角色，对于母亲，他的劝阻的力度极为有限，而对自己的妻子，则没有任何挽留的行动，于是刘兰芝被自己"遣送"回家了。虽然在分别的时候两人还达成了"誓不相隔卿"的私下约定，但这种不离弃的约定并不具有世俗的约束力，并不可避免地要与后者发生冲突。于是，刘兰芝独自回家的举动，一旦发生即被理解为遭到了男人的抛弃，这则是长期以来的社会约定，刘兰芝的行为自然便被理解为对这一社会性约定的认同。结果悲剧越陷越深，由个人能够把握而变得不可控制和难以预料了。这样，发端于婆媳之间纷争的一场家庭内部矛盾，因为媳妇私自回家，因为符合世俗有关遗弃的约定，而被看成是一场"婚变"。至此，这种矛盾已经很少有回旋的余地了（当然，也不是没有可能）。于是，刘兰芝"且暂还家去"就被置换成了"休妻"事件。这是刘兰芝所始料未及的。

即使刘兰芝为自己极力申辩（"府吏见叮咛，结誓不离别。今日违情义，恐此事非奇"），即使有阿母的真诚辩白（"贫贱有此女，始适还家门。不堪吏人妇，岂合令郎君"），甚至有坚决的"推辞"（"女子先有誓，老姥岂敢言"），但事情还是继续朝着刘兰芝不能左右的情形向前发展着。我们看到，媒人川流不息，说客三五而至，事情至此，也许另一个更大的可能性出现了，就是两个家族在有意地"炒作"——我指的是那种"僵持"与

"较量"。当然，如果不是这样，至少说明刘兰芝回家的举动的解释权已经由她本人转向了其娘家了。

但是，事情还有挽回余地的一丝之可能。如果焦仲卿能够及时地介入，则情形不会有继续恶化的趋势。但他连影子究竟也没有出现。而在另一边，刘兰芝在家，如果没有其兄的介入，似乎她依旧能够守住誓言。这里，刘兰芝的兄长被人理解成了具有焦母类似性格的符号。但是，要知道，一个家庭面对另一家庭这样旷日持久的"搁置"，显然相当头痛，所以他"怅然心中烦"也便是深有原因的了。那么，要结束这种无谓的等待、煎熬，最好的办法就是让妹妹"再嫁"。其兄的决定与其相应的行为，与其说是专横，莫若体现了家庭的整体意志——这明显是两个家庭之间较量的一种结果了。很显然，当"郁郁登郡门"的场景传遍全郡的时候，已经是一种社会性宣告，而焦仲卿这才赶到刘家则根本无济于事。他解决这场纷争的积极努力表现在哪里呢？只有那个所谓的"誓言"，因而显得非常羸弱与无力。

但是，更坏的情形是，焦仲卿是在不该介入的时候介入，则悲剧便以"突发"的方式发生了。也就是说，焦仲卿如果不在听到刘家"嫁女"消息传出的时候前去，则刘兰芝不至于走上绝路。她之所以选择了绝路与其说是忠于爱情，不如说是她的心灵倍受折磨而无法求脱的结果。对刘兰芝来说，在婆家，在婆母欲望的满足与否上她痛苦；在是去是留的问题上她难受；回娘家实际上无形之中又背负上被休的耻辱；在媒人说媒而自己屡屡拒绝时同样又面临着人生道路的选择的苦痛；而府吏最后突然"来见"，不仅没有表白男人自己的失责，反而厉声问责，又使刘兰芝感到了"背信弃义"的折磨。于是，在府吏"吾独向黄泉"的怨声里，她"毫不犹豫"地选择了"死"。由此可见，刘兰芝在整个事件中都是最痛苦、最不幸的。她经受着种种的压力和摧折，其中府吏给她的应该是最多的。

正是在这个意义上，作品在完成刘兰芝的塑造时，也一并为我们展示了焦仲卿的形象与性格。特别值得注意的是，焦仲卿的"而终"是在刘兰芝之后。诗中特意为读者作了标示，"府吏闻此事"；在此之前，诗歌又交代说，"府吏闻此变"，我们体会这个"闻"字感觉这些说法都是有意味的，都是他旁观而不在场的证明。当然，他"心知长别离"，也有极为复杂的心理斗争，但尽管如此，他在作品中的形象是黯淡的，一切都说明了他的性格是孱弱的。他的"死"绝不能和刘兰芝"等量齐观"。唐弢先生在《〈孔雀东南飞〉的现实主义》里，对焦仲卿不乏同情，然而，同情并不能代替客观的分析。在这里，我还是见到了唐先生对焦仲卿性格弱点的分析，如"劝兰芝低声下气，暂回娘家，约定将来再去接她，但他其实只有一点幻想的期待，并无什么实际办法"[《〈孔雀东南飞〉的现实主义》，见《唐弢文集（第九卷）》，社会科学文献出版社 1995 年版]。所以，在焦仲卿，则是性格悲剧。而刘兰芝呢，我们还应当结合作品作进一步的分析。

要完整地把握刘兰芝这一人物形象，在阅读作品时应当结合那些具体而微的情节，并尽可能地完成人物的性格"组合"。如刘兰芝离别之前的一番清醒而冷静的话语，透露出她对于感情的依恋。晨起装扮，既显得从容镇定，自尊庄严，又有着刚烈与决绝的意味，表示出她的内心其实极其痛苦和芜杂。上堂拜别，仁至义尽，其举止有度；又与小姑道别，其良善与以德报怨之心可见；而回娘家拒嫁，为情守贞，其情也颇为感人。

其实，揭示刘兰芝性格与悲剧的还远远不止以上这些。在更深的层次上，我以为这乃是专制对"知识"的可悲的胜利。关于这一点，诗歌的第二节可谓详尽地为我们展示了其中的奥秘。我们试来分析之。

十三能织素，十四学裁衣，十五弹箜篌，十六诵诗书，十七为君妇，心中常苦悲。君既为府吏，守节情不移，贱妾留空房，相见常日稀。鸡鸣入机织，夜夜不得息。三日断无匹，大人故嫌迟。非为织所迟，君家妇难为！妾不堪驱使，徒留不所施，便可白公姥，及时相遣归。

我们从诗歌的前四句可知，刘兰芝是一个聪慧的女子，有一身的才技与知识。但这并不是刘兰芝话语的重点，也不是她在自我炫耀，相反，倒有悔恨其无用之意。这一节诗的中心在于诉说"苦悲"。为何而"苦悲"？一是府吏的"守节情不移，贱妾留空房，相见常日稀"，她需要的是夫妻间的相抚与存慰等心灵上的关切与交流。这是任何一个普通妻子的必然要求，何况兰芝又是一个有一定知识的女性。二是辛勤劳苦，但"大人故嫌迟"，所以她感到"君家妇难为"，"不堪母驱使"恰切地表明了问题的一个症结所在。三是主动求归，要求丈夫"便可白公姥，及时相遣归"，不是感到特别难耐，是不会主动提出这样的要求的。

如此辛劳的媳妇，婆婆仍指责她"举动自专由"，为什么？其实道理也是不难理解的。婆婆需要的不是一个知书识礼的媳妇，而是一个可堪其驱使的"下人"。这一点，有必要再作些解释。

与刘兰芝同处一个时代的才女班昭，在其《女诫》（见《后汉书·列女传》）里首先说明了女人"处下主事"的位置，然后有针对性地提出了七项主张。其中《妇行第四》里说：

女有四行，一曰妇德，二曰妇言，三曰妇容，四曰妇功。夫云妇德，不必才明绝异也；妇言，不必辩口利辞也；妇容，不必颜色美丽也；妇功，不必工巧过人也。清闲贞静，守节整齐，行己有耻，动静有法，是谓妇德。择辞而说，不道恶语，时然后言，不厌于人，是谓妇言。盥浣尘秽，服饰鲜絜，沐浴以时，身不垢辱，是谓妇容。专心纺绩，不好戏笑，絜齐酒食，以奉宾客，是谓妇功。此四者，女人之大德，而不可乏之者也。

翻译成现代汉语，意思是：女人有四种品行，一是妇女的品德，二是妇女的言语，三是妇女的容态，四是妇女的手工。至于说到妇女的品德，不一定都要才智卓绝而奇特；妇女的言语，不一定都要善辩而伶牙俐齿；妇女的容态，不一定都要容貌鲜美而艳丽；妇女的女工，不一定都要精巧得超过别人。能够清静幽闲而端庄沉静，持守节操而端正有序，立身行事而有知耻之心，举止言谈都有条理、有法度，这就是所谓妇女的品德。戒惧自己所讲的话，不说出恶毒的言辞，同时看准时机再说话，从而不被别人所讨厌，这就是所谓妇女的言语。洗漱掉尘土污秽，使服饰洁净无瑕，并且按时洗头洗身，使身体不受污垢的沾染，这就是所谓妇女的仪容。专心于纺丝绩麻，不要喜好嬉戏和玩笑，准备清洁而齐整的酒食，来进献招待宾客，这就是所谓妇女的手工。（引自拙著《后汉书精华注译评》，长春出版社2008年版，第330—331页）这四项，是女人重要的品节，因而不能缺少了它们啊。

班昭又在《曲从第六》里说：

夫得意一人，是谓永毕；失意一人，是谓永讫。欲人定志专心之言也。舅姑之心，岂当可失哉？物有以恩自离者，亦有以义自破者也。夫虽云爱，舅姑云非，此所谓以义自破者也。然则舅姑之心奈何？固莫尚于曲从矣。姑云不尔而是，固宜从令；姑云尔而非，犹宜顺命。勿得违戾是非，争分曲直。此则所谓曲从矣。故《女宪》曰："妇如影响，焉不可赏。"

翻译成现代汉语，意思是：说到"让一个人满意，所谓终生有靠；让一个人不满意，所谓永远完结"，这是劝人集中意志、一心不二的话语了。公公婆婆的人心，难道应该可以失掉的吗？女人有的时候会因为恩情而自行离散的，也有按照道义而自动破败的。丈夫虽说恩爱，而公婆却说不好，这就是所谓按照道义而自动破败的。那么将怎么面对公公婆婆的人心呢？自然无过于委曲顺从了。婆婆将"不对"的事情说成是"对的"，当然应该听从她的教导；婆婆将"对的"事情说成是"不对的"，还是应该服从她的训诫。不应该违背公婆所认为的正确与错误，也不去争辩自己所以为的理亏与理直。这就是所谓委曲顺从的道理了。所以《女宪》里说："妇人一旦像影子和回声似的顺从，还哪里不能得到赞扬呢？"（引自拙著《后汉书精华注译评》第332页）

结合这两段引文来看，问题便很直接了。刘兰芝举动有度，知书达礼，行事有章法，在她的婆婆看来，那种简单的伦理的束缚力就显得很简陋了。所以，反弹的情形就是，即使媳妇"鸡鸣入机织，夜夜不得息"，即使她"三日断无匹"，这位婆婆"大人"还是"故嫌迟"。让婆婆不满的还有刘兰芝的"心中常苦悲"，以及"故嫌迟"之类的抱怨之辞。但令婆婆最为愤怒的是，刘兰芝竟然主动求归，要求丈夫"便可白公姥，及时相遣归"，所以媳妇的"举动自专由"便成了婆婆难以接受的精神折磨和颜面羞辱，所以也不要说什么女人"四德"，也不要说什么"曲从"公婆，这个媳妇挑战的是涉及影响天下安定的孝道与家长制权。

这是一场可悲的较量。坦然地说，知识本是一种权力话语，自当有其发挥的优越所在，但在知识附庸于社会世俗伦理等级、服从于庸俗的伦理解释时，"知识"就成了一个令人生厌的障碍，因为它"独立""知道"。特别是在遭受压制的时候，知识能强烈地感受到"专制"的非人性的一面，于是，刘兰芝更感到了自身的悲苦与不幸。这就是意识。加缪说，痛苦是被意识到的，只有被意识到的才是痛苦，反之亦然。（加缪《西西弗斯神话》，引自 W. 考夫曼编著《存在主义》，商务印书馆 1987 年版）而被赋予这个意识的则是"知识"。

所以，在刘兰芝的身上，知识是一副清醒剂，同时又是她的沉重的负担。知识赋予她清醒而冷静的意识，但知识又使她有了太多的情与义的情感与道德的心灵拷问，因而她的痛苦是无法用语言来表达的。而她对"死"的寻求，的确是一种最好的解脱方式，尽管后世的人们痛心疾首，感叹再三。

需要说明的是，这一分析的基础是源于诗前的小序里"时人伤之"的暗示。这一震动当时的社会性事件通过"为诗"的方式获得了进入历史的通道，因而成为历史事件，对今天的读者，无疑还能够提供很多深刻的思考。

肉体的还乡与精神的焦灼

——陶渊明《归去来兮辞》的归园与生命意识

一、还乡：真与真性流露

有生之忧，为生活所迫当然是陶渊明要考虑的，但与性命之忧虑、灵魂之不安宁比较起来，为生活所迫不能不是个次要选择。所以，在《归去来兮辞》的开首，陶渊明即说：

归去来兮，田园将芜胡不归？既自以心为形役，奚惆怅而独悲！悟已往之不谏，知来者之可追；实迷途其未远，觉今是而昨非。

这绝非一时的冲动，而是经过长时间痛苦的思考而作出的抉择，然后是那么坚定，以至于后半生都未曾反复。这一番不啻肺腑之言，确实是他心底的"真"音。

可以说，求真，揭去繁文缛节，这种真（诚）、自然以及自由的崇尚，是来自陶渊明对社会礼俗的深刻洞察。于是"朴素"才映落成他内心的真实的写照。而这本身就具有惊世骇俗的意义。以至于这一举动与几个时代的风气相左——很长时间，文坛一直弥漫着浓烈的虚华浮艳的风气，以至"俪采百字之偶，争价一句之奇"（刘勰《文心雕龙·明诗》）——所以在以雅为尚的《世说新语》里，根本就见不到对陶渊明的片言记载。或许，在刘义庆的眼里，陶只是一个没有品范的乡野村夫。但这岂是陶所在意的？他"见素""守拙"，却也见出个人的倔强和硬气。他甚至与时俗决绝而直接走入生活的底层，因而有了长长一段一般文人所未曾有的田园与农耕的经历。他和劳人多有接触，而《击壤歌》时代的"日出而作，日入而息"还需要什么装饰呢？明人江盈科说："陶渊明超然尘外，独辟一家，盖人非六朝之人，故诗亦非六朝之诗。"（江盈科《雪涛诗评》，民国铅印本，第749页）这可以说是点到陶渊明诗文的本质和超时代的价值了。

于是，我们就见到了不少"我行我素"的近乎直露的描写。比如《五柳先生传》的笔墨，谐谑而自嘲，其背后是潇洒和自负，刻写了诗人的个性。而《归去来兮辞》写其迷途知返的喜悦、归心似箭的心情、与亲人相见的激动，简直就在读者的眼前，毫不掩饰：

> 舟遥遥以轻飏，风飘飘而吹衣。问征夫以前路，恨晨光之熹微。乃瞻衡宇，载欣载奔。僮仆欢迎，稚子候门。

在语言由六字句向四字句变奏中，节奏加快，心情由赶路时的急盼难耐到见到家人面时的欣喜狂放，以及复杂急遽的心境，都在文字里"袒露"了出来。而这种像个可爱孩子的"裸露"，恰恰说明了他的真诚、丰盈而充实的心灵与内在。这就是真性的流淌。

而"目倦川途异，心念山泽居"（《始作镇军参军经曲阿作》），也是如此。一"倦"一"念"之间，诗人对于庐山脚下的家园的痴情，就显得再自然不过了。至于他在《归去来兮辞》中的敦亲睦族、交欢稚子、琴书消忧、与农语畴、寻壑经丘，尽情享受天伦之乐、朋友之情、山水之趣，无一不是真性的显露。甚至，他还可以极端而赋："静念园林好，人间良可辞。"（《庚子岁五月中从都还阻风于规林·其二》）

确实，乡村人静事简，没有纷扰喧嚣和凡夫俗子与功名利禄之求。《晋书·隐逸传》说他归来以后，"未尝有所造诣，所之唯至田舍及庐山游观而已"，他不以躬耕为耻，不以仕进为荣，就是看尽和看空了人世上这喧闹不休的一切。他在《归去来兮辞》中所谓"归去来兮，请息交以绝游。世与我而相违，复驾言兮焉求？"，就真不是虚言掩饰了。

而心境的改变，加上环境的不设防，似乎使陶渊明更加"肆无忌惮"了。"云无心以出岫，鸟倦飞而知还。景翳翳以将入，抚孤松而盘桓。"他不是一个旁观者，也不仅仅是一个欣赏者，而是深情抚慰和心灵交契。在他的笔下，飞鸟、苍松、篱菊、炊烟、新苗、清涧，都有了清淳的素美，更有了不为俗世所沾染的清峻的风骨。他甚至还描绘了心中的理想社会——自耕自食、自由平等、没有君主、没有剥削的人间乐园，就在他晚年所写的《桃花源记》里。

不仅如此，他还有一股逆势而动的快意。

比如，他对孔圣耻谈稼穑、董大贤目不窥园（"孔耽道德，樊须是鄙。董乐琴书，田园不履"）很有意见，于是抬出更具权威的人物，说"舜既躬耕，禹亦稼穑"（陶渊明《劝农·其六》）。至于读书，也与西汉以来那些皓首穷经的人们相左，他宣扬"好读书，不求甚解，每有会意，便欣然忘食"（《五柳先生传》）。尤难得的是，"用读书来充实人生，扩大生活空间"，"他的精神因此获得新的超越和自由"（朱光潜《诗论·陶渊明》，安徽教育出版社1997年版）。至于篇篇言酒，被后来的萧统勘破："有疑陶渊明之诗，篇篇有酒；吾观其意不在酒，亦寄酒为迹。"（《陶渊明集序》）于是我们看到，"悠悠迷所留，酒中有深味"（《饮酒·十四》），"中觞纵遥情，忘彼千载忧"（《游斜川》）……这是魏晋以来的道家们超拔尘世、求得灵魂安适的一贯做法。可以说，陶渊明在他自己的田园生活里，辟出了一个尘外的世界。

在消释了种种不自在后，他的躁动不宁的内心素静了，平淡了，悠闲了，自由了。于是"真"更显露了。元人陈绎说："心存忠义，心处闲逸，情真景真，事真意真，几于《十九首》矣，但气差缓耳。至其工夫精密，天然无斧凿痕迹，又有出于《十九首》之表者。盛唐诸家风韵皆出此。"（陈绎《诗谱》，引自丁福保《历代诗话续编》，中华书局1997年版，第630页）对于这种直露的"真"，并非人人可以直视。王维就看不破。他在《与魏居士书》里说："近有陶潜，不肯把板屈腰见督邮，解印绶弃官去。后贫，《乞食》诗云'叩门拙言辞'，是屡乞而多惭也。"（《王右丞集笺注》，上海古籍出版社 1984 年版，第 334 页）他又哪能理解陶渊明诗中"主人解余意，遗赠岂虚来。谈谐终日夕，觞至辄倾杯"的散淡、潇洒与快意呢？还是苏轼理解，说："欲仕则仕，不以求之为嫌；欲隐则隐，不以去之为高；饥则叩门而乞食，饱则鸡黍以迎客；古今贤之，贵其真也。"（见《书李简夫诗集后》，《东坡题跋》，中华书局 1985 年版，第 59 页）

正因为"真"，所以底气十足，勃郁充沛，是龚自珍所谓的"陶潜酷似卧龙豪，万古浔阳松菊高"［《己亥杂诗·一百三十》，《龚自珍全集（第十辑）》，上海人民出版社 1975 年版，第 521 页］，萧统所说的"词采精拔，跌宕昭彰，独超众类，抑扬爽朗，莫之与京"（《陶渊明集序》）。因为"真"，一切都从情性中自然而出。如《时运》诗曰："迈迈时运，穆穆良朝。袭我春服，薄言东郊。山涤余霭，宇暧微霄，有风自南，翼彼新苗。"暮春时节，一袭春服在身，轻松、和暖，诗人感受郊野的物和，仿佛新苗也有同样的舒顺。袁行霈先生说："陶渊明的诗和生活完全打成一片，……他似乎无意写诗，只是从生活中领悟到一点道理，产生了一种情感，蕴含在心灵深处，一旦受到外力诱发……，便采取诗的形式，像泉水一样流溢出来。"（《陶渊明研究》，北京大学出版社 1997 年版，第 72 页）

袁先生又说："他对人生所作的哲学思考，连同他的作品一起，为后世的士大夫筑了一个'巢'，一个精神的家园。一方面可以掩护他们与虚伪、丑恶划清界限，另一方面也可使他们得以休息和逃避。他们对陶渊明的强烈认同感，使陶渊明成为一个永不令人生厌的话题。"［袁行霈《中国文学史（第二卷）》，高等教育出版社 2003 年版，第 75 页］

当然，"与虚伪、丑恶划清界限"，这是一个方面；另一方面，在更深的层面上，陶渊明的"生命意识"及其复杂性，也深刻地影响着后世。

二、居乡：生命的意识

"三径就荒，松菊犹存。携幼入室，有酒盈樽"，其自喜自不待言。"引壶觞以自酌，眄庭柯以怡颜。倚南窗以寄傲，审容膝之易安"，也能够见出他的傲然自得。但下面数句则蕴含很多也很深的内容：

> 园日涉以成趣，门虽设而常关。策扶老以流憩，时矫首而遐观。云无心以出岫，鸟倦飞而知还。景翳翳以将入，抚孤松而盘桓。

可能从这里开始，辞赋的意思转而深沉起来。这八句话，让人看到了作者内心的一种倾诉，一种回乡后的细腻而生动的心绪流露：涉园成趣→策扶流憩→矫首遐观→抚松盘桓。由一种回乡时的兴致到心满自得，再到内心的抚慰和久久的深思。而"抚孤松而盘桓"中那种与孤松交流、倾诉的情形，那种失意、坦白、深深的追悔与永不再出官的誓言，在千年之后也不难感受到。

同时，在这里，我们看到，作者回乡后，旅行的脚步始终没有停歇："或命巾车，或棹孤舟。既窈窕以寻壑，亦崎岖而经丘。"

从这种永不停歇的脚步里，我们看到高飞远举的大鸟飞向天空的自由（陶渊明《杂诗·忆我少壮时》："忆我少壮时，无乐自欣豫。猛志逸四海，骞翮思远翥。"与其说是他早年的功业追求，不如说是他后来摆脱名利和生死拘束所追求的精神上的自由），羁鸟回到旧林、池鱼重游故渊（《归园田居·其一》）的自在，并且，似乎更看见了一个重回自然怀抱之人，对过于熟悉的山水所进行的通知式告慰；又看见了一个寻求生命真谛之人，在探访山水胜境中寻找永世答案的努力。

不过，此时陶渊明的灵魂仍然是焦渴的、不安的，甚至还是躁动并痛苦着的。所以，他要不停地走下去，不停地寻找下去。他不会停顿，也不会折返。正如有人所说："旅行是人类的一种宿命。……很多时候，这种宿命还表现在精神上，人类对于精神世界的探求，常常是更热切也更加持久的。然而，人类的孤独感、漂泊感、绝望感、虚无感，也因此而生。所以，为自己寻找未来的归宿，安置好自己的躯体和灵魂，人类这种诉求的历史就像人类探求未知领域的欲望一样古老。不过，对人类来说，归途似乎比前途还要渺茫。"（解玺璋《给精神还乡一个理由》，《南方都市报》2004 年 8 月 23 日）

还记得《诗经》里那个征战归来的老战士吧。"昔我往矣，杨柳依依。今我来思，雨雪霏霏。行道迟迟，载渴载饥。我心伤悲，莫知我哀！"（《诗经·小雅·采薇》）战士终于可以回家，自然是高兴的，但征战对人、时间和空间的改变，让一个人的回家之路变得异常痛苦和伤悲。陶渊明在经历最初回家的新鲜后，终究要面对官场生活对他身心改变的事实。但他要比早他一千多年的老兵幸运，他有田园，有老家，有妻子儿女，还有他的家族和友朋；此外，他从彭泽官任上卸下来，回到自己的家乡，路程也并不漫长。但是，他真能回到他的家乡吗？他真正属于他的家乡吗？

　　作品两次出现"归去来兮"，很值得深思。

　　回乡并不等于有"家"可归。"无家可归"仍然是陶渊明绕不开的一个心结。曾经，面对"田园将芜胡不归"的心灵责问，他为了口腹只得落于"尘网"三十年（《归园田居·其一》）；现在，这个回家的愿望终于实现，但是，那个发自心底的声音又出现了——那是他的誓言和盟约。曾经，不是不归，是回不了或真回起来很难；现在肉体回来了，且归来的温馨也很强烈；而回来后，仍然要面临精神和灵魂上如何回乡的问题。应该说，一个人要自绝于家族、社会阶层，还有时代，这个选择和切割是很困难的，但他还是跨越了这道巨大的心灵之坎，他选择了倾听内心的声音——息交、绝游、违世："归去来兮！请息交以绝游。世与我而相违，复驾言兮焉求？"这是他交给时代和历史的一份契约。他在精神上仍然是贵族。

　　既如此，而余下的事，便是要找到那条通往安栖灵魂的归宿地。然而通道也并非易寻。一个现实的问题是，生活于具体的时间和空间里的人，究竟如何克服时空尤其是时间的流逝与周始轮回所带来的挫败感呢？

　　木欣欣以向荣，泉涓涓而始流。善万物之得时，感吾生之行休。

　　王瑶先生曾说："我们念魏晋人的诗，感到最普遍，最深刻，能激动人底同情的，便是那在诗中充满了时光飘忽和人生短促的思想与情感；阮籍这样，陶渊明也是这样，每个大家无不如此。"（《中古文学史论》，北京大学出版社1986年版，第132页）外物的生机，可以周而复始地生生不息，或者说大自然的循环繁茂刺激了他，正如智利诗人聂鲁达在《爱》中说："当我伫立在鲜花初绽的花园旁边时，春天的芬芳使我痛楚。"（《聂鲁达散文选》，百花文艺出版社1987年版，第14页）陶渊明是归园了，他也为回归家园铺平了一条充满欢乐情趣的道路，但通往心灵之路可能还要后半生的经营。毕竟"误落尘网中，一去三十年"的经历并非一个立即可以忘却的事。何况在这种分明是自我谴责的声音里，我们看到的是怨愤，是另一种性命不长而不能享受生命的痛苦。在另一首著名的诗作里，我们还能够听到他的醒痛的声音："天地长不没，山川无改时。草木得常理，霜露荣悴之。谓人最灵智，独复不如兹。"（《形赠神·其一》）

当然，在漫长灰暗而寒冷的冬天和烈日炽热而难熬的夏季，一般人会以无限向往的目光反复欣赏和煦的乡村和温和的沙地，梦想着清晖侵窗的烂漫时刻。但一旦他真正置身于乡村与沙滩，他才发现深居并非一种福气。因为安居的适意，绝不仅仅是清新的空气、如画的景观，或者是淳朴善良、悠闲自得的原始风气。这时，对陶渊明和他自己的生活方式、生命态度的选择来说，过去的决定是一个自觉自愿的决定，却也是一个需要承认责任的决定。他现在要做的事，是要拥抱他的乡里，并且试图将自己变成家乡的一部分：

已矣乎，寓形宇内复几时！曷不委心任去留？胡为乎遑遑欲何之？富贵非吾愿，帝乡不可期。怀良辰以孤往，或植杖而耘耔。登东皋以舒啸，临清流而赋诗。聊乘化以归尽，乐夫天命复奚疑！

陶渊明这段表示决心和付出行动的文字并不是轻松的。不过，他已经从思想和精神层面，将"时光飘忽和人生短促"等不足和缺憾轻轻地抛给了浮云，生命的长短就顺其自然吧，一切都按照造物的安排吧。将人生看穿后，他植杖耘耔，赴约良辰，登皋舒啸，临流赋诗，简朴却诗意地生活着，很平淡却高贵地生活着，安于归隐，击碎忧虑和烦恼，逍遥自在地生活着：这就是他后半生的安排。

当然，其坚定的"守拙"与躬耕行动，是需要付出相当的勇气和非凡的毅力的。这一次真正回归田园之后，后来，他仍然还面对内心深处的贫与富的交战、穷和达的烦扰，以及更多的是生与死的焦虑。还有，随着暮年的到来，特别是亲人的离世、生活的艰难、体力的衰损等，一个个考验都在排着队等待着。而在当下，最需要的就是"乐夫天命复奚疑"。正如后世法国文豪阿尔贝·加缪所说的，"我们没有时间孤独，我们只有欢乐的时间"［见雅罗斯拉夫·赛弗尔特《世界美如斯（节选）》一文题记，引自毛信德、李孝华汇编《诺贝尔文学奖获奖作家散文精品》，百花洲文艺出版社 1995 年版，第 229 页］。

三、直面：冲突与调和

的确，回到田园的陶渊明还要经受很多风雨的洗礼，还要遭受家庭、贫困和内心种种折磨，甚至是死亡的拷问。那种知达天命、顺其自然的心情是需要在生活中一日日再证明的。《古文观止》二吴末评说："公罢彭泽令，归赋此辞，高风逸调，晋宋罕有其比。盖心无一累，万象俱空，田园足乐，真有实地受用处，非深于道者不能。"［《古文观止（下）》，中华书局 1982 年版，第 290 页］其实也只悟对一半。"心无一累，万象俱空"，何其难！

如果经受的考验都过了，那么，像陶渊明这样柔弱的知识分子——似乎只是拿起了锄头，耕种业已荒芜的田园而已——他注定以其高洁的品格和精神气质，包括他对精神家园的苦苦寻求和努力，究竟可以成就那个时代的精神高度，并成为中华民族精神的一个向标。苏东坡说："渊明吾所师，夫子仍其后。"（《陶骥子骏佚老堂·其一》）不是说夫子不高明，而在于渊明之内心如照，其苍茫突兀，非"靖节"二字不能形容，实"安于苦节"也。所以说，不是陶渊明文章中所表现的因厌恶污浊的官场和耻为五斗米折腰而弃官归隐、远离尘嚣的精神，而是他在他那个时代必须直面且如何直面苦闷和绝望，深深地牵引着后世的读者，尤其深深地感动着一生驾一叶扁舟挣扎、颠簸于惊涛骇浪之巅的苏轼。

关于陶渊明的躬耕和苦修，袁行霈先生说得好："陶渊明归隐之初想到的还只是个人的进退清浊，写《桃花源记》时已经不限于个人，而想到整个社会的出路和广大人民的幸福。陶渊明迈出这一步与多年的躬耕和贫困的生活体验有关。虽然桃花源只是空想，但能提出这个空想是十分可贵的。"[《中国文学史（第二卷）》第 89 页]

明了如此，也就不难理解为什么陶渊明的诗歌里甚至"不厌其烦"地叙说"尘世中的真我"：在自我不断激励中，通过时时泯去后天的经过世俗熏染的"伪我"，希望返归和保持自己本来的、天真的性情。唯有历练之真，苦修之诚，方能悟得天真之性之可贵。比如，"久在樊笼里，复得返自然"（《归园田居·其一》），如果没有久滞尘世的难耐和厌倦，就难以体会出一朝冲决出牢笼的自由、天真和欢快。又如，"在《形影神》里，他让'神'辨自然以释'形''影'之苦。'形'指代人企求长生的愿望，'影'指代人求善立名的愿望，'神'以自然之义化解它们的苦恼。形影神三者，还分别代表了陶渊明自身矛盾着的三个方面，三者的对话反映了他人生的冲突与调和"[《中国文学史（第二卷）》第 79 页]。

同时，陶氏《五柳先生传》《归园田居》《时运》等作品，都是其艺术化人生的一个个极为复杂的写照。宗白华先生在《歌德之人生启示》里说："世界上第一流的大诗人凝神冥想，探入灵魂的幽邃，或纵身大化中，于一朵花中窥见天国，一滴露水参悟生命，然后用他们生花之笔，幻现层层世界，幕幕人生，归根也不外乎启示这生命的真相与意义。"[《宗白华全集（第二卷）》，安徽教育出版社 1994 年版，第 1 页]陶渊明能从自己的身体力行里冥悟生存，领悟生命，像他的求为彭泽县令和辞去彭泽县令的过程，对江州刺史王弘的态度，抚弄无弦琴的故事，取头上葛巾漉酒的趣闻一样，都是读者需要深味的。而从《归去来兮辞》里仅仅看到作者回归田园的快乐，则远远不够。

满腹郁结与全性倾泻

——读李煜的《虞美人》

读李煜这首《虞美人》词，使我一下子想起了西晋阮籍的古琴曲《酒狂》。很有一时，我的脑海里总是盘旋着这支曲子。我在读鲁迅的《记念刘和珍君》一文时也有这种奇怪的感受。我似乎要把这种感觉传染给他人了。

听这支曲子的时候，我感其醉意恍惚，蹒跚行进，步履踉跄，欲进不得，欲退不能，是进是退，又退还进，其内心有多少痛苦，有多少矛盾的纠结啊。而此词愁肠百结，万事齐涌心头，凄楚中不无激越，悔恨里又贯穿着浩勃沛然的愁思，却遮遮掩掩，左支右绌，道不得，说不出。于是，音乐与词调在这里交汇了。其艰难万状，形单影只，自言自语，孤苦伶仃，唯有在寂寥的黑夜里踽踽独行。

《虞美人》里所写的，是一个亡国之君的真切的感受，悲劲苍凉，心怀莫大的深恸，是王国维所谓的"血书"。这首词有两点值得一讲。

一是其欲吐还吞、欲吞不得、似吞还吐的矛盾心理，在词中有着充分的流露。怕见"春花秋月"，因为这些勾起了多少往事的回忆，在往日是醉生梦死沉迷的欢乐，在今日却是梦醒时分的悔恨。所以良辰美景赏心乐事，现在都成了万箭齐发，射向词人此时已经清醒的内心。但物候是不解人意的，它们只知道依照自然的理，到底于人来说，就显得残酷而无情了。越是怕见物候的到来，它们却偏要重来，结果触目惊心，又使人不能不正视；但若正视起来，却又有不堪回首之叹。然又不能不回首，于是只好看看身边的侍女，轻轻地问一声："故国的宫殿怕还在吧？"

词中写了"两怕"或"四怕"，颇为真切哀伤。其一是怕见现实又怕往事，其二是怕回首故国又怕正视自己。于是只好说："那些富丽的建筑应该还在那儿吧，一切都没有变化的，只是你们红润的玉颜改变了，是吧？"都还好好的，真的都还好好的？而已然是阶下囚的他，不言自己的处境，竟然还痴人说梦、佯作无知似的对身边的侍女说："是什么让你变得这么苍老了？噢，你有多少烦忧啊？"一个亡国之君的失国之痛、亡国之恨及其无言的深悔便显得淋漓尽致了。因为任何沉重的语言都不足以表达内心的痛苦，所以他的痴人说梦式的呓语，虽轻实沉，越轻越沉。物是人非，江山易主，唯有"只是"二字以叹惋的口气，才能传出无限怅恨之感。

二是情感的高度积蓄，最后全性倾泻。只是最后一句，"恰似一江春水向东流"，所谓"真伤心人语"，借侍女之口道出，将词人的满腔幽愤全盘倾泻出来。于是情感再难控制，深恸如浩浩春水，不舍昼夜，东向奔放，无有尽时。压抑的感情终于获得了一个宣泄的口子，虽然修辞含蓄，却直露恣肆，一泻千里，将无尽的哀思全部淹没，化为浩浩荡荡的愤怒了。

有人说，正是这首词中的"小楼昨夜又东风"，或"故国不堪回首月明中"，或"雕栏玉砌应犹在"，让人嗅到了词人念念不忘故国的情思，而结果让宋太宗要了他的命。而宋人王铚在《默记》里，却有另外一种说法："后主七夕在赐第命故妓作乐，声闻于外。太宗闻之，大怒。又传'小楼昨夜又东风'及'一江春水向东流'之句，并坐之，遂被祸云。"（《默记·燕翼诒谋录》，中华书局1981年版，第4页）词人遭祸的原因，除了其他复杂的政治因素，其实就本词的内容来看，"一江春水向东流"的直抒胸臆的因素似乎更大些。诚如高原先生所说："一个处于刀俎之上的亡国之君，竟敢如此大胆地抒发亡国之恨，是史所罕见的。"他并引述法国作家缪塞的话说："最美丽的诗歌是最绝望的诗歌，有些不朽的诗歌是纯粹的眼泪。"〔引自《唐宋词鉴赏辞典（唐·五代·北宋卷）》，上海辞

书出版社 1988 年版，第 123 页〕

这一切都源于"真实"。是真实，惨烈的现实真实，给了文学以强大的生命，但也就此断送了词人的身家性命。这让后世的人们读来，心灵莫不受到强烈的震撼！而一个处在刀俎之上的亡国之君，竟敢如此大胆地抒发亡国的愤怒，这确实是非常罕见的。词人这种全情倾泻，甚至孤注一掷，就是王国维所谓出自"赤子之心"了。它注定是一篇不朽的杰作。

最后，关于本词的理解，有两个语词是可以重新解读的。一是"朱颜"，作玉颜解，可以指词人自己或是词人身边的侍女，也可以指雕栏玉砌下的守宫人。李煜的悲哀不仅仅是"亡国"，还有"人非"的深沉悲哀在里面。二是"问君能有几多愁"中的"君"，似乎作"身边的侍女"解比较好，更能见出这位亡国君的"怕"，不直言其事而遮言其他。

阮籍式的深情　离骚式的表述

——读鲁迅《记念刘和珍君》

在我的感觉中，鲁迅先生的《记念刘和珍君》真是一篇至文。在同是纪念进步青年或革命者这一点上，我以为它的艺术成就远远超出了后来所写的《为了忘却的记念》。

本文不打算进行对比分析，只想就《记念刘和珍君》作些艺术上的探究；但我又以为这些探究在很大程度上是该文所独有或比较突出的。我想在艺术上有以下三点颇值得深究：

其一，在创作原动力上，他善于摄取"现代社会的魂灵"，他深感世态炎凉，窥熟于"世人的真面目"，尤其对那"宁蜷伏堕落而恶进攻"的国民精神深感愤怒（见人教社教参）。他的写作就是以所谓世态人情为着眼点来看社会与人生，摄取其"魂灵"给人以惊心动魄的警示。作者是浸润于中西文明的知识种子，他深感时代进步对于中国社会特殊的作用；在文明与野蛮的残酷较量中，他尤感文明的无力和孱弱，而野蛮是多么凶残与下劣，特别是那些自甘堕落、为虎作伥的阴暗"动物"们的所作所为！他除了用笔于"始终微笑着""从容转辗""干练坚决"的刘和珍与杨德群们，展示中国女性的勇毅和温和，"虽压抑至数千年，而终于没有消亡的明证"的形象；还着眼于罪恶的段政府，下劣的无耻文人，以及那些庸人与"闲人"，文中虽没有勾画他们的"尊容"，但强烈的比照与暗示使那些在阴暗潮湿里的阴暗物们显得多么丑陋！这种比照与暗示极具有战斗性与鼓动性，可以说这是该文不同于一般悼文的地方。

其二，在创作的立场与原则上，有一点通常被人忽视了，就是那个在《故乡》中就已经显露的人道主义思想和现实主义的怀抱与民族之爱。我们知道作者有生计流离之忧，但他又有着中国历代正直的知识分子所具有的可贵品质，尤其是杜甫以来的关怀政治现实与民族前途的人们身上所具有的。在意识的层面上，"我"更多的是传达出一种"叹息肠内热"（杜甫《自京赴奉先县咏怀五百字》）的文化—政治情绪，因而读来颇能撼动人心。作者为何对"三·一八"惨案如此地表达出自己极大的愤慨呢？这不外于戮杀烈士或青年使他感到极度悲愤。"惨象，已使我目不忍视了；流言，尤使我耳不忍闻。我还有什么话可说呢？我懂得衰亡民族之所以默无声息的缘由了。沉默呵，沉默呵！不在沉默中爆发，就在沉默中灭亡。"他仍然是从进化论的角度，坚信未来必胜于现在，而青年代表未来，知识就是文明与未来的标记。他将议论提高到民族存亡的高度，足以见出他的至高的峻拔与浑厚，从中我们不难看出他对民族生存与发展的强烈的期待。而这些都厚寄于传承文明与进步知识的人们身上。他对知识分子的责任感与道义感的苛求程度是如此的强烈！因此，正如见到一枚硬币的另一面，我们对作者为什么尤其要痛斥无耻文人的阴险论调就不难理解了。

其三，应当说，在本文中，鲁迅的思想情感是深刻而复杂的。鲁迅从不掩盖自己思想的复杂性，他长于解剖自己，甚至于无情，其精神尤感人与可贵。他一再强调"有写一点东西的必要"，却又感觉到"我还有什么话可说呢"，"但是，我还有要说的话"，"呜呼，我说不出话……"他想说的、有必要说的太多，但现实的黑暗又使他出奇的愤怒。刘和珍是他的学生，是他的学识热烈的求知者，他回忆起当初订阅《莽原》的情形，从这一点感觉有些写作的必要，"现在却觉得有些踌躇了，我应该对她奉献我的悲哀与尊敬"，而不仅仅是这一点点的所谓的感激。他说，她不是"苟活到现在的我"的学生，而是为了中国而死的中国的青年。但他又说："造化又常常为庸人设计，以时间的流驶，来洗涤旧迹，仅使留下淡红的血色和微漠的悲哀。"在说到这次惨案所引起的反响和意义时，他沉痛地说："时间永是流驶，街市依旧太平，有限的几个生命，在中国是不算什么的……至于此外的深的意义，我总觉得很寥寥……"然而在文章的结尾，他又说："我目睹中国女子的办事……而终于没有消亡的明证了。倘要寻求这一次死伤对于将来的意义，意义就在此罢。""苟活在淡红的血色中，会依稀地看见微茫的希望……"这些几乎矛盾的语言，并非作者逻辑上的失误，而是充分地表达出了作者的无言的苦痛、愤怒、悲哀与告祭的心情。同时在措辞闪烁与词锋隐显之中，又分明让人感受到社会与生存环境的凶残所达到的非人间的程度。应当说，作者还有许多想表达的，要表达的，但他徘徊于"两间"，纠缠于生死，沉耽于过去、现在与将来，而他思绪纷乱，也实在不能完全地沉静于他的心去作冷静的理性思索，于是他只好将这些"奉献于逝者的灵前"，奉献给广大的读者。我们看到的是一颗被各种外力作用而已破碎的心灵！总之，是这样，还有什么其他的言辞呢？

关于这一点，我以为我们还可以引申出三点作展开陈述：

其一，应当看到，在文章中，作者没有把自己摆在为师的位置上，他严剖自己，而对逝者表示出了极大的尊重。对于记念，他没有浮泛，更没有旁观，而是用他的心与情、悲愤与炽爱去深味惨案前前后后的以及更多的、更深广的东西。他的思想与情感渗入其中，他用他所能感受到的形诸笔墨，让人看到一个真正思想者的心灵的苦痛与挣扎的具体情状。他是真实的，感人的。这篇文章给人一个强烈的印象就是文章中浓烈的抒情性大于其单纯的文字表述。其中的原因就在于作者的浓烈的情感、悲愤的控诉、严厉的斥责都聚集在那议论大于叙述的篇章结构里。他的议论与抒情都是感性与理性交织着的产物，在最具有浓缩性与广延性上，又获得了无限的诗性。歌德说："感情愈和理性结合，就愈高贵，到了极境，就出现了诗，出现了哲学。"（歌德《致玛利亚·包洛芙娜公爵夫人书》，转引自王献永《鲁迅杂文艺术论》，知识出版社 1986 年版，第 14 页）这就是他行文很突出的特点：一个真正思想者真诚地袒露着他的思想。"他直抒胸臆，将自己的满腔的悲痛与义愤，用烈火般的言辞喷射出来，形成诗意汹涌的感情波涛，并结情为理，化为深刻的哲理韵味和汪洋恣肆的风格，他指着反动派的鼻子怒斥：'中外的杀人者居然昂起头来，不知个个脸上有血污……'"（《鲁迅杂文艺术论》第 233 页）

其二，有一点也是常常被人忽视或误解的，就是"欲吐还吞，欲吞不得，吞而复吐的具体的痛苦的情状与深情叙说"。行文说"我也早觉得有写一点东西的必要了，这虽然于死者毫不相干，但在生者，却大抵只能如此而已"。而接下来的却是"可是，我实在无话可说"，在无话可说处，作者说"我们还在这样的世上活着；我也早觉得有写一点东西的必要了""忘却的救主快要降临了罢，我正有写一点东西的必要了"，但后面又出现了"我还有什么话可说呢？我懂得衰亡民族之所以默无声息的缘由了"，而接下来又是"但是，我还有要说的话"，而却以"呜呼，我说不出话，但以此记念刘和珍君"作结。对此，目前教学参考书不能给予满意的解释，而只能就事论事，一个一个地，显得很支离破碎。而有一种论说则是从"重复"性语句出发，认为鲁迅是用还原那荒诞而重复的历史来"还丑恶以丑恶，还荒谬以荒谬，让所有的真相裸裎"（梁卫星《重复与鲁迅》，北大在线 2002-08-16）。它"在说与不说之间，鲁迅陷入了深刻的苦痛之中"，但它的解释显然是过于想当然了。如果我们对鲁迅研究魏晋时代的情况多一些了解，那么，便比较容易地理解这种"欲吐还吞，欲吞不得，吞而复吐"的具体的痛苦的情状。有兴趣的人可以仔细地聆听阮籍的古琴《酒狂》，也许会有深刻的体会。（或许开头是欢快的率真，但往后可能就是痛苦的跛踬。）

其三，该文还存在着《离骚》式的表述结构。在《离骚》中，屈原天上人间，上下求索，其现实主义地对祖国与民族的爱深融于其中，尤其是最终升天临行之际那深情的回眸，简直让人涕零如雨。古人评论《离骚》时认为它没有章节，思之所至，悲戚啼苦，时断时续，天上地下，旷怨求索，一唱三叹，这正是作者内在深情在行文情节上的本质反映。在本文中，作者发情于死，但念在生前，"于死者寄生者之情，求生者之道"（《鲁迅杂文艺术论》第 228 页）。作者摒弃了那些虚而不实的冥间想象式的虚无安慰，他始终把死者与性命相联于残酷、恶劣的历史与现实，并与中国的未来紧紧相系。鲁迅写作本文，说得非常明白，"刘和珍是我的学生"，但她"不是'苟活到现在的我'的学生，是为了中国而死的中国的青年"。鲁迅以含悲之笔，以一个"亲族、师友、爱人的心"去"深味"这浓黑的非人间的悲凉、微漠的悲哀与淡红的血色，他感受到了中国女子的"从容""微笑"与"伟大"，他的心由此震动，他写道："真的猛士，敢于直面惨淡的人生，敢于正视淋漓的鲜血。这是怎样的哀痛者与幸福者？"作者的感情实在是悲哀与愤怒之至，他认为三月十八日是"民国历史上最黑暗的一天"，因为他"只觉得所住的并非人间。四十多个青年的血，洋溢在我的周围，使我艰于呼吸视听，那里还有什么言语"，他几次表示该"写点东西了"但一直没有下笔。在他看来，凶残的当局、下劣的流言家便是罪恶的制造者与掩盖者，罪恶不止，则青年所流的血便无从止息。正因为如此，他要"深味这非人间的浓黑的悲凉，以我的最大哀痛显示于非人间，使它们快意于我的苦痛，就将这作为后死者菲薄的祭品，奉献于逝者的灵前"。这种深味与哀痛真是难以言状，所以作者很难完整地叙述完有关刘和珍的详细的情节，而只能忍含深痛地，时断时续地。有时他只能说"我说不出话来"而显出秋雨般的夜哭；有时他甚至太激动，而作枯蕉似的悲哀与惨荷式的愤怒了。

注：文本首发于 2002 年光明网"光明书评"，获新浪网"读书频道"推荐，又被选为某版高中语文教材教参。

朱自清《荷塘月色》"闲愁"说

    以前在与人谈话中，我就已经非常注意朱自清先生的《荷塘月色》的成熟的语言技巧，认为它比《春》带有过多整饬的语言更娴熟老练。我曾想，如果就《春》中某一"图画"作展开描述，其效果可能会好得多。因为文学艺术毕竟是时间的艺术，而空间的铺排手段却不是其专长所在，尽管我们古有赋法与赋体的创作经验。在《荷塘月色》中，语言显然经过精微的锤炼而蕴涵着更精细的表意，它有着自古以来历代文人所惯用了的思维方式与写作模式，也就是说《荷塘月色》更像是一篇带着传统意味的散文。那么，朱自清先生在我看来，更像是一个极为传统的文士了。

    评论界对《荷塘月色》的语言已有太多的评述，本文将不作赘述。引起我强烈的兴趣的是这篇文章的构思与情感，以及作者的由显而隐的心灵过程。

    我还记得在以前的一次听课中，曾发奇想，以为《荷塘月色》的后半部分实在大成问题，并想当然地认为凡文皆"虎头蛇尾"，大者如曹雪芹大师的《红楼梦》，小者如叶圣陶先生的《苏州园林》，广而言之，其他的创作都存在着类似的问题。如书法作品结尾的地方，其气色与运笔绝不能与开头浓酣的情感与腕力相比。我记得当初的印象是把《荷塘月色》作为纯粹的美文来赏析的。如果这样的话，那后半部分的追想南朝"采莲"旧事便纯属多余了。于是与那种力主删削文本的观点一道，竟很长时间地占住我的思维。

但在后来的备课中，我较详细地考察了与这篇文章相关的评述，发现了其中有很多引发争议之处。比如，谈"这几天心里颇不宁静"，有些文章似乎欲罢不能地离开文本而引证朱自清先生《哪里走》和《一封信》的内容，总认为作者为当前发生的国共事件而生苦闷之情，因而徘徊于月下，或者认为他感叹于在国共之间如何艰难地寻找另一条道路的问题；而对于文中已有的暗示则置若罔闻，如"像今晚上，一个人在这苍茫的月下，什么都可以想，什么都可以不想，便觉是个自由的人"。这是明显不涉及文本特征的政治式的图解方式。从客观角度看，并不具有严密的逻辑性。在谈到朱自清先生夜游月下荷塘的那三节有名的文字时，许多人都着眼于欣赏，而忽视了这三节文字在文中的结构位置及其功能。这是其较为突出的弱点所在。欣赏固然必要，若离开了文本与作者当时的特定的心境，这三节文字与寻常的记游文字又有何分别呢？这就是我以前所作的关于后半部分尽可删的类似看法。现在看来，当然大有问题。

　　在作了一番较为详细的考校之后，我以为朱自清先生的文章自有其套路可言，有一些较为显示的地方往往暗含着全篇的机关所在。一般的术语叫作"文眼"（但不是"切入点"）。如在《背影》一文中，作者的父亲所写的一封信当视为全篇的一个关键点。在这个意义上，有人曾编写了一个口诀道："睹信涌起思父情，预感诀别抒真情。二虚二实父背影，四感四哭泪盈盈。"（见《中学语文教学》1992 年第 3 期）在本文中，切入点是"这几天心里颇不宁静"，但不是"文眼"。真正的"文眼"是行文的第三自然段作者在月下的内心独白。文字是这样的：

　　路上只我一个人，背着手踱着。这一片天地好像是我的；我也好像超出了平常的自己，到了另一世界里。我爱热闹，也爱冷静；爱群居，也爱独处。像今晚上，一个人在这苍茫的月下，什么都可以想，什么都可以不想，便觉是个自由的人。白天里一定要做的事，一定要说的话，现在都可不理。这是独处的妙处，我且受用这无边的荷香月色好了。

　　为什么课文开头说"这几天心里颇不宁静"？为什么课文中说"热闹

是它们的，我什么也没有"？为什么作者在后半部说"这真是有趣的事，可惜我们现在早已无福消受了"？……诸如此类的问题都可以在这一段中找到答案或线索。比如"热闹是它们的，我什么也没有"的伏线在"我爱热闹，也爱冷静；爱群居，也爱独处"里。而"我且受用这无边的荷香月色好了"中的"且"字也有暗暗关涉下文的意思。这段内心独白虚虚实实，给人摇曳不尽之感，正如刘勰在《文心雕龙·熔材》中所谓的"居一篇之要"。

所谓"文眼"的提法，却是一个因人而异的界说，因而不具有客观的评价性。如果"这几天心里颇不宁静"是文章的文眼，那么我们透过它看到什么呢？因为"这几天心里颇不宁静"才有月下荷塘的美色？因为"不平静"才想起南朝采莲的旧事？这样看来，似乎有所谓前因与后果的关系在里面。其实，"不平静"只是背景与导因，本文要抒发的是月下暂得的逍遥之乐与短时的人生的自由感，以及由此对人生的某种较深层次的感悟与体认。正因为如此，才有月下荷塘的荷、香、风、月的自然生命的灵动，才有其朦胧绰约的风情，才有其雅淡与狰狞交织着的和谐之美。

《荷塘月色》之所以成为现代文学作品中的佳作，在显示层面上，似乎很得力于作品融情入景的渲染描摹。其清新的美丽景象，浓郁的诗情画意，尤其是那田田荷叶，朵朵荷花，缕缕清香，溶溶月色，无不让人倾心与玩摩之不已。那飘渺轻纱掩映下的荷塘月景，恰恰是当时作者心境的微妙展示。而从另一个角度看，荷塘月色无疑就是作者心灵的一种外化。他要寻得自由自在的所在，毫无尘世的羁绊，并受用这无边的荷香月色，以摆脱内心连日不得安宁的状况，哪怕是刹那间的心宁与神安。在这里，一切无不与他的心境相契合。他沉静在这样的气氛里，他感到了短时的静默的喜悦，并使作品流溢着一种婉约中和的"温柔敦厚"的情韵。这也让我们与他一道分享了他体验到的那种内心的喜悦，以及他心灵深处那缕缕微妙的律动。

而在隐示层次上，那种"融情入景的渲染描摹"并非行文的目的所在。进而言之，如果懂得这种在沉静于荷香之中体悟到的自然生命的情韵越深，则达到的或独悟到的人生经验或体验就越丰富，那么所达成的人生层次与境界就越高。而在修为的层次上，在主体与客体的互视与交流中，这份体验却必须作无尽的更新，从而在每一个外物着眼点与人的心灵感应区之间重新架构一座桥梁，也从而在这种互对的交融中显示主体精神与意念的充溢与生气来。那么，反观来路，如果有沉沉或渺渺的隔膜横亘于面前，就自然会觉着这月下之梦的沉迷与梦醒的空幻。在行文中，作者写道："树缝里也漏着一两点路灯光，没精打采的，是渴睡人的眼。"这也强化了作者月下远离尘嚣世界的幽静与默谧之感。然而梦醒时分应当是微苦的。的确，作者感到"热闹是它们的，我什么也没有"。

但是这里有一个问题常常困扰着我们：既然写作"荷塘月色"并非本文的意旨之所在，那么，为什么还要花费很多的精力于玩味与揣摩呢？确实，问题问到了关键的点上了。从形式主义的文本学追求观来看，艺术中的任何内容都不可避免地表现为形式，形式是一定内容的表达程序，空洞的程序是不可思议的。在艺术内部，所谓的内容的事实是不会脱离艺术创作的普遍规律而独立存在的，它们是富有诗意的主题，是艺术的旋律（或形象），它们进入了诗作的整体之中，参与了审美意象的创造。也就是说，如果形式成分意味着审美成分，那么，艺术中的所有内容事实也都成为形式的现象。在形式主义看来，这种"形式"不仅包含内容，而且还包含新奇性。形式主义甚至认为如果没有新奇性就没有艺术性，这种新奇性是要唤起人们的"陌生化"效果，也就是说，习见的事物在作家那里获得了使人惊醒的效果，于是当我们阅读朱自清先生笔下的"荷塘月色"，如果不是出于文学感知的缺失，那么，我们在感受这三段文字给我们的美的感受后，是不会麻木的，相反，我们得更新自己的感受力。

那么，在这里，这三段文字似乎成了吸引我们感受力的一个诱饵，随着感受难度的加大，则感受持续的时间也势必随之延长。这就是形式主义在文本学追求上的艰难化与延时化的道理。什克洛夫斯基说："凡是有形象的地方，几乎都存在着陌生化的手法。"（傅延修《文本学——文本主义文论系统研究》，北京大学出版社 2004 年版）所以，在我们揣摩语言的一定语境后，必然由外部语境向内部语境延伸。所谓内外部语境，按照李镇西老师在一篇文章里的说法，可以表示为，内部语境就是指文章的中心思想、上下文的照应等；外部语境指社会背景、文化背景、人际关系等。所谓阅读，主要就是通过揣摩语言去整体感知文章的内涵，体会作者的思想感情，进而走进作者的心灵。那么，接下来我们要做的事情就是通过内部语境，感知、赏鉴朱自清先生的典雅清丽、富有韵味的语言，并透过外部语境，来探寻作者的心路，深入理解作品。

这种微苦或者说新的"不宁静"，我想，就是那独处的境界与不自由的人生之间的矛盾。而月下荷塘式的短时之美与对南朝"采莲"旧事的追想就显得分外醒目而令人一声轻叹了。这是一种对人生缺憾的感伤，表现出来的就如同古代诗词中"闲愁"的感伤心态。

台湾学者孙康宜在《说愁·论愁的词境与美感》一文中说，有两种词境最能捕捉愁的许多面貌，一种是令人难以自拔的"哀愁"，一种是令人惆怅的"闲愁"。前者是词人以赤子之心的情怀，在遭遇大苦难之后，对人生乃至无限痴情的态度，所表现出来的一种"全情"的倾注。后者则是在感叹人世无常的悲哀之余，以一种言情礼物的态度，把不幸视为客观的玩物，并以一种理性的思索及观察所表达出来的美感叙说。前者可以李后主为代表，如王国维所说，尼采谓"一切文学，余爱以血书者"，后主之词，真可谓血书者也。而所谓闲愁，就是对人生瞬息性的感伤，也是对过去欢乐的一种贪恋与向往。诗人一方面感叹人世无常的空幻感，一方面又把品味之余的苦涩转化成美丽的诗歌，就因为人生是瞬息性的，每一刻的生命经验才可能有永恒的价值。（孙康宜《说愁·论愁的词境与美感》，转引自《新华文摘》1996年第3期）

很显然，《荷塘月色》并非"全情"倾注式的"哀愁"，在行文中，我们看到的是作者"以一种言情礼物的态度，把不幸视为客观的玩物，并以一种理性的思索及观察所表达出来的美感叙说"的"闲愁"（同上），也就是人们常说的"淡淡的哀愁"。但这种界说还略显笼统。

关于"闲愁"，张仲谋先生在《论唐宋词的"闲愁"主题》一文中对此作了很精细的界定，极有助于我们理解《荷塘月色》的风格与特色：第一，它与一般具体着实的愁苦不同，它无关生理的痛苦或物质生活的需要。第二，在于它那轻淡飘渺的表现形态。它不是国破家亡、生离死别的那种撕心裂肺的痛苦，也不是感士不遇、志不获聘那种唾壶击缺的郁怒。第三，它往往具有无端而来、不期而至的特点。它不像现实的愁苦具有直接的背景原因，而是如游丝浮萍，无根而生。（张仲谋《论唐宋词的"闲愁"主题》，《文学遗产》1996 年第 6 期）应当说"妻在屋里拍着闰儿，迷迷糊糊地哼着眠歌""什么声息也没有，妻已睡熟好久了"等字面都在暗示着作者的"心里不宁静"并非由生活所起，而作品没有背景或者说有意地淡化背景因素，那么意在关涉对人生的一种"情"的观照就非常明显了。

"闲愁"是一种心理结构中属于更深层次的东西。英国诗人济慈说："忧郁总是同美丽之事物同在——那种注定要消逝的美丽之中"。这是"以一个美丽凄幻的形象来传达心灵的某种境界"。（孙康宜《说愁·论愁的词境与美感》）于是感叹人生的空幻感或孤独感，与品味之余的由苦涩转化而成的美丽的追想，就更能引起那些有相同或类似经历，又或深谙传统审美心理的读者的心灵深处的强烈的共鸣意识。"自然，我们也从中看到了人间的美丽和痛苦，体验到了人生的短暂与永恒。"（同上）

再看看行文作者心灵的变化。其实作者内心的情感的变化也有一个微妙的波动过程。"这几天心里颇不宁静"是写作的切入点，可以见出他内心难以释怀的某种郁结之情。继而在幽僻的环境中有一个意外的收获，感觉是个"自由的人"，此可见其内心的不宁静乃是人生束缚与思想上的不自由。他在这样的境遇中不觉"自失"起来了，行文散发着一种淡淡的"自失"的情趣。但蝉声和蛙声又使他感到无形的孤独和寂寞，于是他说："热闹是它们的，我什么也没有。"但在前文中他却说："我爱热闹，也爱冷静；爱群居，也爱独处。"而"热闹"与"群居"之乐却是他"现在无福消受的"，所以牵延旧梦，感怀往事，内心到底又不宁静了。真所谓："华章写尽池塘色，暂得逍遥悲辛眠。多情无奈延旧梦，荷月如何却尘心。"

的确，群居与热闹当然非个人独狎的生活空间。实际上小梦可做——妻迷迷糊糊地哼着眠歌，笼罩着轻纱似的梦，小睡，荷塘上的氤氲夜气——但酣眠难为，作者神往于江南采莲，似乎是一个不能企及的梦想。这或许含着当时笼罩在知识分子心头的时代气氛所致的因素。但月下荷塘的一番漫游，并不能解决作者的心灵"不宁"的问题。而心灵的孤寂与微苦恐怕是处于动乱年代士人心中共有的一种心态。这一点，我们从魏晋六朝以来就看得非常明显了。

附：关于"脉脉的流水"等问题

我在 2017 年 5 月初所上朱自清《荷塘月色》一文的观感，可以拿出来与大家分享一下。尤着意于行文逻辑与有关细节的锤敲，这是与以前颇有不同的所在。

该文的关纽，其实在文本第三自然段。曰："这一片天地好像是我的"，"我也好像超出了平常的自己"，"我爱热闹，也爱冷静""爱群居，也爱独处"，"什么都可以想，什么都可以不想，便觉是个自由的人"，"白天里一定要做的事，一定要说的话，现在都可不理"，"这是独处的妙处"。而中间三段，是为很多人喜爱的所在，但讲头似乎并不大，不外乎敷衍"荷塘""月色"之类，是所谓"这是独处的妙处"。然后，作者再以"这时候最热闹的，要数树上的蝉声与水里的蛙声；但热闹是它们的，我什么也没有"，牵出不能"热闹"和"群居"的遗憾。继而，追想南朝旧事，突出群居中春余夏始青年俊男秀女荡舟嬉游之乐；又引《西洲曲》，写夏尽秋至采莲传情的男欢女爱，引发对青春和欢情的留恋与思念。

但文末的数句话，并不好理解。再想，似乎不通，还颇有些问题：A "①今晚若有采莲人，②这儿的莲花也算得'过人头'了；③只不见一些流水的影子，④是不行的。⑤这令我到底惦着江南了。"我们看，①②两句之间构不成逻辑关联，其次，③④两句看不懂究竟要表达什么。再追问，什么是"流水的影子"？为什么"见一些流水的影子"就"行"呢？再看，前文提及流水之处，是在文本第四自然段的结尾，说：B"①叶子本是肩并肩密密地挨着，②这便宛然有了一道凝碧的波痕。③叶子底下是脉脉的流水，④遮住了，⑤不能见一些颜色；⑥而叶子却更见风致了。"①是本然描写，②处所谓"凝碧的波痕"，则是微风过处的褶皱或痕迹。③处"脉脉的流水"，是作者的想象，④则是实写，⑤处"一些颜色"究竟是什么颜色呢？其实也写得很含糊甚至有点儿含混。

但是，细心的读者，如果细味文本所引述《西洲曲》的一节诗句（C"①采莲南塘秋，②莲花过人头；③低头弄莲子，④莲子清如水。"），很多问题也便迎刃而解。

再回到 B 处，再翻及文末，本文有一个落款，是"1927 年 7 月，北京清华园"，这是很重要的一个点位。很多文本解读者，几乎都放过了这一处。7 月是夏末秋初，荷花荷叶还在继续疯狂生长之时，采莲显然还未到时候。荷叶太过繁密，不利于行船往来，也不利于采莲人穿越荷塘。所以要等到秋天深得差不多时，亦即荷叶枯了些卷了些，荷塘里出现了水道之时，于人于船都会方便很多。至于"脉脉的流水"是何，当然不指寂然无声，而是指深含情感之类。而这一情态性的指涉，在第三段内，除了"叶子出水很高，像亭亭的舞女的裙"，"零星地点缀着些白花……又如刚出浴的美人"等以物喻人或指示人情较为明朗之外，其余似乎都不甚清晰，但作者似乎又想有所指示，并且在文章结尾处又再次暗示（再看 A 处"③只不见一些流水的影子，④是不行的"），于是在其故意隐晦的曲笔里，读者便不得不寻章索句，走进作者所设置的机关，细思慢想一回。

其实，这"脉脉的流水"，其秘密所在，就在 C 处，"③低头弄莲子，④莲子清如水"，这夏尽秋初的荷塘的水，是清澈的，清纯色的（这就是 B 处所谓"一些颜色"），指示着青年男女没有任何杂渍的青春的情感。

现在再看 A 处。①②倒可以颠倒过来使用，亦即如果真有采莲人当如何如何。③④处是说，只是还未到深秋，这莲，这水，还未足以传情达意。至于⑤处"这令我到底惦着江南了"的"江南"，是南朝的"江南"，还是作者朱自清先生1927年或其少年的"江南"？余以为还是前者，概因文本内能申足与支撑。作者因这一追想，而对"热闹"与"群居"的青春生活充满了向往之情，自然都是可理解的。当然，文章真正的结尾"不觉已是自己的门前"云云，写再次回到现实，不过依旧有点遗憾而已；但心内既有了追想，也享受过独处之妙，无论如何与此之前已然大不同。不是吗？

美丽的思想　亲切的交流

——欣读朱光潜《咬文嚼字》

朱光潜先生认为一篇文章的精要在表述思想。那么，如何表述就尤其重要了。他服膺于桐城派所倡导的"言之有物"与"言之有序"，因此，睿智的思维须借之于明晰的思路与娴熟的技巧。他说："就写作技巧来说，好文章的条件都是一样的，第一是要有话说，第二要把话说得好。思想条理必须清楚，情致必须真切，境界必须新鲜，文字必须表现得恰到好处，谨严而生动，简朴不至枯涩，高华不至浮杂。"（《从我怎样学国文说起》）

他的文章的结构一般都极为简洁明了，但所阐述的思想则极为深刻而清晰。这则归之于他执着而求真的精神。这是事先须明确的。他说："一番话在未说之前，我必须把思想先弄清楚，自己先明白，才能让读者明白，糊里糊涂地混过去，表面堂皇铿锵，骨子里不知所云或是暗藏矛盾，这个毛病极易犯，我总是小心提防着它。"（同上）

《咬文嚼字》可以说是这方面的一个典型。除此之外，我以为至少有三点颇值得称说。因为我特别注意到，有些人至今还在为韩愈的"推"字鸣不平，其实这是意气用事，却是错解朱先生的一番良苦的用心了。

作者持论公允，且较能深入浅出。这是其一。他的论述之所以令人叹服，一个重要的原因在于他不著空文，例举详赡，并以细腻的笔触注意对语言的品味，注意展示思索的过程，因而在心灵深处很能打动人。我们读他的文章，总时时有这样的感觉，他的例子信手拈来，从容不迫，意态祥安。在这篇文章里，我们同样可见朱光潜先生沉潜学术，为人显示其渊博扎实的一面。如对郭沫若先生的用例，作者既引书证又依据事实的经验，因而他的论述的涵盖面极广，不能不令人信服。作者在论述语言文字对文学创作与文学欣赏的重要性时，没有以居高临下的姿态作高深的陈述，而是在一开首便以生动的实例吸引着读者。在读者深服其思想的过程后，他从容不迫，娓娓道出"咬文嚼字"对于文学创作与阅读的重要性。但他对此也没有死死不放地大讲特讲，而是轻轻一带，即转入下一例的分析与品味。因而他的说理点到为止，生怕读者厌倦。他的说理给人以理性的认知而不抽象，于生动的例证中恰是一种精当的概括与小结，故而能见出归纳与理性所带来的精神上的喜悦。这是一种难得的大家风范！

其次，作者以自然的文风与交谈的姿态，建立与读者之间的亲切而平等的关系。这种自然在他，就是真诚地流露自己，平等就是本色的无欺。他说："文学是人格的流露。一个文人先须是一个人，须有学问与经验所逐渐铸就的丰富的精神生活。有了这个基础，他让所见所闻所感所触借文字很本色地流露出来，不装腔，不作势，水到渠成，他就成就了他的独到的风格，世间也只有这种文字才算是上品文字。"我们读朱先生的文章，感觉不到他的壁垒森严，相反，倒是自然的文风深深地打动着每一个人。其中的原因，我想一是来源于作者把他的思想无保留地袒露在读者面前，让我们看到了他思想的运动与美的和谐的展示。的确，"我美丽，因为我在思想"。二是源于他对文学事业的一腔热情。一个对文学事业抱着热情的人，在他深味文学的艰辛与不易，懂得文学对于人生的作用与价值之后；特别是沉浸在五千年中华诗书文明的光辉里的人，像他，以煌辉历史为己任，必对文学有着一种近似宗教的静穆的虔诚。朱先生便是这样的人。我们从他的《给青年们的十二封信》《谈美》《谈文学》《我与文学及其他》等作品里都能深切地感受到他的那颗传道布业的宗教的心与道德的诚。三是作者深知文学是娇贵的宠儿，唯有细心保护，深心玩索，朝夕厮磨，才能深入它的细腻而实际上极其脆弱的敏感的心灵。所以，作者说："你不能懒，不能粗心，不能受一时兴会所生的幻觉迷惑而轻易自满。文学是艰苦的事，只有刻苦自励，推陈翻新，时时求思想情感和语言的精练与吻合，你才会逐渐达到艺术的完美。"

其三，作者见解独到而新颖，很能启人智慧。这篇《咬文嚼字》从最平常处下笔而能给人耳目一新的感受，确能见出作者的卓尔不群的思想。如对"咬文嚼字"四字的理解，作者能从庸常的理解中，挖掘它的积极意义，赋予它以文学的谨严精神，故而耐人寻味。这是不是让我们要独出机杼并留心生生的事实，正如他在文中所反对的"套板反应"的一种表示？但是他的独出机杼又非圣人式的高大威严，乃常人所无法企及；他的独出机杼是一条清浅的小溪涧，可以让人濯缨濯足。作者在我们面前为我们展示了一种可模仿、可依个性与审美的对外对内的审度方式。"你是什么"与"你这什么"（文中用例），只要我们细细咀嚼，并目光向下地注意外在的事实与自我的感受，便不难理解这一字之差的微妙的区别。又如"推""敲"，一旦我们深入到诗作的具体情境中，我们便不会在字面上进行苦苦的琢磨了，再看它们的分别，我们也不会觉着有什么玄奥难解的东西了。朱光潜先生的可贵品格正在这里，他的极大的贡献也在这里，我以为，值得大言特言的是，他深深懂得创作的机制与心理，用一种平和的理性形式还原或阐释着创作的非理性过程与情感化的积累以及激情的喷泻的情形，他打破了文学（诗歌）理解上的神秘性与贵族气，使其通俗化为一般人能够接受并能欣赏到的形式特征，从而在我们面前为我们呈现出文学理解与欣赏上的一种由独秘兴会、不可言传到可描述、可言传的公开。

注：本文以《新奇的思想，亲切的交流——欣读朱光潜先生的〈咬文嚼字〉》为题，发表于《文学与人生》2013 年第 3 期。

人性的盲目与困境

——曹禺《雷雨》"侍萍形象"解读

近年来关于周朴园性格的研究颇有进展，为我们展示了其性格非常复杂而真实的一面，加深了我们对这个五十多岁的、带着浓厚封建性的资本家的认识。但对侍萍的性格认识则"徘徊不前"，即所谓"这是一个旧中国劳动妇女的形象，她善良、正直、备受欺辱和压迫，但又始终保持了自己的刚毅、顽强；她一直挣扎在社会最底层，历尽人间辛酸，对残酷的现实有了清醒的认识；她从周朴园前后态度的变化中，终于看清了周朴园的本性，最后以撕毁五千元支票的举动，表现了她的骨气和尊严……"显然，对侍萍这一重要人物的研究仍停留在"阶级分析"说的基础上，我以为是失当的。

下面，我们将结合有关剧情来探讨侍萍性格的复杂性。

周朴园和侍萍的见面是偶然的。侍萍认出周朴园，而周朴园并没有认出侍萍。他也没有想到侍萍将会出现，因为他以为侍萍早已死去了。在这种特定的情境下，周朴园开始了同侍萍的对话，他用对待下人的态度，不经意地谈起雨衣和关窗的事，但他忽然从侍萍关窗的举止看到似曾相识之处，感到奇怪，发出询问。而侍萍的没有离开以及她关窗户的举动，则潜意识地表明她似有所待。否则，见到"仇人"，或避之唯恐不及，或至少怒目相对，而并不存在着所谓的对话。当然，对于侍萍之所以没有马上站起来就走，曹禺说，是因为她"整整受了三十年的苦，万万没有想到，阴差阳错今天又回到这个家，碰上这个人。既来了，她想看看这个人的心到底有多恶"。(《曹禺谈〈雷雨〉》，原载《人民戏剧》1979 年第 3 期) 但是，剧情的发展却强有力地改变了这种作者后来对侍萍动机的"追认"。

不可否认，在"对话"的初始，侍萍尚能平静待之，甚至可以说是"平淡地回答"。但是当话题渐渐引向无锡时，周朴园转弯抹角地询问那在三十多年前发生的"梅家的一个年轻小姐"投水自尽这样"一件很出名的事情"，并表现出明显的忏悔意识，使得侍萍的"看看这个人的心到底有多恶"的想法发生了改变，往事伤心，一时涌上心头，并自露家底，甚至情不自禁地向周朴园诉说起苦衷来。实际上，在与周朴园的对话里，她一直牵引着话题，甚至有意地"制造"一些话题。其中有一个场景的台词极为微妙：

朴　好，你先下去。让我想一想。

鲁　老爷，没有事了？（望着朴园，眼泪要涌出）

朴　你去告诉四凤，叫她把我樟木箱子里那件旧雨衣拿出来，顺便把那箱子里的几件旧衬衣也捡出来。

鲁　旧衬衣？

朴　你告诉她在我那顶老的箱子里，纺绸的衬衣，没有领子的。

鲁　老爷那种纺绸衬衣不是一共有五件？您要哪一件？

朴　要哪一件？

鲁　不是有一件，在右袖襟上有个烧破的窟窿，后来用丝线绣成一朵梅花补上的？还有一件——

朴　（惊愕）梅花？

鲁　还有一件绸衬衣，左袖襟也绣着一朵梅花，旁边还绣着一个萍字。还有一件——

朴　（徐徐立起）哦，你，你，你是——

鲁　我是从前伺候过老爷的下人。

朴　哦，侍萍！（低声）怎么，是你？

鲁　你自然想不到，侍萍的相貌有一天也会老得连你都不认识了。

朴　你——侍萍？（不觉地望望柜上的相片，又望鲁妈。）

鲁　朴园，你找侍萍么？侍萍在这儿。

这段文字明显地流露出侍萍急想与周朴园相认的事实。甚至话语中还带着越来越急切和迫切的心情。特别是"朴园，你找侍萍么？侍萍在这儿"一句，话语中充满了多少痛苦与期待！应当说，侍萍对周朴园还有很多的深情，她完全以为周朴园对她仍充满着旧情呢，并非一般评论所说的"磨练出了坚强的意志"，对周朴园已经有了"清醒的认识"。当周朴园用威逼的口气问"你来干什么？""谁指使你来的？"，侍萍才悲愤地说："命，不公平的命指使我来的。"接着她字字血、声声泪，控诉了周朴园给她造成的三十多年的苦难。她的哭泣和控诉则是绝望的抗议，是她满怀希望和期待之不能满足后的万千失落。当周朴园误以为鲁大海与侍萍一里一外在"唱双簧戏"而企图用金钱来平息侍萍对他的仇恨时，侍萍感到了侮辱，当面把周朴园的五千元支票撕掉，又冷冷地说："我这些年的苦不是你拿钱算得清的。"她所表达的仍是"控诉"。所以，她的这一举动包括对周朴园因误解而对他发自内心的轻蔑和愤恨都带有明显的"当下"性。统观课文节选的部分，可以说，鲁侍萍也经历了一个静看底细、期待、激动、强烈期待、绝望、控诉、渐趋平静、理智、自尊和蔑视、理解与无奈的过程。现在再将侍萍在周朴园面前反复诉说的一些话集中到一处，也不难发现她的痛苦、幻想与期待了。

鲁　她现在老了，嫁给一个下等人，又生了个女孩，境况很不好。

鲁　老爷，你想见一见她么？

鲁　她的命很苦。离开了周家，周家少爷就娶了一位有钱有门第的小姐。她一个单身人，无亲无故，带着一个孩子在外乡什么事都做，讨饭，缝衣服，当老妈，在学校里伺候人。

鲁　嗯，都是很下等的人。她遇人都很不如意，老爷想帮一帮她么？

作者曾说："《雷雨》对于我是一种诱惑，与《雷雨》俱来的情绪蕴成了我对宇宙间的神秘事物的不可言说的憧憬。"有人据此认为《雷雨》的主人公是躲在戏剧背后控制一切的、不可知的宇宙间的神秘力量。其实，《雷雨》体现的是人类社会的一种无法克服的自身的盲目性，这种盲目性在于人在"欲望"的陷阱中苦苦挣扎而不能自拔。剧中人物的一切行为与动机都是可以叙述和解释的，都有其深刻的社会和历史的原因。正因为欲望和由欲望引起的一切都是盲目的，所以作者慨叹"宇宙是一口井，谁掉了进去，怎么呼号也逃不出这黑暗的坑儿"。所以，我们看到作品中很多人如周萍、繁漪、四凤、大海、周朴园，包括侍萍的挣扎——所有的人都在沉闷的雷雨天气中无力地挣扎，或歇斯底里，或绝望，或发疯；所有的欲望，所有的希望，所有的努力都苍白无力，挣扎得越厉害，那么悲剧意味就越浓。周公馆无疑是一个悲剧的"渊薮"，充分地展示了人性的困境。

《雷雨》的情节其实不甚复杂，不过是对旧式家庭内部琐碎生活的一个描述，但其对乱伦关系的描绘似乎具有这一时期的新潮的特点。在剧情处理上，作者显然糅合了两个普通情结——古希腊悲剧俄狄浦斯情结或易卜生的《群鬼》内容，中国旧小说中的"公子丫鬟"模式——但却完全获得了新的意义与阐释，使得人们在欣赏它的时候不只是欣赏具体的情节，还与作者一起对这种中西文化的原动力作终极追问。当然，《雷雨》这个剧本还有很多地方不够成熟，但它毕竟是成功的，显示了作者的借鉴天赋和对社会的感知力与思索的深度，包括对命运的思索，对外在力量的某种憧憬与恐惧。

有人说："《雷雨》中的戏剧冲突所以如此尖锐复杂，原因在于剧中人物之间有阶级的对立和思想的分歧。"并认为，这场悲剧和罪恶的制造者正是那些威严体面、道貌岸然的封建阶级和资产阶级……周朴园与侍萍的矛盾带有明显的阶级对立性，周朴园与鲁大海的冲突更可以看作是阶级斗争对作者的直接影响。持阶级论者进一步说，由于作者当时世界观中的唯心主义因素，他在基本上正确地表现了当时社会生活的悲剧之后，看不出社会的发展规律。为支持这个说法，他们引用曹禺的"自我批评"说：

"但在写作中，我把一些离奇的亲子关系纠缠一道，串上我从书本上得来的命运观念，于是悲天悯人的思想歪曲了真实……《雷雨》的宿命观点，它模糊了周朴园所代表的阶级的必然的毁灭。"（《〈雷雨〉和〈日出〉的结构艺术》，《陈瘦竹戏剧论集》，江苏教育出版社 1999 年版，第 1411—1421 页）

其实，阶级论者的这个分析主要是屈从于一种宏大的叙事的需要，在今天看来，其断章取义、用理论裁剪事实的局限性是明显的。《雷雨》于 1935 年 4 月由中国留日学生以"中华话剧同好会"的名义，第一次在东京公演以后，曹禺在写给导演的一封信里，曾郑重说明："我写的是一首诗，一首叙事诗，这诗不一定是美丽的，但是必须给读诗的一个不断的新的感觉。这固然有些实际的东西在内（如罢工……等），但决非一个社会问题剧。"（曹禺《〈雷雨〉的写作》，原载于 1935 年 7 月《杂文》月刊第 2 号）可以说，作者的这封信为我们对作品的"人性"的解读作了一个比较持正的说明。

注：本文以《侍萍：人性的盲目与困境》为题，发表于《语文教学通讯（高中刊）》2005 年第 9 期。

生命的原生与本能的力量

——史铁生《我与地坛（节选）》解读

一、自然的治疗：地坛——人生的导师

对生命的感悟可以说是自小而知的。比如怕火烧，怕水烫，远离危险，不能爬高等可以说是幼年时的感悟与经验。再如面对困难与挫折，师长们教导说要有克服的勇气与毅力，也可以说是不断经历，而有所收获。自小而大，我们的涉足面不断扩大，未经验的事越来越多，每一种新鲜都在我们面前展示了生命的颇具诱惑力的一面，同时又增加了我们对于未创世界的风险意识。莫怀戚的《散步》讲的是一家三代人之间相互扶助的事情，其尊老爱幼，充满强烈温馨气氛的伦理美德便是一首战胜严寒、喜迎生命的赞歌。奥斯特洛夫斯基的《生命的意义》则直接教给人一个严肃的思考：一个人的一生究竟应该怎样度过？贾平凹的《我的小桃树》，说的是一个在旮旯里不受人关心的丑小鸭不断长大的故事，虽说无情的风雨残酷地袭侵着，然而小桃树却能顽强地对抗着。生命的积极意义不是正在这里吗？

《我与地坛（一）》也是一篇感悟生命的"诗歌"。

文章以"我"与地坛的"缘分"起笔，表达与这荒园的某种命运联系。作者说："这古园仿佛就是为了等我，而历尽沧桑在那儿等待了四百多年。"这里的"等""等待"颇值得我们来推敲。我们不禁要问：它（地

坛）为什么要等待呢？而且还是"它等待我出生，然后又等待我活到最狂妄的年龄上忽地残废了双腿"？其目的究竟何在？我们还可以就此不断地发问下去。但问题显然在本段内难以找到颇具信服力的答案。只是到了第5自然段时，我们才渐渐地理出文章的一些眉目来。于是作者的内心在我们面前缓缓地展开来了。

作者在他那金子般的二十岁时突然失去了他的双腿，我们能够充分地理解他的难耐而苦的内心："我找不到工作，找不到去路，忽然间几乎什么都找不到了……""我便一天到晚耗在这园子里"。他在这里一连几小时专心致志地想关于死的事，想了好几年。我想作者他一定想到了为什么他会在二十岁时突然失去双腿，但他肯定想不通这是为什么。也许是上帝的安排吧，正如与自古以来的人们关于命运的看法一样，作者自然把这归之于"宿命"。于是，他感到也许他与命运中的某种事物是相联系的，而这种联系正是要告诉他什么。

我们看，在他逃避到这个园子中，在时光的流逝中，他渐渐地感悟到在他面前的这个园子所给予他或展示给他的原生状态的关系："蜂儿如一朵小雾稳稳地停在半空；蚂蚁摇头晃脑捋着触须，猛然间想透了什么，转身疾行而去；瓢虫爬得不耐烦了，累了祈祷一回便支开翅膀，忽悠一下升空了；树上留着一只蝉蜕，寂寞如一间空屋；露水在草叶上滚动聚集，压弯了草叶轰然坠地摔开了万道金光。""满园子都是草木竞相生长弄出的响动，窸窸窣窣片刻不息。"

这个世界里没有苦痛的意识，生与灭，动与静，都是那么自然而然。累了就休息，无声中有轰然的巨响。这便须有一颗敏感而沉静的，忘却世间的荣与辱、成与败的心灵。了悟如此，那么人生的苦难又算是什么呢？

于是在这样的"宿命"里，我们看到作者的另一番领悟。他说甚至是地坛这荒园要残废他的双腿，要"剥蚀了古殿檐头浮夸的琉璃，淡褪了门壁上炫耀的朱红，坍圮了一段段高墙又散落了玉砌雕栏"，以"剥落豪华见其真醇"的方式让人感悟到生命之中的原生的、真正属于本质性的东西。而一个失魂落魄的人最需要恢复或得到的是什么呢？是寻回丢失了的、残落了的"灵魂"——这也是一个人之所以为人的最精粹的东西。

很有意思的是，作者在我们面前展示了一个富有情趣的荒园"入场式"。他那样写道："那时，太阳正循着亘古不变的路途正越来越大，也越红。在满园弥漫的沉静光芒中，一个人更容易看到时间，并看见自己的身影。"唐朝于武陵说："白日若不落，红尘应更深。"可见傍晚或夜晚时分是多么开启人的思索。的确，我们来自何处，我们又要去向何方？这就是空间感里的时间感。

所以作者说："有这样一个宁静的去处，像是上帝的苦心安排。"

作者解悟到生命的内涵了，于是顺理成章地，他安然于生命的逆转与命运的安排，他不再恐惧，于是他可以坦然地面对人生的重大问题，比如说"死"，他比之为"节日"。"死"不再是一个可怕的东西了，那么还有什么不能面对的呢？

想通了，就会觉得"活"中注入了新的浆液与能量。原来世界在我们面前本然的就是富有生气、富有朝气的："譬如祭坛石门中的落日，寂静的光辉平铺的一刻，地上的每一个坎坷都被映照得灿烂；譬如园中最为落寞的时间，一群雨燕便出来高歌，把天地都叫喊得苍凉；譬如冬天雪地上孩子的脚印，总让人们猜想着他们是谁，曾在哪儿做过些什么，然后又都到哪儿去了；譬如那苍黑的古柏，你忧郁的时候它就镇静地站在那儿，从你没有出生一直站到这个世界上又没有你的时候；譬如暴雨骤临园中，激起一阵阵灼热而清纯的草木和泥土的气味，让人想起无数个夏天的事件；譬如秋风忽至，再有一场早霜，落叶或飘摇歌舞或坦然安卧，满园播散着熨帖而微苦的味道。"

而这些都是一个在园中默默思考了十五年人生然后有所得的沉默的思想者之所为。的确，西哲有言："我思，故我在。"或如有感悟的睿者所说："我美丽，因为我思想。"文学家同时又是哲学家的萨特说："文学始终是以某种方式与亲历打交道。"《理智之年》的译者亚丁在谈到萨特时说：

"萨特接受生活、思维活动、写作分三个阶段。他首先用眼睛（或其他感官）感受生活，这时他的感受是向内的；待他用大脑经过思维，得出了新的思想，再用笔写出时，他的感受是向外的，姑且称之为'表现'。如果说萨特的哲学著作是他的表现阶段的作品，能不能说他的小说是他的印象阶段的'坦白'，即在他摄入生活一刹那的感受？（或许就是他所说的'亲历'）换句话说，萨特在小说中，把他的眼睛借给了读者，让大家来一起与他感受生活，而且用同样的方式感受同样的东西。然后他好像在说：'怎么样？我是这样感受生活的，所以，我就这么想。你呢？'于是，我们也就那么想了。""艺术体操表演者只有正常人一样的四肢、躯体，而她们的美在于用一般的躯体做出了不一般的造型。而萨特也是'艺术体操'，他用思想做艺术体操。读他的作品，会发现他用各种各样的方式展现一个思想，使这个思想不停地运动——伸展、收缩、弯曲及各种各样的组合，使读者体味到那不曾体味到的东西。思想的美不仅仅在于有一个美的思想，更在于美的运动。"我们从这篇文章中也多多少少地感受到一些这方面的"思想"。

于是，地坛，这荒园，便因此得到充分的人性化，它仿佛是一个洞察了几百年历史沧桑的时间老人，带着强烈的悲慈之心，或者说这位"老者"是要以"让我残废了双腿"的代价带领"我"去体悟更深层的生命意识，让他像历史上的那些"天将降大任于斯人也"的人们一样，受尽身心的重重磨难而"曾益其所不能"；并让他带着这种深悟的意识，以一个传道者的情怀与责任感，普及到广大的世人心中，从而唤醒他们沉睡的生命意识，善待它，珍惜它，从而使生命的光彩变得更加动人而美丽。正如课本上所说："作者用他恳切、优美的文字，把他全部的生命感悟到的宝贵东西传达给读者，他用他的苦难提高了大家对生命的认识。"

写到这里，我们也因此能加深理解作者屡屡提到的"等待"字眼时的那份张良式圯下意识。因而在作者的眼睛里，地坛自然就是一位指导人生与阅世的导师了。

二、亲情的抚慰：母子之间——至情的真醇

在《我与地坛（二）》这一部分文字里，"地坛"不再具有神秘性和象征意义，而转化为一般的环境与人物活动的场所与空间。这是首先应当弄清楚的事情。

在这一部分里，作者在情调上仍然是写他在十五年内沉默的苦痛的心与事，是仍未摆脱苦痛的表示。充满这一部分的，是作者的痛苦的回忆和他不能回报母爱的复杂内心。

但在写法上，有三点值得注意。

一是写出了一个沉默的、默行的母亲。作者写他的母亲，写她的失神与呆呆地站在门口目送残疾的儿子出去，写她带着一颗焦灼的心如何大海捞针去找寻她的儿子，写她的欲言又止的状态与复杂的内心。这与寻常所记感性的母亲的写法不同，他写出了一个沉默而不张扬的母亲，一个含悲而不外露的母亲，一个坚忍而伟大的母亲。

二是通过作者一系列的心理活动来展示人物的思想，诚如叶圣陶先生的《夜》的心理笔法。作者写母亲，写他自己的设想、回忆、内心的倔羞与痛苦悔恨之情，用自己的心灵去感知、体悟，因而能深深地打动读者，在人们的心中引起强烈而持久的共鸣。

三是文笔真朴动人。如设想母亲对"我"的牵念、担忧；又如写我到园中一连用了多个"又"字等，让人在时间的流逝中有着一种物是人非、空幻无常的痛苦与感慨。当然行文最后两段在痛苦之中，又有体察出母爱而表示出的感恩与久久的思念。

应当看到这种思念不是在一般意义上，而是在关乎"人生之路"的意义上，因而一下子使人想到一切生物中为了种族、种类的生存与繁衍，母体是怎样悲哀地献出自己的生命而使子体生存下去的悲壮而宏大的情形，读来格外震撼人心。

需要指出的是，一旦我们把作者所写的这种母爱放在历史与伦理的光

环下去审照时，我们会不由得大吃一惊。为什么？在传统孝道伦常中，子女应当为父母担忧，为父母的痛苦而更加痛苦，甚至可以牺牲自己而使父母继续生活下去。这在鲁迅看来是极不人道的、极反人性的行为。知道了这一层，就会觉得那时生之累，活之苦，而人生黯淡与焦灼了。

在具体的行文上，作者也有意地暗示了这一点：

有一次与一个朋友作家聊天，我问他学写作的最初动机是什么？他想了一会说："为我母亲。为了让她骄傲。"我心里一惊，良久无言。回想自己最初写小说的动机，虽不似这位朋友的那般单纯，但与他一样的愿望我也有，且一经细想，发现这愿望也在全部动机中占了很大比重。这位朋友说："我的动机太低俗了吧？"我光是摇头，心想低俗并不见得低俗，只怕是这愿望过于天真了。他又说："我那时真就是想出名，出了名让别人羡慕我母亲。"我想，他比我坦率。我想，他又比我幸福，因为他的母亲还活着。而且我想，他的母亲也比我的母亲运气好，他的母亲没有一个双腿残废的儿子，否则事情就不这么简单。

"事情"为什么"就不这么简单"？如果那位朋友也有类似作者的经历，那么他的那些天真的或低俗的想法就要大打折扣了。"为了母亲"，孩子似的天真想法，当然会在现实面前变得虚无飘渺起来。而在一个伦理僵箍的社会里，那位朋友可以为他的母亲担忧、痛苦，甚至作出牺牲吗？如果他的母亲处在"我"母亲的位置，她能默默地为他担忧、苦痛、焦灼，甚至是牺牲吗？在作者的眼里，"我那时真就是想出名，出了名让别人羡慕我母亲"的那位朋友的话是不是虚荣与名利意识多了些呢？

的确，这些都经不起细细推想。所以那种出自"本能之爱"的关怀，那种不需要喋喋不休的体贴才最真诚而深挚，才最有说服与感化的力量。

所以问题的关键不在于我们如何定势地，以至于天真地，甚至是带着声名狼藉的念头去回报自己的亲人。——有这种想法似乎是过于单纯与奢侈了。问题的关键是，我们对母亲究竟理解多少？"母亲盼望我找到的那条路到底是什么"？作者说："至少有一点我是想错了：我用纸笔在报刊上碰撞开的一条路，并不就是母亲盼望我找到的那条路。"如果我们带着极其"世俗"的念头，那就大错特错了。

在这里，在母子之爱的本然关系里，让子辈"活"下去，健康地"活"下去，永远是第一位的原因。作者说："只是在她去世之后，她艰难的命运，坚忍的意志和毫不张扬的爱，随光阴流转，在我的印象中愈加鲜明深刻。"母亲在作者的心中为生活者树立了一座不朽的榜样与丰碑，而其他的一切所谓的期盼、要求，比如靠写作碰撞开一条路的想法等都是虚而浮泛的。"活"法，"活"下去的想法，是一个苦难的念头，它载负着深藏于民族心灵的沧桑，血与泪，在我们面前展示了"生存"这个最基本的话题的真谛所在。

在这一部分里，作者再次"剥蚀"了功利、虚华与不实的东西，充分地抒写了人间最为真醇的情感。这种情感同样是"愈见苍幽"的，是"茂盛得自在坦荡"的。

注：本文发表于《语文教学通讯（高中刊）》2003年第27期。又索引收录于史铁生《务虚笔记》，春风文艺出版社2006年版，第565页。

阅读现当代诗歌的难度

——以穆旦、艾青、梁小斌的诗歌为例

阅读现当代诗歌的难度有多大呢？比如阅读穆旦诗歌的难度有多大呢？如果我们同时以阅读艾青和梁小斌的诗歌作为考察的基点，那么至少在诗歌技法方面，现当代的诗歌在适合于中国语境的路径上究竟需要做些什么呢？

先来看穆旦的诗歌。比如读他的《赞美》（1941 年 12 月），说实在的，有一种说不出的陌生感。尽管有不少评述，但那些似乎都在隔靴搔痒。除了见到现代学者所作的对于古代诗歌批评的精细与功底外，我不得不说现代诗评没有一篇在我看来是中意的。它们或大而化之，或蜻蜓点水，甚至不着边际地乱侃一顿，所以大多时候，读诗还得靠自己。

因为特别是对文人，我们除了领略他的作品，似乎很难揣摩其思想的踪迹，不像政治家们，我们可凭借他外在的功业与言行，所以史家深谙此道，文人的传记做得简约，而不忘记附录作品于后以供参阅。

但是，一旦湮灭了文人的形迹，正如封闭起了本来就自闭的时空，我们便缺少了解读作品的环节。在这里，文本主义似乎遇到了一个重大的挑战，自闭的文章如何能自动地打开一扇通畅的大门？所以，后来文本主义者们似乎不再追求一种纯文本的阅读效果。世界或系统本来就是相互联系的，又怎么能孤立地看待文本的问题呢？

我这样说，那些"知人论世"者们似乎可以沾沾自喜了。其实不然！

因为"知人论世"并非灵丹妙药，何况它首先要"知人"，而知人又何其难哉！在这里，我们又回到了解读作品这个循环的出发点上了。当然，如果我们"知其世"则"论其人"又有何难哉？但这正好是因果倒置了。我不想在这个问题上纠缠。

无论如何理解作品都是必需的。我再也找不出更好的理由来回绝之。特别是对一个教师来说，他需要向他的学生传导比较理性的、确定的、具体的，而不是超验性的、模糊的、不定的东西。很难想象，一个教师在课堂上净讲那些玄而又玄的东西，而其中有些地方还要求学生去"参悟"！

阅读作品，首先要讲形式。比如艾青的小诗《我爱这土地》（见人教版高中试验修订本第三册，下同）：

假如我是一只鸟，/我也应该用嘶哑的喉咙歌唱：/这被暴风雨所打击着的土地，/这永远汹涌着我们的悲愤的河流，/这无止息地吹刮着的激怒的风，/和那来自林间的无比温柔的黎明……/然后我死了，/连羽毛也腐烂在土地里面。

为什么我的眼里常含泪水？/因为我对这土地爱得深沉……

教参分析说，全诗以"假如"领起，用"嘶哑"形容鸟儿的歌唱，并续写出歌唱的内容，由生前的歌唱转写鸟儿死后魂归大地，最后转由鸟的形象代之以诗人自身的形象。

这样的分析是大而化之。其实本诗的构造是巧妙的。诗作的叙述主体先由"我"让渡为叙述客体"鸟"，继而塑造了一个"精卫填海"式的形象，给人留下了难以磨灭的印象。它歌唱，接着用嘶哑的喉咙歌唱，甚至一直唱到了死。这是一个隐含着层递关系的语义结构。

下一步是联系所唱的内容。如果我们能联系1938年的时代背景，就不难理解祖国遭受的苦难与这块土地上的"精卫"们"填海"的悲壮了。需要指出的是，"鸟"的形象是不能完全代替"我"的形象的，因为诗的开头的语言已经给我们以足够的暗示。"假如我是一只鸟，我也应该用嘶哑的喉咙歌唱"，很显然，"我"这个虚位抒情主体所包含的形象则更为丰富。

"鸟"可以歌唱，而"我"不仅如此，还应该拿起刀和枪。在诗歌的结尾，"我"的形象与开头相呼应，用"卒章显志"的办法深化了诗作的主体形象，提升了诗作的理性审视。

艾青这首诗还比较有迹可寻，并且也没有太大的语义转换。在这方面，对穆旦的诗的理解就显得相当困难了。因为它的语言绝非我们惯常所熟悉的那种略带传统审美与文化暗示的语言。穆旦的诗是一种彻底的现代主义，已斩断了与传统的任何纠葛。这对于仍深植于传统的大多数人来说，其语言本身就有一种疏离感。

而且，这种语言写成的诗已完全摆脱了传统汉语诗的韵律和节奏，完全成了诗人个性化的产物。这种个性化的东西如果有了一个显在的个性化文化背景，自然能够被我们愉快地接受，但事实恰恰相反。以《赞美》为例，虽然诗作每一节的结尾都用了反复的咏叹（"一个民族已经起来"），但它所起的作用仅仅提示诗作所描写的意象向意念中心辐辏，而不能作为我们可以纳入一般阅读习惯的文本框架的表示。

显然，要理解他的诗，我们必须对作者的现代西方文化背景有一个了解，同时还要尽可能地深入穆旦所喜爱的作家的诗作与风格，如惠特曼式的风格与句式特点之中。

这样说来，读诗实在是非常辛苦的事情。不过，这些其实还不成为实质性的问题，更为致命的是，作者写诗时所联系的具体的时代背景和他写诗时的具体心态，我们是很难揣摩的。因为语言不可能精确地描绘一种实境、一种思想，何况诗的语言的跳跃性、涵盖性，甚至模糊性是那样的巨大；那么一首诗的真正的意图，我们便很难去找寻了。失去了这些能够找寻的"诗痕"，我们又被迫面对一个新的"李商隐"。这就是通向所阅读作家的"暗道"，被封闭了。

诗人西川说：所谓"暗道"，或是一个符号，或是一种语言方式，或是一种价值观念，或是一个形象，或者甚至就是一个词。这个词、这个符号等，就像一个按钮，你按到它，作品才向你完全打开，作家才对你一个人说话。每一个作家都有通向他的暗道。但是历史的代价是，随着作家的离去，这暗道也便自行封闭。在某些情况下，找到通向某一作家的暗道需要很长时间……历史埋没了数不清的光辉的名字……大概就是文学史家们找不到通向他们的暗道，因此他们成了时间的秘密。（西川《个我，他我，一切我》，《天涯》1998 年第 1 期）

对于穆旦的诗作动因，人们在寻找，但要找到那条诗人向外的"暗道"却实在是不容易的。不过有幸的是，"人们想到一个问题，即四十年代现代主义在昆明的兴起。穆旦和他的朋友们不但受到西方现代派诗的影响，而且他们身边还有更直接的影响，来自他们的老师威廉·燕卜荪。这位英国诗人兼文论家那时在西南联大教书，开了一门课，叫做'当代诗歌'……"（王佐良《论穆旦的诗》，见李方编《穆旦诗全集》，中国文学出版社 1996 年）

但这个"暗道"的打开其实也是困难的，因为作品的共性与个性之间有时绝对是不可调和的。试想一下作者的心境与所呈现的意象之间若不被大多数所知晓，那么怎么去指望它长留后世呢？只是到了个别偶然有类似感触或经历的人读到此作后，把它用一种普适的语言还原出来、被我们所接受并认为是好的作品时，它才得以流传下去。但这样的东西又何其少哉！所以，穆旦的发现是一种或然的必然，我想他太幸运了。

但穆旦又是不幸的，他成了诗歌阅读的一种障碍，他的诗还不被充分理解！因为我们现在还缺少一种眼光，一种成熟，一种深邃。

也许有人会说，中国要走向现代化，走向世界，那么一定少不了用放眼世界的眼光去看待文学。但是，这得先有一个充分的中国化。看看我们现在的文坛，也许很多人都有一种不认可的感觉。老实说，教闻一多的《死水》绝对没有教徐志摩的《再别康桥》那样与学生有一个"亲密的接触"，因为在后者其实有一个精致的音韵与造词的传统内涵。相比较而言，有些现当代诗作虽然在文字上对阅读不构成但在语言上却构成一种障碍。这种东西是一种与"非中国"有关的。例如，诗人梁小斌的《我热爱秋天的风光》就并不是一首很好读的诗。

我热爱秋天的风光／更热爱着比人类存在更古老的风光／秋天像一条深沉的河流在歌唱／当土地召唤我去收割的时候／一条被太阳翻晒过的河流在我身躯上流淌／我静静沐浴／让河流把我洗黑／当我成熟以后被抛在地上／我仰望秋天／像辉煌的屋顶在夕阳下泛着金光

秋天像一条深沉的河流在歌唱／河流两岸还荡漾着我优美的思想

秋天的存在／使我想起在耕耘之后一定会有收获／我有一颗种子已经被遗忘

我长时间欣赏这比人类存在更古老的风光／秋天像一条深沉的河流在歌唱

有些鼓吹者却是这样说的："这首诗平静中蕴含着平凡的真理，让读者静静地贪图了土地永恒的精神。诗人一笔两写，既写了自然之美，又写了创造的永恒。秋天作为人类一种生存的河流，永远昭示着创造、奉献，耕耘之后一定会有收获。全诗蕴含了深刻的哲理。""本诗在生动而诙谐的抒情以后，又深入到理性的认识：'秋天像一条深沉的河流在歌唱／河流两岸还荡漾着我优美的思想'。从意象的创造可知，秋天这条河流是无边无际的，但是，秋天确实告诉我们许多有关人和自然的哲理，那么，就让这些优美的思想作为河流的两岸吧。'两岸'其实可以理解为秋天的河流中的哲理沉淀所在。你看，秋天的风光就是大自然中水、土、阳光三者导演出来的生动奇特的活剧。在这里，河流日夜流淌，阳光普照，庄稼在田野上生生不息：古老与新生相互映衬，深沉与稚嫩前后参照，斑斓与纯一互为表里，耕耘与收获循环往复，洗黑的身子与金黄的屋顶各异其趣，种子的遗忘与秋天的存在适成对照。——正因为这样，'我'要长时间地欣赏与咀嚼，欣赏'比人类存在更古老的风光'，咀嚼它与人类同步而进、与时代同步而行的哲理。"

在这首诗里，令人费解的句子不少，有的句子除非作哲学的抽象解释；但事实上，它又不够哲学与思想的底蕴。而这首诗第一显眼的费解是第三节，这不仅仅是因奇数句而显得突兀，更是由于这种表达与那种"赞美"的情调格格不入；即使作字面的解释，那也一定是非常牵强附会的："被遗忘"从哲学上讲就是被否定，也就是为"春种一粒粟，秋收万颗子"的诗句所解释的那样。即便如此，诗作也是恶的，因为那种韵律之美遭到了破坏，诗的内容也因而受到消解。诗虽贵独到，但非有意横行。在这首诗里有意造成疏离感的句子不止一处，如第一节诗里的第四句、第九句都与诗作的抒情性不合。

特别是，当我们有意无意地把该作与艾青的诗作作一比较，就不难发现成熟的技巧对表达的重要性了。在艾青的那首诗中"我"有一个明显的转换，有人认为在梁小斌的那首诗中也存在着一个"我"的转换，这种说法其实是欠考虑的。因为既有的暗示不存在，而诗作在第一节中又缺乏应有的对诗歌来说必要的疏离——分节。尽管如此，如果我们再去掉诗作的那些赘句，我以为就是本诗也要比他的《中国，我的钥匙丢了》显得"成熟"。

当然，穆旦的诗不会出现理解上的不成熟之感，但其疏离感却是很明显的，虽然我们能够粗略地感知他的诗歌。例如，"我有太多的话语，太悠久的感情"，用"太悠久"来形容感情是突兀的。又如写到一个农民，"多少朝代在他身上升起又降落了 / 而把希望和绝望压在他身上"，"放下了古代的锄头 / 再一次相信名词，溶进了大众的爱"，也要我们琢磨再三的。"为了他我要拥抱每一个人，为了他我失去了拥抱的安慰"，是感情的赤裸，还是行为主义的表述？王佐良说："现代中国作家所遭遇的困难主要是表达方式的选择。旧的文体是废弃了，但是它的词藻却逃了过来压在新的作品之上。穆旦的胜利却在他对于古代经典的彻底的无知。"〔王佐良《一个中国诗人》，引自《穆旦诗集（1939—1945）》，人民文学出版社 2000 年版，第 122 页〕怪不怪？

但是，我们又不能不正视之。如果不是专门从事诗歌研究的学者，他是不是能够对一位对他来说并不熟悉的诗人的诗作出很敏捷而精到的评价？答案自然是否定的。

而且作更深入的思考，我们会问，是我们真的不能去领会诗人的幽闭的深心，还是包括我们自身在内出了什么问题？

我们不得不说，首先，在相当长的时间里，讲诗仍存在着很大的问题。学习诗歌就像学习古文一样，除了字词就是翻译（注意"翻译"这个词！），背也背了，并不觉其中的有味。老师只是在尽传授知识的义务，而学生学习知识是要务。不必去学习那些考试考不到的欣赏与体悟。以辞害情、害义的事情是不问的。大学老师讲诗词也大半从字词上去申发，或从结构、功能，或从故事与典实上着眼。讲的也只是些死学问。而诗歌应该有的声情并茂、直扑诗作精要、让听者如醉如痴的内涵似乎颇为缺乏。像梁实秋在《记梁任公先生的一次讲演》中说梁启超先生的讲演里"有起承转合，有情节，有背景，有人物，有情感"，有"表演"，"他真是手之舞足之蹈，有时掩面，有时顿足，有时狂笑，有时叹息"，甚至"掏出手巾"，"涕泗交流"的情形，却是没有的。为什么在诗歌的理解上不可以以这种方式进行呢？

而即使对现代诗歌仍存在着误解。一般认为现代诗远不如古典诗，我们不能从中读到典型的抒情成分，或者一个故事的成分，甚至诗中连一点叙事结构也没有。更不要说读者能从中读到他们所熟悉的意象、辞藻、韵脚……这是一个用过去的标准与批评态度来衡量现代诗的做法。（奚密等《为现代诗一辩》，《读书》1999 年第 5 期）至于说到现代诗的俗滥化的倾向更是比比皆是。应当说我们对于现代诗存在着极其严重的阅读偏见。这种做法不改变，其后果是不堪设想的。因为所谓的古典，在理智上应当是一个与过去某一时代紧密相联系的时代的产物，而与我们这个时代在某种意义上说是格格不入的。

当然，我们还应当审视当下的某些标榜现代诗能与最顶级的英美诗相媲美的论调。虽然说在文学与诗的领域里并不存在着所谓"现代化"的问题，但一个民族的文明程度与其现代化的程度是紧紧相关的。而我们这个民族，虽有过辉煌的历史与灿烂的文化，但近代以来的历史又表明我们的精神现代化要走的路还很漫长。"现代诗面临的最大的挑战不仅仅是内在的美学问题，还有如何建立新的读者群的问题，使其能够接受以白话文为媒介、迥异于古典诗的新语言艺术。……这与人们没有建立起某种对现代诗的概念有关。如果固执地用过去古典诗或现代八股的框架强加于它，就永远无法理解和欣赏现代诗作为一种新的审美范式的意义及成就。……另外，将现代诗片面地等同于西化，这种心态对现代诗的研究也是有害的。……现代诗读不懂，反映我们教育制度中存在的问题：缺少有关现代诗的教育。……对作者来说也是同样的。他（作者）本身也没有受过关于现代诗的应有的训练，实际上他们自己也在摸索。……缺乏良好的现代诗教育使得我们的作者和读者之间没有形成关于现代诗的起码的共识。诗人们写下的东西看起来更像是自言自语，面临自生自灭的危险。"（同上）

除此之外，中外诗歌在讲法与欣赏上仍有很大的差别。我们可能比较习惯于欣赏我们古代的诗歌，但对于外国优秀的诗歌的把玩却差得多。为什么？也许我们连外国诗基本的诗歌欣赏的知识都不具备。诚如约翰·多恩的诗句刚健而峭刻，弥尔顿的诗风华严雄厚，斯宾塞绚丽，马洛恢弘，雪莱灵秀，济慈蕴藉，豪斯曼沉郁，丁尼生韵律谨严、铸词炼句精工而华赡，布朗宁绘声绘影、戏剧性特强，斯温伯恩音节谐婉，爱默生雅人致深，罗塞蒂兄妹要眇宜修，等等（孙梁《英美名诗一百首·序》，中国对外翻译出版公司 1991 年版），对我们来说，除非是专门研究英美诗歌的专家，一般人则无从知晓，其实是可悲的。……

问题很多很多，但有一点不可忽视，就是我们不能因噎废食而抛弃现当代诗歌。我们要热情，要批评，要鼓励，要不断地弥补它曾经的缺失，要紧跟上时代前进的步伐，要努力对诗歌有一个真正的理解与把握。这样，至少我们在文化或文明上正试图继接着千古，阔开着世界。

注：本文以《例谈阅读现当代诗歌的难度》为题，发表于《语文教学通讯（高中刊）》2004 年第 27 期。

第二辑 　可以议：
　　　　论议在析理

《鸿门宴》新解
——有关叙事情节的再梳理

一、《鸿门宴》情节梳理所呈现的问题

　　《项羽本纪》是司马迁《史记》中最得意作之一，它成功传述了项羽这位有着复杂性格、充满传奇色彩的旷世英豪迅速崛起、所向披靡又忽焉而亡的短暂而壮丽的一生。其崛起令人称奇，所向披靡令人称羡，其败亡及悲剧则又引人深思、给人启示。而《鸿门宴》又是其中精彩的名篇，历来都引为解读的重点。

　　《鸿门宴》过程波澜起伏，故事情节饶有趣味，而各色人物又绘声绘色，类似后世的小说而极富张力，令人追想不已。

　　当进驻鸿门的项羽，通过曹无伤的告密而获知刘邦的打算后，大怒而下达攻击令，刘项之间的气氛骤然紧张，一时战云密布。但当夜如斜刺里冲出的项伯私见张良，再由张良引荐给刘邦，让刘邦获得陈情与求情等机会，又顿然使眼前的困局获得一定程度的解救。而次日刘邦如期赶赴鸿门拜见项羽，严肃认错并小心陪侍，让项羽态度缓解，又获其挽留吃饭，可以想见攻击令已然取消。待到读者以为没有多少看点，宴会上却风波再起，先是范增举玦示意项羽杀刘而不获允，继而再召项庄助兴舞剑以行刺沛公，只是得项伯的翼护而不成遂。在危急关头，张良不得不找来樊哙，一番陈情，使项羽开了金口，让宴席间获得暂时的平静。

然而此后宴会貌似波澜不惊，仍然暗生险象，不确定因素太多。可想而知，宴会中的刘邦何等不自在，且还要担着有任何意外发生的心。最后，佯装酒醉如厕并"成功"潜逃，虽极为狼狈，也算是摆脱了一劫。而作为整个事件的余绪，一是范增撞破张良所献玉斗，演了一把愤怒，并公言放走刘邦的后果，为项羽后面"洗劫咸阳"和"戏水分封"等大戏作了小预设；二是"死里逃生"的刘邦回到营帐，立即问斩告密者曹无伤，为后来埋下了一个祸根。

然而，以上关于鸿门宴包括项羽、刘邦等在内的各色人等的叙述并非完整。事实上，这种解读带有很大的片面性。读者也完全可以依据自己的经验，带着自己的"前见"，对上述相关情节作出截然不同的解读。比如，也可以说：

当项羽听说刘邦"欲王关中""珍宝尽有之"时"大怒"，发誓要"击破沛公军"，但项伯"胳膊肘往外拐"的进言又让他打消念头，可见其莽撞冲动及幼稚的个性。鸿门宴上，刘邦谢罪，是委曲求全、迷惑项羽，目的是缓解矛盾、保存实力，居然得遂，可见项羽还是年轻了。范增举玦，示意项羽杀掉刘邦，又召来项庄舞剑借机以刺杀刘邦，是政治家的老谋深算，可项羽"妇人之仁"，将此大好时机丧失掉，居然允许项伯"以身翼蔽"沛公。而樊哙闯帐，指责项羽，更是让后者觉得理亏。出身贵族而又缺乏政治经验的项羽唯恐担当"不义"罪名，损伤其"威信"，而不用范增之计，以致错失良机，放虎归山，铸成大错。他自己也因此由主动变被动，并最终走向失败。[引自《现代语文（学术综合版）》2012 年第 4 期廖智勇的《浅谈项羽的悲剧及其现代启示》一文并稍作改动]

上述解读，注意梳理相关文本，所言似乎也非常"在理"，但是，所归纳出的项羽形象——年轻、冲动、幼稚和妇仁、傲慢、缺乏政治经验、错失良机等等性格和行为特点一一尽显——还是令人错愕不已。项羽居然是此等俗滥的货色？应当说，此类项羽在后世读者眼里的形象与传记原作者司马迁所作的描述之间有极大的差异。试想，如此低智的项羽，怎能够率军将强大的秦王朝主力军消灭殆尽呢？而今日，甚至有人还将项羽塑造成"反智"的形象，实在是离谱。其实，史迁在《史记·项羽本纪赞》中说项羽"自矜功伐，奋其私智而不师古"，"谓霸王之业，欲以力征经营天下"（本文所引原文，除极少数例外，皆引自《史记》内《项羽本纪》等相关文本），颇暴露了问题之所在。项羽不是缺乏智慧，而是太过迷恋自己的智商，也过分崇仰自己的武力，并太看重由他所建立的功业。

二、"互见法"下所呈现的有关隐性情节

再回到鸿门宴情节的梳理及对项羽、刘邦等人物的理解。

受限于《史记》庞大的体系和复杂的人物介绍，每一个相关事件的叙事不可能面面俱到、尽善尽美，因而为凸显每一传主的精神风貌和所独具的行为特性，面对同一事件的不同角度或者不同时段，史迁的叙述都不可能平板一块。因而在阅读史传文本时，读者一定要考虑到史书作者的构思和用意，并兼顾到这一特殊的历史文本特性。假如在阅读时孤立地仅就字面说情节，仅就单篇分析人物与事理，显然失之粗疏。

不过关于《史记》文本的阅读，前人已经作了重要的梳理和提示，一般要运用到"互见（现）法"。所谓"互见法"，靳德俊先生在《史记释例》中将其概括为，"一事所系数人，一人有关数事，若为详载，则繁复不堪，详此略彼，详彼略此，则互文相足尚焉"。而最早论及《史记》"互见法"的为唐代刘知几，在《史通·二体》中说："《史记》者，……若乃同为一事，分在数篇，断续相离，前后屡出……"有时，又如苏洵所言"本传晦之，而他传发之"（《嘉祐集·史论下》）。当然，对于所谓"显性互见"，自然由作者注明而显而易见，但对于所谓"隐性互见"，即同一事件或人物的有关内容分别在两处或多处互见，则由于作者不明确标示，而较易为人所忽视。["互见法"援引，及显、隐互见之分，引自杨丁友《〈史记〉"互见法"再探》，《玉林师范学院学报（哲学社会科学版）》2007年第4期]为求得阅读的完整性，需重视"显、隐互见"尤其是"隐性互见"的发掘。

比如"显性互见"，关于沛公"籍吏民，封府库"并"还军霸上"，与"遣将守关"的做法，在《高祖本纪》和《项羽本纪》中都出现，则显示了刘邦在即将遭遇灭顶之灾的特定情境下对项伯所言，并非完全出于欺骗。实际上这两种做法，出于两种考虑：刘邦忌惮于项羽等诸侯的力量，所以"还军霸上"并缓称王；而一俟守卫函谷关而诸侯莫奈他何，则会正式称王关中。

至于刘项冲突的有关事件之"隐性互见"，如果将《高祖本纪》《项羽本纪》《留侯世家》和《樊郦滕灌列传》等相关性较为密切的传记文本集中起来阅读，便不难发现。比如，《高祖本纪》说："会项伯欲活张良，夜往见良，因以文谕项羽，项羽乃止。"在《项羽本纪》里，虽然相关情节交代得非常详细，但是"因以文谕项羽"这一关键性一笔却无有涉及，于是给人一种假象，似乎项伯很弱智，而项羽也很低智，狡猾的刘邦欺骗、糊弄一下竟得逞了。至于这个类似于"保证书"的"文"，究竟说了什么，虽然不可详知，肯定关乎刘邦和整个西路军的身家性命。"黑云压城城欲摧"，高压下的刘邦一定作出了巨大的让步甚至是牺牲性割舍，才获得一时的和平的。

又如，在《项羽本纪》中只是一句"沛公旦日从百余骑来见项王，至鸿门，谢曰"云云，而在《樊郦滕灌列传》里，则有更为详细的陈述："项羽在戏下，欲攻沛公。沛公从百余骑因项伯面见项羽，谢无有闭关事。项羽既飨军士，中酒……"这一信息所示，一则说明刘邦还不敢直接面见项羽，而是通过项伯从中搭桥才得以实现的。正因如此，后面宴会的安排，显然是项羽看在项伯的情面之所致。再则说明，项羽头天所发布"旦日飨士卒，为击破沛公军"的命令仍然没有撤消，并且已经作好战前的一切准备，虽然昨夜已决定不打击刘邦。项羽绝非一介蛮夫，他深懂策略和手段。项羽的"中酒"，固然可以理解为在"鸿门宴"上喝了不少；但如果理解为在早晨与备战的将士同饮而酣，似乎更为切当而传神。如果是后者，则说明项羽对刘邦狡猾、无赖的性情了如指掌，并不抱持何种侥幸。保持高压之势，一旦刘邦不能兑现其所作的保证，是一定要予以痛击的。所以可以想见，刘邦来到鸿门肯定惊恐异常，除了向项羽赔罪，答应所有妥协条款外，还要倍加小心以陪侍项羽，以免惹来不测祸端。而《鸿门宴》里确有一处："（刘邦）曰：'我持白璧一双，欲献项王，玉斗一双，欲与亚父。会其怒，不敢献。公为我献之。'""会其怒，不敢献"，可谓当时刘邦极为紧张恐惧的明证；也说明见到久违的刘邦，项羽根本就没给什么好脸色。

此外，在《高祖本纪》里，还有这样的记述："（汉元年）四月，兵罢戏下，诸侯各就国。汉王之国，项王使卒三万人从，楚与诸侯之慕从者数万人，从杜南入蚀中。去辄烧绝栈道，以备诸侯盗兵袭之，亦示项羽无东意。"这段文字看似与前面鸿门宴等情节不甚关联，但细思一番，就会发现，项羽的"戏下分封"天下诸侯，还有一项内容涉及裁军，或者至少针对刘邦是采取了大裁军，使其十万人马锐减至区区三万。如此，强有力地削弱刘邦的力量于无形。而这，也差不多是显示于鸿门宴前夜刘邦亲自所书的那份"保证书"上的。后世读者不知就里，以为鸿门宴上项羽放走刘邦便是"放虎归山"云云，其实不过是无根据的想象而已。

事实上，项羽对刘邦，绝对无有姑息和因所谓"妇人之仁"而失去消灭时机之说。《樊郦滕灌列传》里讲得明白："既出，沛公留车骑，独骑一马，与樊哙等四人步从，从间道山下归走霸上军，而使张良谢项羽。项羽亦因遂已，无诛沛公之心矣。"何谓"遂已"？对于项羽来说，该得的都得了，心愿已满足，还需要取人刘邦的性命吗？

此外，《项羽本纪》还说："项王、范增疑沛公之有天下，业已讲解，又恶负约，恐诸侯叛之，乃阴谋曰：'巴、蜀道险，秦之迁人皆居蜀。'乃曰：'巴、蜀亦关中地也。'故立沛公为汉王，王巴、蜀、汉中，都南郑。而三分关中，王秦降将以距塞汉王。"这又是一处对刘邦采取了万无一失的严密防范。刘邦如果不是因为在汉中南郑进行了一场彻底的改革，并借了广大战士东归的心理势，以及关外齐赵等地田荣、陈余等集结叛乱使项羽无暇西顾，要想翻身，可能只是天方夜谭。甚至，"劳苦而功高如此"的刘邦，居然靠着走后门的暗箱操作，通过中间人才向项羽求得多一点的地盘，令人感慨。《留侯世家》里说："汉元年正月，沛公为汉王，王巴蜀。汉王赐良金百溢，珠二斗，良具以献项伯。汉王亦因令良厚遗项伯，使请汉中地。项王乃许之，遂得汉中地。"可以说，项羽限制刘邦的手段，可谓详备矣。

以上大量隐性互文，几乎都没有在《鸿门宴》文本中出现，都显示了一种背后运作的力量，也显示了项羽绝非幼弱、无能之辈。对刘邦的狠招出牌，项羽自鸿门宴前一日始，绝对招招见杀、招招致命，虽不至于取其性命，但严密防范可谓无有遗漏。而"鸿门宴"这一节，拥有强大实力、掌握完全情报并经缜密谋划，项羽无疑稳操胜券，志在必得，而其所赚，实在是赚得盆满钵翻。至于刘邦，因忙于关中乱局，对于项羽兵临城下居然浑然不知，现在暂借攀附项伯的大树得以雨不湿衣，但一旦风雷骤起，可能无可奈何，只得仰人鼻息。

由此可知，面对《鸿门宴》这样的历史文本，如果只照字面梳理，并无涉及相关文本信息，所谓分析的过程与所得结论，自然难免偏颇而不知。为纠此偏，很有必要通过"互见法"以求证与修补有关情节与人物形象。

三、"鸿门宴"前后有关战争背景的综理

当然，对于《鸿门宴》的理解，除使用"互见法"外，还有必要对传记文本前后相关部分再作简要的回顾。某些关键环节所呈现出来的特点，比如项羽巨鹿之战以来作战的特点，也可以清晰解开《鸿门宴》不少纠结的问题。

巨鹿之战是闪击战，如猛豹出击，迅速、凶狠而猛烈。前期是"遣当阳君、蒲将军将卒二万渡河，救钜鹿"。而一旦战事利好传来，项羽即破釜沉舟，"悉引兵渡河"，"围王离，与秦军遇，九战，绝其甬道，大破之，杀苏角，虏王离。涉间不降楚，自烧杀"。史迁还特地将战场厮杀的情形作了精彩描述："楚战士无不一以当十，楚兵呼声动天，诸侯军无不人人

慑恐。"可以说，包围分割，如绞肉机一般，而战场的形势突飞猛进，势如破竹，将强大而不可一世的秦军北方精锐尽皆剿灭，展示了令人恐怖的战斗力。

但在巨鹿之战后，项羽则用了三四个月的时间，极有耐心地采取合围之势，将一个从关中一路打出的接连击败陈胜部属数十万大军、再破齐楚联军并击杀楚军统帅项梁的智勇超群的章邯包围起来，迫使其接受盟约。而当章邯仍不死心，仍没有缔结和约时，深懂策略与局势的项羽，则出狠猛之招，"使蒲将军日夜引兵度三户，军漳南，与秦战，再破之。项羽悉引兵击秦军汙水上，大破之"，硬是武胁章邯在"洹水南殷虚上"签订了盟约。

总之，项羽的战法，或行动如闪电，或圈行如布网，总根据具体战局的变化而变化。或善于造势，"雷动风举"，然后"以轻疾制敌者也"（《汉书·艺文志序》）。这是需要高超的智谋、极大的耐心和对局势超强的掌控力的。

对于此次鸿门宴前后与刘邦的较量，项羽显然也是做足了武备的"功课"。

汉元年（公元前206年）十一月中，快到函谷关，先是闪电般在一夜之间，将秦朝降卒20万坑杀于新安，客观上，再一次以极其血腥残暴的手段展示了强大的战力，也给所有对手以莫大的震恐。可惜当时先期到达关中的刘邦，忙于关内乱局而竟一无所知。接着，项羽"闻沛公已定关中，大怒，使黥布等攻破函谷关"。在攻进函谷关之后，又用一个月时间，"十二月中，遂至戏"，缓慢推进到戏水并驻扎在鸿门，对刘邦施以外围高压，从而导致刘邦手下驻扎在戏水的大将左司马曹无伤临阵"输诚"，项羽由此而掌握了刘邦在关中前期和当前的大部分秘密。而此时，神乎其神的范增，也搜集到刘邦大量的最新情报。可以说，刘邦几乎在项羽的掌握之中。现在，时机已然成熟，项羽遂果断、坚决地下了作战的命令："旦日飨士卒，为击破沛公军！"可以看出，当项羽决定给予刘邦以毁灭一击时，其实稳操胜券；反观刘邦，灭顶之灾前却浑然不觉。也由此可知，项羽用兵，神鬼难测。

这就是项羽，他总是那么弛张有度，总是那么饱富智慧。这就是鸿门宴的大背景。

不过，对于项羽来说，军事手段固然容易解决问题，但他也知道政治手段解决问题则更为优裕（当然后者也须以前者作后盾）。诚如《孙子兵法·谋攻》所谓"百战百胜，非善之善者也；不战而屈人之兵，善之善者也"，给予猝不及防的刘邦以毁灭性打击固然不成问题，以"不战"而求取利益的最大化无疑是最为理想的。故而就在项羽发布攻打刘邦命令之后，即出现项伯"夜驰之沛公军"的怪事，是偶然还是有意，两千多年后虽然一直争论不休，但有一点可以肯定，如果是前者，它恰恰无心插柳，而做成了一个绝妙的"不战而屈人"的范本。

当然，无论是项羽，还是刘邦，眼下都还同属于一个共同的反秦义军阵营，尚不属于敌我之间。刘项之间，无非"权"与"利"的争夺。从这个意义上说，项羽并非要有意谋害刘邦。对于已消灭了几十万秦军主力的项羽来说，本来可以不告知即开打，不通知而突然闪击，哪里还有项伯夜通消息而让刘邦有存活的余地呢？而此次，项羽要达成的，恐怕是巨鹿之战以来争夺领导权与分配权的继续。

本来头一夜，项伯将刘邦的保证及所含谈判条件，都已报告项羽，也获得许可；而刘邦次日赶来鸿门道歉，无非落实一下。而从项羽这边看，这大戏还要演一遍给诸侯们看看，以达到完全统御所有诸侯的目的。读者一定要注意，巨鹿之战结束后，有一个细节，项羽以威猛让诸侯们"心悦诚服"，而后者"膝行而前，莫敢仰视"，于是"项羽由是始为诸侯上将军，诸侯皆属焉"。这中间，一定有威压、有胁迫的存在。此后，年轻的项羽又一路降伏了章邯等非等闲之辈。现在，唯独昔日同袍、年龄为叔辈的刘邦还没有臣服，仍然在装聋作哑，玩弄左右两手，于是项羽便静观其变，但要刘邦偿付的代价却与日俱增了。而项羽在巨鹿之战后慢慢包围章邯的所作所为，其实在这鸿门宴的前前后后，也能看出一些端倪来。

如何让刘邦恐惧、臣服，收拾好这最后一块权力拼图，应该是项羽亟待解决的。况且，秦朝已亡，新的天下格局如何设置，都是摆在项羽面前的难题。但他清楚刘邦的问题必须解决，且必须妥善解决，才是损失最小化而利益最大化：最大限度地捆绑并挟持诸侯，达成后面"霸有"并"共享"天下的局面。

再回看《鸿门宴》整个情节及细节，不难发现，刘邦阵营最为慌乱，也最为忙乱。刘邦始于无知，终于乱杀，中间经历得知项羽攻打后的手足无措，继而对于夜来项伯的逢迎攀附，次日赶赴鸿门的认罪道歉和宴会上的胆战心惊，以及落荒潜逃种种难堪的情形。其求生的欲望、社交的手段和无赖自保的伎俩全部获得展示，其初始时的心惊肉跳、参宴时的小心翼翼和战战兢兢及如厕后的心有余悸，以及回到霸上的惊魂未定等，都历历在目。反观项羽及其阵营，有谋有划，按部就班，真真假假，充满了神秘和诡谲。并且，施计使招，如毒蛇缠绕，步步缩围，愈缠愈紧，不动声色地将刘邦箍紧，又不断使之低矮化和边缘化，最终达成其收益的最大化："居数日，项羽引兵西屠咸阳，杀秦降王子婴，烧秦宫室，火三月不灭；收其货宝妇女而东。"此外，当然还占有面积最大最好的西楚九郡。

可以说，在反秦战争结束乃至戏水分封，项羽始终冷静地把握局势，处置问题并未不当。

至于鸿门宴在《项羽本纪》和整个《史记》中的位置，则需要重新考虑。

毋庸置疑，《鸿门宴》是《史记》之中非常精彩的片段。一方面，它是刘邦、项羽自怀王心重新部署北伐救赵和西征关中以来，两大力量的首度会合的表征；另一方面，双方并无会合的喜悦与狂欢，相反，是防范、排斥、局部规模冲突（前期有"赵别将司马卬方欲渡河入关，沛公乃北攻平阴，绝河津"。而此时，项羽率军赶到函谷关，没有通报、招呼，随即命令大将英布等强行攻关）、冷压力与冷对抗（项羽用月余时间从函谷关推进到戏水，正是他施以高压手段，终使刘邦内部出现裂痕，遂有左司马曹无伤先行告密之事发生等在内的一个不断渗透和较力的结果）。鸿门宴的出现，也预示着斗争形势已由过去以怀王为中心联合力量共同反秦，转变成联合力量内部为争夺实际领导权与瓜分反秦胜利果实而展开的激烈较量。

无疑，一场"鸿门宴"，是项羽完成自己"霸有天下"最为精彩的一笔，是他直达人生辉煌顶点的最为精妙的一招。而从刘邦一方来说，可谓人生最为黯淡和绝望的低谷时刻。过了鸿门宴的项羽，兵锋直指咸阳，烧杀抢掠，并象征性地演绎了一回率领联合反力亲手灭秦的把戏，同时撇开共主怀王心，僭越性实施了本由共主怀王主持并实施的戏亭分封与戏水裁军，从而完成了战后权力范围与势力范围的重新布置。最后，将最为丰厚的实利以"锦衣昼行"炫耀式带回彭城。而对于刘邦来说，这一次在与项羽的"隔空对话"（从项羽攻破函谷关到鸿门宴之前月余时间内，刘邦、项羽并无照面，也没有通报与积极接触）中一败涂地，不仅已经到手的反秦成果化为泡影，就是自身的实力也被严重削弱而大大缩水（拥有十余万军队的刘邦，在戏水裁军之后，只被允许随带三万人同赴受封地南郑），虽然也受封为王，但待遇如同流放，屈辱饮恨一路，将士离散一路，低落的情绪一直延续到受封地南郑。假如不是萧何在关键时刻追贤举能，挽回颓势，并顺全体将士急欲东归的态势，刘邦的失败与消亡几乎已成铁局。项羽实在用不着如一些人所猴急的那样，在鸿门宴上将刘邦击杀。刘邦柳暗花明，迎来新机遇，并在屡屡失败后终转败为胜，全赖于全局形势出现的难以预料的渐变和骤变。

有学人说，鸿门宴"标志着秦末起义军两大首领刘邦和项羽由联合破秦到互争天下的转折点"（引自赖汉屏《鸿门宴》鉴赏，陈振鹏、章培恒主编《古文鉴赏辞典》，上海辞书出版社 2001 年版，第 278 页）。应当说，此论尚不够精准。事实上，鸿门宴前后的项羽与刘邦之间，根本不构成一个强劲的较量，而在一月的隔空对峙中，刘邦还没有动作即已经主动缴械。至于刘邦欲与项羽"互争天下"的标志性事件，还要等到刘邦登台拜将、选拔"兴汉三杰"的结构性改革即"南郑革新"完成之后。而这，已经是项羽南征北战，正被齐赵地区的田氏政权搅扰得心烦意乱之时。

四、《鸿门宴》文本相关细节的再梳理

以上是从两个方面对《鸿门宴》有关情节与人物所作的求证与修补。相信读者已对相关文本有了较深的认知。现在再梳理鸿门宴的相关情节，可能这一历史文本的眉目便更为清晰些。

其一，两种"情报"。本来，"函谷关有兵守关，不得入；又闻沛公已破咸阳"，项羽已经大怒，"使当阳君等击关"。现在，再听曹无伤告密（"沛公欲王关中，使子婴为相，珍宝尽有之"），更是怒火中烧，于是下令要进行毁灭性打击。当然，作此决定，还有战略战术上的考量。从情报学角度看，项羽已看清刘邦阵营有裂痕，并非浑铁一块。在戏水的曹无伤，居然不清楚刘邦近期的情况（近期情况在"范增说项羽"里），显示了刘邦阵营的混乱和松散。同时，范增的"煽风点火"（"今入关，财物无所取，妇女无所幸"等），无疑又让项羽冷峻地看到刘邦防御性措施的两面性：一是巧妙地掩盖了自身争夺天下的野心，二是显示对项羽的"忪惕"。而正是这后一点，可能让项羽看到了军事之外解决问题的方法。而恰巧当天晚上就出现项伯夜探张良的"怪事"，尽管有严违军纪之嫌，但无巧不成书，反而成就了谈判席上解决问题的千古美事。

其二，项羽"泄密"。有人说项羽没心计，傻青年一个，看看刘邦多老辣，一见面便叙旧，便讲团结，得体又圆滑。而实际上，项羽貌似出卖曹无伤这一招很是毒辣，既显示他讲旧情，又公开扬露刘邦之丑，所谓卖了人情又打了对方：跑来告密的是你刘邦麾下之人，让我们之间闹误会的是你自己人。说白了，一箭双雕，既让刘邦臣服又要他自残。不要小瞧这看似不经意的一招，有如石破天惊，料想当时会谈场面上刘邦是何等震惊、羞愧和尴尬。而饱受项羽之辱、丧失理智的刘邦，待逃回军营，果然不问青红皂白就将曹无伤拿办斩杀。当然，遭受惩处的绝非仅仅左司马大人一人，足见项羽手段的残忍而高明。再后来，内部分裂的刘邦阵营，去封地南郑何以只有三成人马愿意随行（虽经项羽最终认定），多少也说明不冷静的冒杀，无异于自毁长城，实在是一个昏招败举。

其三，项羽式"羞辱"。鸿门宴上，无论是排座次还是范增举玦，以及项庄舞剑与项伯翼蔽，项羽似乎是在告诉刘邦："别玩什么兄弟情以及昔日战友情，现在谁都恨你、想杀你，是我还有叔父可怜你，清醒吧！"整个鸿门宴，对于刘邦来说应该如坐针毡，何曾想留下来宴享，更何曾想久待以受辱呢。何况项门凶险，恶涛翻涌，自己已被剥蚀得所剩无几，再待下去怕又不知要生出多少祸事，所以宴会尚未结束，刘邦便急匆匆、极为狼狈地从厕所"潜逃"。说是潜逃，不过是项羽故意放逃而再度羞辱而已。因为这中间，总是猴急得要杀掉刘邦的范增居然没有再借良机去寻杀，却见项羽慢悠悠地派陈平出去问询刘邦如厕情况，不是已经很清楚了吗？但后世一些读者"事后诸葛亮"式说，放走了刘邦是项羽在政治上幼稚得近乎无知的表现。在他们看来，项羽似乎只知道显高傲、摆架子，满足于别人在他眼前低三下四，而完全不知对手刘邦的危险，究竟是谁的认知有误呢？

其四，樊哙"闯帐"。除了本能反应（"按剑而跽"）外，对项羽来说，樊哙莽撞闯帐，且"披帷西向立，瞋目视项王，头发上指，目眦尽裂"，根本算不了什么。而项羽的处理方式颇出人意料，樊氏此举不仅没遭斥责甚至惩罚，反而在三次赏赐中被销了声。于是一时骚动的局面，很快获得平静，显示了大场面、大气势的项羽的泰然自若与安闲气。至于其间樊哙"借题发挥"（"今沛公先破秦入咸阳，毫毛不敢有所近……以待大王来。……而听细说，欲诛有功之人。此亡秦之续耳，窃为大王不取也。"），实不过是面对诸侯们所作的娇嗔式臣服与谏净而已。而这，恰恰是项羽所需要的。

【附注】有关"内容提要"如下：

本文运用"互见法"，对《鸿门宴》所涉诸多历史传记文本中的隐性情节进行梳理，求证与修补了有关情节与人物形象。又对传记文本前后相关部分尤其是巨鹿之战以来的作战特点进行梳理，揭示项羽鸿门宴前如何做足武备功课，以"不战"而求取利益的最大化。藉此两点梳理，希望阅读避免过于依赖个体经验和前见，以及孤立地就字面说事所致的片面性。

注：本文以《〈鸿门宴〉有关叙事情节的再梳理》为题，发表于《名作欣赏（上）》2018 年第 2 期。

楚汉之争最后四个月大致情节梳理

一、问题与方法

从汉四年（公元前 203 年）八月刘项签定鸿沟和议以后，更具体地说从项羽归还刘父刘妻的九月开始，直至汉五年十二月项羽最后被灌婴消灭的这短短四个月间，发生了很多事，但《史》《汉》等书所记都比较简括或付之阙如，需要细梳才能明了很多为人所忽略的细节。除了寻找和整理相关已有的史料外，还需要对不少貌似不相关的史料进行再思和重构。只有不断汇聚更多的细节，刘项之争的整个事件才能逐渐呈现其清晰的眉目。

楚汉之争最后阶段发生在深秋至于隆冬，从固陵算起到垓下时间是三个月，而陈下到垓下的空间距离在 500 里左右，因此此次刘邦对项羽的追击以及围歼的难度都不小。有人说，"楚军缺粮已数月，士兵饥饿，久战疲惫，军队甚至根本没有半点补给"，"楚军刚从广武前线上撤下来，多为夏秋季装备，寒冷饥饿，士气溃散"，这些大体如此。但要说"孤军十万"，则有问题。又说，"汉军联兵约七十万，且精力饱满、粮食充足、士气旺盛"，这个只能有一半说对的准率，明显高估了汉军人数、补给和作战状态。

二、固陵之战与项王困局

汉四年八月，刘项"鸿沟分割"，九月项羽归还刘父刘妻，然后项羽东归，天下暂时获得安静。但是，刘邦却用张良陈平计策，没有撤军西归，而是紧随尾追项羽，认为乘势将楚国消灭的绝佳时机到来了，于是又掀起新一轮较量，直至最后分出输赢而作罢。但这中间情势复杂，需要展开并爬梳有关情节与人物，才能窥视事件面目。

在十月，《史记·项羽本纪》（以下不另外注明，皆出自《史记》）说"追项王至阳夏南，止军，与淮阴侯韩信、建成侯彭越期会而击楚军"，为什么追击暂停了下来？而《樊郦滕灌列传》说樊哙"从高祖击项籍，下阳夏，虏楚周将军卒四千人"，说明在阳夏刘邦集团还是取得了不小的收获，但在阳夏南"止军"，究竟遇到了什么麻烦？《项羽本纪》和《高祖本纪》都没有说，也看不出什么行迹。但在《魏豹彭越列传》中则明确说及"汉王败"云云，并回应了《项羽本纪》里关于向韩彭发出"会兵"的要求："使使召彭越并力击楚"。

原来刘邦之所以"止军"，是因为吃了败仗，且亏面不小，以至于想到要倚靠属于自己的两大力量——韩信、彭越。于是赶紧派人联系，希望二人能够出兵相助。尽管前面尾随项羽占了一些便宜，但两军一旦正式相接，项王的轻疾和犀利马上又显现了出来。

但对项羽来说，此次与刘邦达成"鸿沟和议"（所谓鸿沟以西归刘邦、以东归项羽）实在是形势所迫。重大的问题当然是军需粮草问题（还有天下形势的变化，下文再详述）。与刘邦前线对峙时，曾一度夺过敖仓，让刘邦陷入恐慌；而后来在京索—荥阳一线反复争夺，也使得粮草的形势并不那么乐观。糟糕的是，就在刘项荥阳一线纠缠对峙之时，野泽草寇王梁地彭越动作很大。"汉王三年，彭越常往来为汉游兵，击楚，绝其后粮于梁地。""汉四年冬，项王与汉王相距荥阳，彭越攻下睢阳、外黄十七城。"（《魏豹彭越列传》）虽然其间（即在韩信潍水之战刚结束不久），"项王闻之，乃使曹咎守成皋，自东收彭越所下城邑，皆复为楚。越将其兵北走穀城"，但是，"汉五年（实际上是汉四年）秋，项王之南走阳夏"时，彭越又开始了新一轮的搅扰："复下昌邑旁二十余城"，并且"得谷十余万斛，以给汉王食"。

本来在刘项对峙时，项王就已经"兵罢食绝"，现在自然不敢恋战，故而在阳夏南大败刘邦之后，还是继续撤退。但时局已经相当糟糕。除了彭越在后方搅扰外，特别是自韩信潍水之战之后，天下的形势已经出现重大的转折，项羽的大后方经历了前所未有的震荡。这些，都是这位喑噁叱咤的王者最不想看到的。

我们看，尤其是汉相国韩信做了齐王后，随即派遣灌婴南下作战，加强存在，并逐渐向西推进，以打通与刘邦的联系。在《樊郦滕灌列传》中具体展示了这一过程："击楚将公杲于鲁北，破之。转南，破薛郡长，身虏骑将一人。攻阳，前至下相以东南僮、取虑、徐。度淮，尽降其城邑，至广陵。项羽使项声、薛公、郯公复定淮北。婴度淮北，击破项声、郯公下邳，斩薛公，下下邳，击破楚骑于平阳，遂降彭城，虏柱国项佗，降留、薛、沛、酂、萧、相。"如此看来，仅灌婴一人已使西楚国难以招架，不仅其首都彭城已陷落，而且其中东部大片领土也都丢失了。更有甚者，项声、薛公、项佗这些项王的股肱依撑要么战死要么被俘，或者是亡失，一下子让西楚霸王感到了空前的艰难。

现在项王面临着一个选择：要不要继续东归？显然，粮草军需已经被彭越毁坏，而都城彭城也已经陷落，即使重新夺占过来加以恢复和修整仍须时日。从战局情况看，南线、西南线都还属于自己的西楚国。当务之急是要解决"兵罢食绝"这个最为棘手的问题。就近选择一块地盘，以解决兵源、粮草，并让久疲不堪的部队获得必要的休整。眼下陈郡（陈县）是一个不错的歇脚处。

从历史看，在此经营的有战国时期的楚国以及秦末的陈胜，都在此建都，作为据点，向四面辐射。

陈郡治所在陈县，即今河南淮阳。该地区自春秋以来都是地域经济和文化中心。《货殖列传》云："陈在楚夏之交，通鱼盐之货，其民多贾。"商业发达，概因处于"楚夏之交"比较特殊的地理位置，是中原与东南的水陆通道。其西有宛、大梁、洛阳，其东有寿春、广陵。所以又有重要的军事战略地位。楚顷襄王二十一年（公元前278年），楚国郢都为秦将白起所破，于是"东北保于陈城"（《楚世家》）。徙都于陈，继续与秦对抗，直至楚考烈王二十二年（公元前241年）"东徙都寿春"，前后作为楚国都城的陈，还是存在了20余年。秦二世元年（公元前209年）七月，陈胜于大泽乡（今安徽宿州）起义反秦，向西发展，随即占据了陈县，并以此为中心建立了张楚政权，然后再向四面派兵作战，亦可见其战略地位。

于是一路向南，目的地是陈郡陈县。这大概就是项羽为急于摆脱困局的一个就便的选择。

三、刘邦冒险与"张良计"出

再回头说汉军，不在阳夏南待命等候韩彭两支人马的到来，却继续冒险尾随项王，结果出了更大的问题。

"至固陵，而信、越之兵不会。楚击汉军，大破之。"（《项羽本纪》）这次项王明显是想给汉王一个沉重的教训。而结果也确实如此。刘邦措手不及，军情立时紧张，刘项对阵的形势于是逆转直下。

前面说刘邦尾随项羽是一次冒险，一则因为刘邦从未有过这种主动追击的经历，一则是刘项荥阳、京索一带对峙时，刘邦就占有地利与军需上的优势，从而牢牢地将项羽"扼制"在这一带，使之再也无法向西。尽管如此，如果不是因为项羽身后屡屡告急，需要时时抽身回到西楚国中东部去剿敌，那么刘邦最终能否扼守荥阳、成皋一带都成问题。而现在，地理和军需（就近取食于秦时所设的天下粮仓——敖仓）上的优势并不存在，刘邦一下子暴露于项羽跟前，形势的危险程度无须多言。

查看"阳夏（南）"和"固陵"两个地名，都在今天河南太康一带，距离并不远；考虑到项羽行军速度不快（因为前次作战几乎未获休整，且"兵罢食绝"的状况几乎未得缓解），如果从阳夏到固陵这前后的时间并不长，在此短短的时间内刘邦要求"信、越之兵"前来相会，除非这两支力量就在附近，否则这种要求是不合理的。如果这前后的时间比较长，比如超出半个月至两旬，则较合乎正常的心理期待。因为前次潍水之战后，项羽鉴于彭越"下梁地，绝楚粮"，于是跟曹咎等人交代"我十五日必诛彭越，定梁地，复从将军"。以此推算，则刘邦动请韩彭二人的时间大约与此相当。将派人报信与二人带兵前来的这一个来回时间定在半个月，大致就是刘项二人从"阳夏南"到"固陵"的时间。这是以刘邦距离彭越的距离进行计算的。而对于韩信来说，他的别将灌婴已经非常靠近刘邦，只是目前尚未会合。就在这个当空，项羽采取闪击，"大破之"，其取胜的面积自然很大。

此次，刘邦是在优势兵力之下（不多于项羽则肯定不敢追击），且相对条件（主要是军需和兵源）要大好于项羽的情形下仍被打败，再次品尝到了威风八面的项王的厉害。其实项羽有多厉害，包括制定策略的张良和陈平等人在内的汉军决策层应该是很清楚的。刘项之间多少次对决、拉锯和反抢，尤其是彭城大战、荥阳成皋的易手战，还有记忆吗？应该考虑到的，为何如此冒失尾追呢？而这种冒进，一旦失策，带来的后果将是灾难性甚至是毁灭性的。需要提及的是，后来有高级谋士陈平保驾于身边的刘邦，在平城面对匈奴冒顿单于时竟再演了一次"冒险"的体验，终于创下了帝国下及数代的"白登山耻辱"。

由于刘项刚签了鸿沟和议协议，现在毁约追击，遭遇反杀，能怪谁呢？只好做缩头乌龟，"入壁，深堑而守之"。如果没有外援到来，如果项羽再强攻猛击，恐怕刘邦不能支撑多长时间。所以值此危急存亡之秋，走投无路的刘邦，顿时闻到了死亡的气息，但也只有听从"张良计"而别无他法。

此次"张良计"，重点在解除项羽的围困，手段是利诱自家人，即所谓许诺实利分封韩信、彭越，催促快出兵。关于此计出台的前后，还需要再作一些分析。

给彭越的实惠，是将他由梁国国相提升为梁王，并为他划分了具体的疆域范围。这对于彭王来说当然是件高兴的事。但如果追溯事由，此次为救急而应急的分封，自然属于补偿性质。因为前面彭越已经不是一次南下，深入到西楚国，占领城池，抢夺军需粮草，给项王以重大打击："汉王三年，彭越常往来为汉游兵，击楚，绝其后粮于梁地。汉四年冬，项王与汉王相距荥阳，彭越攻下睢阳、外黄十七城。""汉五年（实际上是汉四年）秋，项王之南走阳夏，彭越复下昌邑旁二十余城"，更可怕的是，"得谷十余万斛，以给汉王食"。(《魏豹彭越列传》)

现在有一个疑问，是什么原因促使彭越在汉王第二次邀请时决定出兵会合？简单地说，好像是给了彭越以重利的许诺。因为前次汉王还在阳夏南时，派使者向彭越请兵，遭到拒绝，其理由是："魏地初定，尚畏楚，未可去。"这种"畏楚"的理由好像说得过去，又好像很勉强。因为彭越一直在反楚，故而"畏楚"并不存在。彭越在台面上的理由是，"魏地初定"，要加以巩固，担心一离开，地盘又会被西楚国夺去。也就是说为了护盘所以不想离开，这个理由似乎很充分。

细而思之，彭越与刘邦之间，尽管有友好合作的交集，于汉二年春"归汉于外黄"，而刘邦亦"拜彭越为魏相国，擅将其兵，略定梁地"；但随着"汉王之败彭城解而西"，"彭越皆复亡其所下城，独将其兵北居河上"。自此以后，独立行动，则是与项王之间你来我往，周旋应付，让他吃尽苦头，使其军需粮草屡屡受扰；至于在军需物资上"损项益刘"，帮助了很多，恐怕是刘邦所没有想到的。对此，刘邦当以感激为先，但他并没有什么表示；这回遇到危机，却希望彭越会兵抗楚，所以后者作了策略性回避。而刘邦第二次的承诺，给了保证，大体算是挽回了第一次请兵的错失，体现了对彭越以往抗楚功劳的认可。而分封之举，算是给彭越上了名与利的双份保险。

但是，分封划界的做法，对于韩信来说，可能意义并不大，甚至可以说有点多余。

因为前面，即在汉四年二月，已经正式册立韩信为齐王，并且是由始终受刘邦敬重的大智囊张良亲自带队前去确立的，已经显得很正式、很重视。而且韩信潍水之战之后，又经过复杂的思想斗争，完全站在刘邦一边，并不存在背弃的任何可能。事实上，韩信也以实际行动表明了他的立场与态度：委派得力大将灌婴南下，将淮河两岸搅扰得天翻地覆，并一直往西推进，试图打通与刘邦的直接联系。可以说，最能够想刘邦之所想，给予刘邦在战场上支持最多的，始终是韩信。从开辟北方第二战场以来始终如此。

至于韩信前一次刘邦催促没有动身，《史记》及相关传记文本没有提供信息予以说明。但韩信已派灌婴行动，可能是一重要原因。此外，稳定刚刚获得平定的齐国，还有许多工作要做。即使是出兵支持刘邦，也需要时间来布置和调度；而不能说当日接到刘邦的要求，次日即带兵赶赴。再看刘邦的第二次催促，似乎是象棋中的将军和提醒；而于韩信而言，可能也考虑到军情危急、刘项相持的后果，故而匆匆交代于曹参之后，即亲率30万大军前去救急。

但是，为什么在"张良计"里也被视为与彭越一样呢？其中究竟藏有刘邦及其智囊何种用心？是不是如后世所分析的，韩信与彭越都是"势利之徒"，不给好处就不出兵相助？

在《资治通鉴》卷十二《汉纪》里，司马光就对韩信发了这样一通意见："始，汉与楚相距荥阳，信灭齐，不还报而自王；其后汉追楚至固陵，与信期共攻楚而信不至；当是之时，高祖固有取信之心矣，顾力不能耳。及天下已定，信复何恃哉！"又发论道："夫乘时以徼利者，市井之志也；酬功而报德者，士君子之心也。信以市井之志利其身，而以君子之心望于人，不亦难哉！"

在司马公看来，消灭齐国后，韩信没有及时回报汉王却趁机为自己求王索地；而后来的固陵危机时，对于汉王的求救式邀请又失约不来，可见是"坐实"了一个势利之徒的说法。总是要仗势向君王索要什么，但刘项之争结束后又还能倚恃什么呢？因而战后韩信被刘邦疯狂报复也就不值得同情。在此公看来，韩信简直有点活该活受的味道。果真如此？

当然，对于司马光来说，也似乎握有所谓依据，就是《淮阴侯列传》里那一段：

汉四年，遂皆降平齐。使人言汉王曰："齐伪诈多变，反覆之国也，南边楚，不为假王以镇之，其势不定。原为假王便。"……韩信使者至，发书，汉王大怒，骂曰："吾困于此，旦暮望若来佐我，乃欲自立为王！"张良、陈平蹑汉王足，因附耳语曰："汉方不利，宁能禁信之王乎？不如因而立，善遇之，使自为守。不然，变生。"汉王亦悟，因复骂曰："大丈夫定诸侯，即为真王耳，何以假为！"乃遣张良往立信为齐王，征其兵击楚。

然而无须细析文本，稍读即可明了此次当然是问题在刘邦。太过小人，一翻脸再翻脸之后，弄成了"撤假为真"的事实。能怨恨韩信吗？后者确实出于客观形势的需要，没有任何违规越纪之处，可谓办事按程序且有理有据。而韩信这第二次应邀前来，如司马温公所言，是因为要挟了刘邦而让他怀恨在心吗？情急愤怒，都可以理解，但要说"高祖固有取信之心"，却并非出于韩信的过错。问题仍然在刘邦一方。

如果照温公的理解，那么，这几乎是给韩彭二人预设了前提，即前次（在"阳夏南"）不愿出兵是由于没有获得所谓的好处。那好，现在就给每人许诺一块从没给过任何人的"大蛋糕"以满足好了。于是给人的感觉，这利诱好勉强也很痛苦：为了保命，刘邦算是豁出去了，再痛苦也得忍着。而且还给人以另外的印象，韩信彭越这些人果然是"市井之徒"，终于逼着主人咬牙割下身上最好的一块肉。所谓"乘时以徼利"，在温公看来，韩彭这两个小人一时得遂了。

四、韩彭义利之辨

但实情并非如此。此计出自谋士张良与陈平。如果说他们设陷，就阴谋家惯用的伎俩来说，一点都不奇怪。但以为仅仅或完全出于谋士们的阴谋和陷害，怕也仍然看轻了整个事件的复杂性，尤其是事件背后所涉复杂的人情与心态。

综合这两次"用计"，不难发现这些智囊人物的一些特点。

所谓优点是：其一是有战略的意识。像以前火烧栈道、开辟北方战场，以及深入西楚国开辟敌后战场等，都见出大格局设计。而此次也深知刘项双方疲敝已甚，任何一方再加力即可改变局面。其二是有作战的机敏性。知道机不可失，时不再来，因而在明知不是项羽对手的情形下，仍然要尾随追击。甚至冒着被打灭的危险，也要咬死项羽。

而其不足则有：其一是缺乏战略的规划。既已知刘项双方大致棋局，就应当在"鸿沟和议"签订之前，早作详细规划。其二是缺乏战略性布局。一般而言，涉及整个战局的战略变动，一定要召开全局性会议来统整思想、协调行动。像楚汉议和、终杀项羽等如此重大的行动，应当及时告知各战区的将帅。这个过程也没有。而从汉四年八月签订和议到九月归还刘氏人质，时间显然比较充裕。再从历次使用计策的情形看，像汉二年四月彭城大败之后的"马邑决策"、汉三年四月荥阳相持吃紧而刘邦极度危急时所实施的"反间计"，以及汉五年十月这两次向韩彭二人征兵的"阳夏南－固陵决策"，都系事发之后的应急之策而并非预变之谋。其三是喜欢设梗下套乃至甩脱。这是阴谋家惯用的伎俩。一旦形势危急，或制造舆论或构陷设局，将相关人事拖进并使局面复杂化，从而方便后面于中取事。

再看，其一、其二两个过程都缺。行动虽有一定的方向性，却在实际行动中表现出精准度不高、盲目性随意性过大的缺点，其结果必然是冒进和冒失。等到遭遇挫折，才想起更改或补救。幸亏项羽智囊里没有以决策见长的人物，否则刘邦阵营根本无法一再扳回已然形成的颓势。对此，刘邦是再清楚不过了。《高祖本纪》特地记述了"天下大定"后，刘邦置酒洛阳南宫与臣属的谈话。就"吾所以有天下者何？项氏之所以失天下者何？"进行征询，在不满意下属的回答之后，刘邦发表了一番意味深长的看法。在肯定"兴汉三杰"张良、萧何和韩信等作用的同时，说"项羽有一范增而不能用，此其所以为我擒也"，可谓洞若观火。显然，这是项羽个人的"私智"不及刘邦系统的"众智"之所致。

就其第三点来说，刘邦的利诱之计的诡异之处在于专对韩信、彭越。

如果只针对彭越，或者范围扩大一些，再涉及靳歙、刘贾、英布等人，尚可理解。但后者并未涉及。这就将韩彭二人的复杂人事带到战后（即"天下平定"）。一旦形势危急，还可以甩包开脱，归咎于二人。而即使危机解除，最终也会致二人以种种难看。而如此计设，确实见出阴谋家的另一份用心：战局顺利，则是运筹帷幄之功；战事失利，则是二人怠慢之所致。由此可知，固陵之败前后短短的时间之内，两次要求二人紧急出兵，夹带着刘邦智囊的隐秘性操作。后世温公所谓二人"乘时求利""为利出兵"的批评，多少与阴谋家们的"一手炮制"是分不开的。

尽管如此，我们还是尽可能前往当年现场，看看究竟发生了些什么。

前面业已述及刘邦对项羽充满了极度恐惧，特别是连遭打击之后即死守待命的情形。其实，包括张良、陈平在内的高级智囊层，对于项羽的不敢恋战、择路脱逃也都没有准确的把脉。否则，怎么会跟脱项羽呢？后来即使判定项氏动向，在陈下之战中亦不见霸王的踪影。这个事件本身，实可窥刘邦集团核心决策层的整体慌乱和失措之状。

下面来看看《项羽本纪》里张良此次"利动"之计的内容：

（汉王）谓张子房曰："诸侯不从约，为之奈何？"对曰："楚兵且破，信、越未有分地，其不至固宜。君王能与共分天下，今可立致也。即不能，事未可知也。君王能自陈以东傅海，尽与韩信；睢阳以北至毂城，以与彭越：使各自为战，则楚易败也。"汉王曰："善。"于是乃发使者告韩信、彭越曰："并力击楚。楚破，自陈以东傅海与齐王，睢阳以北至毂城与彭相国。"使者至，韩信、彭越皆报曰："请今进兵。"

不难看出：其一，此前刘邦原本就没有与人"共分天下"的意思，现在拿出两块土地，来做所谓花钱消灾救命的买卖。但这种"拿出"，仍然属于开空头支票的性质，因为这两块土地此时尚不属于刘邦的汉国。其二，张良担心开出的"与共分天下"的利动条款，假如不能及时送达韩彭处，则后果不堪设想，形势将难以预料。即所谓"即不能，事未可知也"。其三，考虑到更长更坏些的情形，即给此二人开出实利盘面的支票，假如并不被买账而皆不来与会,那也没关系:"使各自为战,则楚易败也"。这种算计,说白了,不过是项羽"戏水分封"、诸侯各就各国之后,田荣等人反叛而致天下翻覆的翻版。就是为项羽再树二强敌,然后乘乱再缓口气看看。再想想这第三点,张良似乎有点"死马当活马医"的意思。而给出虚设的利益并让大家再去搅乱天下,又颇有些诓骗世人的味道。

如果读者还有印象,这一点,与汉三年项羽急围荥阳、刘邦危在旦夕之际,郦食其所献"复立六国之后"的计策如出一辙。而其时张良则有"八不可"的否议。如今反而再提此计,说明刘邦被项羽围困之剧,其核心层被恐慌、无奈和寄存侥幸的气氛层层围裹着,以至于连张良也倍感绝望,深以为刘邦"事去矣"。所以,倒不如放手一撒,实行分封,"让利"于韩信、彭越等人,然后让他们去与项羽"争取天下"。而这个计策针对了韩彭二人而非刘贾、英布等人,在客观上可能也是充分评估了诸人的实力才作出的。至少,不再是汉二年四月"下邑决策"时所认定的英布、彭越和韩信三人与汉王共分天下的情形。现在从能力和实力看,只有彭越和韩信两人出面打阵,或许最终能替刘邦复仇。而其余包括英布在内的诸人,都不足以凭单独力量或是聚集起来形成合力以对抗项羽。因此二人成了重中之重。

事实上正是如此。韩彭之外的每一股力量单独面对项羽时,都抵御不了其冲击。而这两人,彭越与项羽较量,虽屡屡落于下风,但转移和保存实力比较迅速,让项羽很是头痛;至于韩信,在北方战场连连取胜,无一失手,并在潍水之战中将项羽手下最勇猛的大将龙且斩杀,握有斗取项羽的心理优势。

其四,"自陈以东傅海与齐王,睢阳以北至穀城与彭相国",《史记》不厌其烦地两次叙及刘邦集团对韩彭二人的王国地界划分,应该说也有很深的意味。如此一交代,自是凸显和强调,也等于说明汉王国下了血本;或者说是"昭告天下",万一分封文书为项氏所截,也可以达到转移目标的目的。当然,还有一层意思,就是宣告韩彭二人"几及汉王"的实力已经存在,因此此次相助作战,也应该像汉王一样是为自己而战,再不出力则说不过去。

不过吊诡的是，这两块新王国区域划分的地界似乎颇有"讲究"。因为这封文书特地提到固陵不远的两个地名，一个是"陈"，另一个是"睢阳"。前者在南方，离固陵70里的样子；后者在东北向，离固陵160里左右。显然，刘邦对目前空间距离更远的韩信出兵相助的要求，反而显得更为迫切。于是，在具体王国地界的划分上，刘邦则故意将齐王国疆域划到"陈"，给天下人的印象是，韩信将占有西楚国的大部分（天下最富庶的所在），显示了刘邦实在是诚意满满。同时，又给人这样的印象：刘邦甚至主动而充分地为韩信考虑了很多，因为这次的版图划分切实地照顾到了韩信作为楚人而不是齐人对家乡的情感。看来，汉王似乎挺想韩信之所想。不过从另一角度看，难道不也有意挑起项羽与韩信的矛盾吗？因为任何人都可以看出，这封分封文书所赋予的，是让韩信来取代项羽。

当然，韩信彭越二人对此也完全可以"乘时以徼利"，索要比所分封的更多，而此时此刻的汉王再忍痛也得给。尤其如果他们了解到汉王此时的真实处境，欲迫使与之订立所谓均分或三分盟约，后者可能也得爽快答应，因为已没有任何可以讨价还价的余地。因为对天下某块区域的拥有，并非出于刘邦的开恩与施舍，是出于实力的必然。不过，细揣相关传记文本，还是觉得二人内心存有"大义"，并没有"乘时以徼利"。否则，至少韩信是知道的，此时按兵不动，最为有利。等着项羽逐一剪除刘邦的羽翼，再消灭刘氏只是个时间的问题。因为除了韩彭之外并没有谁可以单独面对项羽。我们看，汉元年十一月，"楚军夜击阬秦卒二十余万人新安城南"（《项羽本纪》），自不必提。而在汉二年四月彭城之战，拥有56万之众的刘邦，仍然难以抵挡只带三万精锐的项羽的冲击，生生被灭20余万，其余皆作鸟兽散。情形格外骇人。而后来的刘项对抗，刘邦多次差一点被活捉。因此，如果不是"兵罢食绝"，项羽可能根本无视刘邦集团。即使到了汉五年十月，此时已疲乏不堪的项羽，当遭遇到"盛食多"的汉兵的包围，仍可以一再予以痛击并大败之。

确实，在这个关节眼上，论强对抗，彭越不是项王的对手，而韩信的砝码才最重。他有深不可测的权谋，也有从容冷对的形势把握。如果稍稍使用一点，那么，完全可以坐等项羽收拾刘邦，再收拾剩局。

当然，综合《史记》有关文本，对于韩信来说，除了此次机会，还有一次时机可以坐等有利局面的到来，即在潍水之战之后。关于此次战后，已见有多人游说，对于有利的局势，至少韩信不是傻瓜，只不过仍以君子之心量人，依旧选站刘邦一方。从传记诸文本的叙述来看，韩信并无趁机要挟，对刘邦亦不存戒备，否则垓下之战结束后其兵权怎么会再度轻易落于刘邦之手呢？由此可见，司马氏所谓"乘时以徼利"论，实在是庇护君主（刘邦）而罔顾事实的诛心之论。

五、陈下、城父之战与贾殷行动

再回到刘邦在固陵一带的行动。

前面引述了《樊郦滕灌列传·灌婴传》一节文字，在"降留、薛、沛、鄼、萧、相"之后，紧接其后还有一点文字："攻苦（河南鹿邑）、谯（安徽亳州）……与汉王会颐乡（在苦县）。从击项籍军陈下（河南淮阳）。"从这里看，在刘邦困守固陵时，灌婴军已快与刘邦会合，随后不久，终于会合。就地名位置来看，"固陵"在北而"苦县"在东，相距 120 余里；而"陈下（陈县县城）"在南，与"固陵"相距 80 里左右。而从地点与事件关系来判断，项羽虽在固陵围困刘邦一阵，使其如惊弓之鸟，但并未作久留。待蜷缩军垒、守困盼援的刘邦发现时，项羽早已悄悄撤离。于是刘邦继续寻判项羽撤军方向，向东追击，遂与灌婴会合于苦县颐乡。

由于灌婴一直在东边经营，并未与项羽遭遇，于是刘灌二人合谋刺探，判定项羽投南。从刘邦要求韩信带兵前来陈下会战（《史记·曹相国世家》："韩信为齐王，引兵诣陈，与汉王共破项羽，而参留平齐未服者。"），又可知刘灌等人经过仔细商讨，大致摸清了项羽的陈县方向与布局陈郡的战略意图。

然后刘邦人马又回到固陵，稍作休整，同时又开始了较大的谋划。针对项羽可能盘踞陈郡进行休整和战备的后手，刘邦在着手部署围陈的同时，就考虑到如何拔掉项羽在这一地区的存在。据《汉书·高祖本纪》并《史记·荆燕世家》所载，在汉五年十一月，刘邦派遣刘贾率军进入淮南地界，围攻寿春，随后引诱西楚国大司马周殷投降；然后再回来向刘邦汇报。

关于西楚国大司马周殷，有必要再追溯一些内容。从《史记·高祖本纪》所记述的一段文字（"汉王败固陵，乃使使者召大司马周殷举九江兵而迎武王，行屠城父，随刘贾、齐梁诸侯皆大会垓下"）看，刘贾的诱降，不过是挑明和公开了周殷与汉国的关系而已。而在固陵新败的十月份，大约在刘邦派人请兵韩彭的同时，就已经派人前去"召"之。这"召"字，如作"召唤"讲，则周殷早已是刘邦的人；如果作"（邀）请"讲，则刘邦已知周殷不向于项羽，故而礼遇在先，为后手准备。至于周殷与项羽君臣之间，其实早已是貌合神离。二人的裂隙，可能还要追溯到汉三年四月荥阳相持刘邦危急时所施的"反间之计"。在《陈丞相世家》，刘邦问计于陈平，在比较了刘项二人的为人及所归附之人的特点之后，后者说："顾楚有可乱者，彼项王骨鲠之臣亚父、钟离眛、龙且、周殷之属，不过数人耳。大王诚能出捐数万斤金，行反间，间其君臣，以疑其心，项王为人意忌信谗，必内相诛。汉因举兵而攻之，破楚必矣。"传文又说："陈平既多以金纵反间于楚军，宣言诸将钟离眛等为项王将，功多矣，然而终不得裂地而王，欲与汉为一，以灭项氏而分王其地。项羽果意不信钟离眛等。"看来，陈平所施反间计的效果极为成功，致使项王深陷迷局而不知。

现在，再回到刘邦的固陵布局。据《汉书·高祖本纪》载，"汉王发使韩信彭越"后，不长时间，"皆引兵来"。时间在汉五年十一月之前。这次二人都再没推迟，而迅速出兵。不过，谁都不曾料到的是，整个刘项局势的进展骤然提速了。

一是项羽考虑到自身的处境，在固陵有利形势下，选择了围而后撤、甩掉刘邦以回到彭城（或会稽或鲁地）进行重整，并想尽快摆脱疲困的被动局面。而就在刘邦、灌婴会合之时，项羽业已南撤到陈县进行休整。二是当再次回到固陵备防和休整的刘邦派遣刘贾围攻寿春，居然比较顺利，而且项羽的大司马周殷也没费多少周折就向刘邦举降。这些可能都离不开潜伏下来的英布的暗中策划。这样，整个大好局面竟骤然倒向了刘邦一方。

至于刘贾、周殷等人的行动线路，有必要再作一二简述。

《项羽本纪》对包括贾、殷二人在内的诸军行军线索有一个交代，谓："韩信乃从齐往，刘贾军从寿春并行，屠城父，至垓下。大司马周殷叛楚，以舒屠六，举九江兵，随刘贾、彭越皆会垓下，诣项王。"

先说大致地理方位及距离。寿春在陈县的东南方向400多里处，六县在寿春南近200里处，舒县在六县的东南边100里。韩信、刘贾、周殷等人，在刘邦、张良等人的谋划里，原本是被要求赶赴陈县进行围歼项羽的会战，但因形势出现了很大变化，致使刘贾、周殷原定的西北行线路随之而取消。他们并未赶达陈下，而是撇开并转而北上。在城父（今安徽亳州谯城区），先期到达的刘贾率军与守城楚军作战，经过激烈交锋而获胜。其次，随后赶上的周殷，见刘贾屠城，也参与了行动，然后兵合一处，到垓下与诸刘系部队会聚。

至于陈下会战，发生没有？应当发生了。

陈下之战本来是刘邦精心准备了相当长时间、积聚了很大力量而想打的一场大战。为了做到围困项羽，刘邦四面招兵，东面希望韩信、彭越前来会战；与此同时，东南面成功策反周殷，形成刘贾、英布、周殷合围的态势。至于北面，自然是刘邦和韩信一部灌婴的联合力量。如果这三大方面能够成功聚拢陈下，则项羽基本成了瓮中之鳖。即使不能将项羽捉拿，也可以有效地消耗其本已疲敝的有生力量。

但奇怪的是，《史记》《汉书》都没有关于陈下之战的具体描述。涉及楚军一方，除了陈县守备人员与并不关键的一些人物，如令尹灵常、左令尹吕清、陈公利几等大臣外，并无项羽的任何行踪记录。然后项羽突然被发现出现在距陈下东方500里以外沛郡洨县的一个聚邑——今安徽灵璧县的垓下。

尽管如此，《史记》还是可查与此相关的一些记录。刘邦一方的主要大将都参与了此次战役，很多人据此记下了军功，说明战事还是比较激烈的。施丁先生在《再谈陈下之战》一文中说："据《史记·高祖功臣侯者年表》，写明参与陈下之战者有灌婴、靳歙、樊哙、夏侯婴、蛊逢、灵常等6人，实际参战者有丁义、靳强、尹恢等3人。可能参与者还有周勃、卢绾、韩王信、申屠嘉等等，共12位以上将领。这是历史记载楚汉数十次战役中出现将名最多的，也就是对于参与陈下之战者封侯最多。"因此，对陈下之战的真实性是不必怀疑的。

至于所发生的具体时间，陈下之战当在汉五年十一月之后，更在刘贾、英布成功策反周殷之后。可能先是试探性小规模接触，待没有发现项羽行踪之后，恼怒的刘邦下令提前围攻。只是没有想到，守卫陈县的楚国左令尹吕清、陈公利几等人的抵抗非常顽强，再次刺激了刘邦，于是一怒之下，调集了灌婴、靳歙、樊哙等猛将会集强攻。守城诸人显然不是刘邦这些虎狼之将的对手。经过激烈的战斗，陈下被刘系人马成功拿下。

大约等到刘贾、英布带兵到来之时，战斗已经结束。与此同时，刘邦也摸清了项羽的去向，于是在灌婴、靳歙、樊哙等参战的主力休整之机，下令刘贾、英布追击项羽，遂有城父之战的爆发。等到城父战斗快要结束时，被成功策反的周殷也带兵赶来，参与了拿下城父最后的屠杀。此之所谓"屠杀"，乃是因为西楚国一方的守卫，为保证项羽东归有足够的时间，誓死抗击刘邦军队，遂激起了后者疯狂地报复。应当说，陈下之战和城父之战的性质一样，都是项羽部属为项羽赢得脱身的时间而所作的誓死抗拒，故而这两场战役都打得格外激烈和惨烈。这也解释了前面并不显赫的陈下之战，何以会出现在灌婴、靳歙、樊哙等的功劳簿上。

当然，陈下之兵和城父之兵是无法阻挡刘邦方的追击的，但毕竟延缓了追击的速度。等到再一次发现项羽的时候，已经是在500里之外了。《秦楚之际月表》记录了这一时间，系"汉五年十二月"。

现在再回顾一下自阳夏（南）之战、固陵之战、陈下之战，以及垓下之战之前的一些细节。

《汉书·高祖本纪》明确记录了有关时间："五年冬十月，汉王追项羽至阳夏南，止军，与齐王信、魏相国越期会击楚。""十一月，刘贾入楚地，围寿春。汉亦遣人诱楚大司马周殷。""十二月，围羽垓下。……羽与数百骑走，是以兵大败。灌婴追斩羽东城。"

假定在阳夏的时间正好进入十月初五，刘项战斗 1 日，刘邦"止军"之后等待韩彭援军，然后过 15 日，再到固陵战斗 1 日，再固守、请援以待援军。又过 4 日，再发现项羽已经撤离，东寻与灌婴会合 2 日。考虑到行动缓慢，谨慎，再返回固陵军壁 2 日。

进入十一月，派遣刘贾围攻 400 里外的寿春，约 8 日；传递消息再做工作到 300 里外的周殷处，大约 7 日。而周殷从舒县到六县 100 里，攻打并屠城 5 日，先期递送消息到 200 里处的寿春 2 日。此时刘贾获得周殷的消息已经是第 14 日，再派递到陈下附近的刘邦处，已经是第 22 日。

估计第 20 日是陈下之战的开战日。考虑到刘贾、英布并未投入战斗，其时应该还在赶往陈下的路上，而那里的战斗可能已结束或进入尾声。又获刘邦的传令，因急行军较为疲惫，遂就地调整、休息 1 日。然后北上追击到 170 里外的城父，是第 27 日；与项羽的守军鏖战 2 日，是第 29 日。

再看周殷。六县屠城后休整 1 日，是第 13 日；再北上急行 600 里，尚未到达陈下时，是第 25 日。接到刘邦命令，再休整 1 日，然后继续沿着东北方向追随刘贾、英布，到达城父是第 28 日。然后合力拿下城父，加上休整，时间已经进入十二月。

从城父再到垓下，约 350 里，快行军需要 7 日。估计沿途不断探寻和摸索项羽去向，要花费一定的时日，真正到达垓下时，可能需要 15 日。

六、垓下合围前动向与韩信张良谋局

现在再看前面所列《项羽本纪》的一则史料：

韩信乃从齐往，刘贾军从寿春并行，屠城父，至垓下。大司马周殷叛楚，以舒屠六，举九江兵，随刘贾、彭越皆会垓下，诣项王。

这则史料显示：其一，刘贾、周殷在东向追击项羽的途中，与西向而行的彭越军相遇，说明后者亦未与项羽有过遭遇。其二，韩信没有与刘贾、周殷等人于行军路上相遇，也没有与彭越的军队有过相遇，更不消说陈下之战、城父之战等都不可能见到韩信军队的身影。既如此，韩信与项羽遭遇了吗？也应该没有，否则史书肯定要做记录。应当说，韩信此次带兵以襄助汉王早于十一月十四日。不过，陈下之战、城父之战结束已经过去半个月，韩信应当还在路上。除了路途遥远这个客观原因之外，还有什么原因让他迟迟不能与刘系军队相遇或会合呢？他究竟在做什么？

《汉书·艺文志》收录了韩信兵法三篇，并将其兵法归类为"兵权谋"，认为"权谋者，以正守国，以奇用兵，先计而后战，兼形势，包阴阳，用技巧者也"，揭示了韩信用兵的特点，即所谓打战讲计谋，充分利用形势和阴阳等特点。

此次应刘邦之请赴陈下会合，也并非简单地听从命令。作为伟大的军事家，韩信对于整个战局相信有更为深刻的判断和解读。因此他的行军线路，更带有拦截和兜底的性质。首先一定是由齐国南下彭城，并不断由东向西、向南缓缓推进，同时不断密切关注西方项羽与刘邦作战的动态，以及沿途所发生的变化。

对于韩信来说，如何判断项羽行军线路并提前备防截击，成了一大课题。如果南下彭城之后，一路向西，设防和迎击项羽，不仅判断错误，还会贻误战机，致使项羽逃脱。可能最初，项羽也想再次回到彭城，但中途变线东南，遂至于垓下，准备过乌江以回到会稽郡（即吴县）旧地。显然，回到彭城的线路已经是一条死路，对项羽来说如此，而对韩信来说亦然。所以，韩信并没有从彭城折而向西，以按刘邦的要求会战陈下；而是以彭城为据点，缓慢南下，并另派员北上，以截断项羽的两至三条线路：回彭城之路，回吴之路，以及回鲁之路。已经没有了任何退路，所以到达垓下的项羽十余万军队，这个时候停顿下来，准备来一场最后的决战。

无独有偶，刘邦集团在陈下之战刚刚结束，即作出一项惊人的决策，命令樊哙带领一支别动队，可能与前面的刘贾和英布军队同时出发，都经过城父，但并没有参战，而是长途奔袭，不作任何纠缠，以迎接彭越和韩信，并将最新战报送达。相信途中遇到了彭越，也遇到了韩信。而遇到韩信，则必然无疑——最后我们看到，韩信的重兵扼守了中线（彭城）和南线（吴县）；而樊哙一共行军450多里，最后直往彭城以北的胡陵，实行北线设防，以拦截项羽逃往原封地鲁国的去路。

　　等到了胡陵，樊哙可能遭遇到西楚国当地守军的顽强抵抗，遂"屠胡陵"，占据了一个要点。而据《樊郦滕灌列传》，同时攻打这一地方的，还有老将郦商。随后，继续在西楚国东部地区扩大存在，而周勃，也在"籍已死，因东定楚地泗、东海郡，凡得二十二县"（《绛侯周勃世家》）。由此说明，胡陵确实是块举足轻重的战略要地。《资治通鉴》周赧王中四十二年（戊子，公元前273年）春申君黄歇向秦建议，"秦若伐楚，魏必乘间袭取胡陵等故宋之地，而齐则必南夺楚泗"。率先占据并经营胡陵，自然是防止项羽，不过在客观上也有挟制韩信、彭越回齐回梁的意图。

　　张良、陈平诸人的运筹帷幄，尽管有些迟滞，但能于战中提前一步谋布新局，能力还算是很强的。

　　再说项羽，自固陵之战后，忽然消失，直至垓下才显出真身，给人以神鬼莫测之感。应当说自荥阳撤军以来，项羽军一直处于运动、行军以及交战之中，并未获得充足的休整。即使到了陈下，仍然感觉到被压缩和挤压的窘迫，所以在刘邦聚兵、会战陈下之前就撤离远去。然后充分利用沿途一些城池的防守，延缓刘邦的尾追速度，并迷惑其追兵的寻索与判断，从而使得十多万大军消失于刘邦视野达十几二十日，堪称用兵史上的一个奇迹。但非常遗憾的是，还是因为军需匮乏和兵源难继而无法走出困境，最终因没有突破韩信的设局而走向了人生的末路。

　　秋风悲咽，朔风凄厉，整个秋冬都充满了阴郁和晦暗。四个月的大逃亡，如神龙再现，尽管最终没有逃脱命运的设置，但困龙拼命挣扎，还是显示了龙性难御的存在，而为后世无数人景仰和慨叹。

【附注】本文为高中课文《史记·项羽本纪·项羽之死》前引性阐释，有关"内容提要"如下：

　　本文重点梳理固陵之战前后刘项的军事动向，并对陈下之战、城父之战及垓下之战前后作了诸多合理的推析，呈现了包括固陵之战作为项羽以进为退的迷障之战等在内的刘项之争整个事件的人情和心态的复杂性。同时通过推析，填充了陈下之战、城父之战和垓下之战，有关正史于项羽、韩信等过于简略与疏于详载的缺失。此外，一定程度上，揭开了项羽用兵的神秘性，以及最后四个月项氏大逃亡充满令人窒息的气氛。

　　注：本文发表于《名作欣赏（上）》2021年第5/6期。

《兰亭集序》文本关节梳理与再诠释

晋人王羲之的名篇《兰亭集序》，其完整版本尽管迟至隋唐才随其书法而传开（中间经唐太宗录入《晋书·王羲之传》而得以保存），但并不影响其文本在后世的流传。

就文学性而言，王氏这篇序言大体结构并不复杂，通行的三节文字，首（至"信可乐也"）叙春游之乐，以良辰美景系乎自然宇宙而得游观之乐。次（至"岂不痛哉"）发快乐之余的悲慨，间含对人生体验、生命价值及自我意识的珍视。末以议论申理，以理慰情而回照前文。但就其意旨而言，至今仍存在较大的争议。是以儒反道，还是以道言道（或以庄言道），抑或二者兼有？本文将通过对这篇序文文本有关关节的梳理，尝试论之。

这篇名序中，所谓"兴感"，乃作者抒发暮春时节与老少群贤于兰亭修禊、嬉游、叙情而享受自然宇宙的无限乐趣，又因"死生无常""性命不永"而生难享永乐的叹息乃至悲伤痛悼之情。

所谓"兴感之由"，仍然关乎"乐""悲"两面。其快乐之"由"，已夹含在第一段所谓天时（"天朗气清，惠风和畅"）、地利（"崇山峻岭，茂林修竹，又有清流激湍"）和人和（"群贤毕至，少长咸集"）等多处叙述里。而悲伤之"由"，则充斥于第二段，主要有三点：第一，"当其欣于所遇，暂得于己，快然自足，不知老之将至"并"及其所之既倦，情随事迁，感慨系之矣"，是说（快乐）情感并不具恒定性，而是受之于具体物事，事变则情变随之。第二，这种情变（即由快乐变而为慨叹乃至悲慨），是在

"俯仰之间"即瞬息之间发生的变化，让理性主体（即"人"）难以承受。第三，"修短随化，终期于尽！……岂不痛哉！"，生命不能自主，完全听天由命，让貌似主体之人在变化无常的社会现实面前显得更加无力。特别是饱受频发的社会灾难并战患之苦的魏晋六朝时期，人生的浮尘与湮灭感就变得异常凸显。又于何处可以奢求生命的快乐、自足与恒久呢？

当然，说到"兴感之由"，王羲之言犹未尽，又特地在第三段拓开一笔，说："每览昔人兴感之由，若合一契，未尝不临文嗟悼，不能喻之于怀。固知一死生为虚诞，齐彭殇为妄作。"这一句群意味深长。作者有意将序文第二段中浓厚的伤感作一冷却，而将笔触从眼前的修禊、宴享、嬉游及伴随而来的"兴尽悲生"的感慨中移开并稍稍收束，使写作进入回顾、反思的历时视域。句群的前一大句，在作者看来，由"每览"二字显示前文的悲乐兴感，其实在其人生经验中已多次出现，且已引起深深的感慨和思索，但又让人苦苦不得其解：既让他觉得神奇（"若合一契"），又让他感到不可思议（"不能喻之于怀"）。

所谓"昔人"，包含序文第二段所引《庄子·德充符》"死生亦大矣"等处所提及的"古人"，也包含作者在《兰亭诗》中所提及的孔曾等圣贤，当然，具体到本文，后世学者们还不忘将其与距王羲之50年的前中朝高官巨富、颇具才质的石崇及其所写的名篇《金谷诗序》（《晋书·王羲之传》以为系名家潘岳所替写，不知所本）牵连起来。《世说新语·企羡》载："王右军得人以《兰亭集序》方《金谷诗序》，又以己敌石崇，甚有欣色。"（徐震堮《世说新语校笺》，中华书局2001年版，第346页）对于别人拿自己的作品与石崇的作品进行比较，又拿自己与石氏比较，王羲之不仅不卑怯不恼怒，反而感到高兴，又似乎颇为自得和自负。至于《金谷诗序》，其叙述、描写简练有致，且其感慨也很深沉，再借之石崇当时的社会地位，以及像刘琨、潘岳、杜育等与会名流的声望，因而在当时与后世的影响都很大。石氏在他的诗序中深言"感性命之不永，惧凋落之无期"（即"感叹有生之年短暂，害怕死亡不期而至"），尽管泛着物质享乐主义的陈光，不可否认，其生命之珍的意味很浓。尽管石崇出身官宦，权位也很大，可以有比富斗狠的资历，是当时社会的强者，但他仍然要谄事贾谧等权贵，并望尘而拜；仍然要面对"性命不永"，难免有此情不能禁的朝生夕死的"含悲"之慨。何况，弥漫在魏晋乃至整个六朝时代的氛围是，瞬息之变、生命短暂、灾难频仍和福祸无常。因而深深打动了王羲之，遂有"临文嗟悼"之慨然。

好的作品就是这样，首先能在情感上深深地打动和感染读者，其次，它总能引起读者深沉的思绪，唤起他的理性意识。面对类似石崇《金谷诗序》这样的作品，相信王羲之不止一次地思索过古今人心异同的问题，而在此之前（即"兰亭诗会"以前）苦苦不获解，也确实让他耿耿。而为什么会有"若合一契"之感？这实在使人难以释怀（"不能喻之于怀"）。

但对这一句群再作前后的释读时，按照今人一般的理解，却又不幸陷入了语言逻辑混乱的泥淖之中。既然是"不能喻之于怀"（即一般所谓"内心不能明白"），还没有弄懂观感、人心何以"古今一契"（即"若合一契"），而居然"固知"（一般理解为"确知"或"本来知道"）"一死生为虚诞，齐彭殇为妄作"？的确，该句意指古今人的兴感之由何以有如此相同（所谓"若合一契"）的发问与寻思尚未结束，又怎能确知"一死生""齐彭殇"而皆为"虚诞"与"妄作"呢？为什么古今人人都有此"同契"的欣慨、嗟悼及痛情之感？又为什么快乐之后必然会产生伤悼之情，以及越是快乐而这种伤痛反而越发强烈？这些都指涉事理，逼人深思。

当然，"喻"固然可以解释为"明白"，但进一步地，若作"谏"即"证也"亦即"正也，以道证人"解，则更能够体现作者的惑问和理性意识。也就是说，在"兴感之由"的"古今一契"上，需要追溯到更高更远的"道"的理性寻求上，方能化解长期积压于心中不得求解的郁闷。显然，这一次兰亭会"仰观宇宙之大，俯察品类之盛"的"一觞一咏"之"畅叙幽情"，让诗人（王羲之）忆往思来，颇为洞察了人情之困和纷繁世界之玄。

下面就来看看王氏的兰亭诗作。

从现存有关资料看，兰亭与会40人中，真正创作者26人，诗作37首，分四言、五言两种。其中11人同时创作了四言和五言，而王羲之一人居然创作吟咏六首，可谓逸兴豪发，兴致超高。他的这六首诗作中，开首是四言，余下皆为五言。现录之如下：

其一："代谢鳞次，忽焉以周。欣此暮春，和气载柔。咏彼舞雩，异世同流。乃携齐契，散怀一丘。"其二："悠悠大象运，轮转无停际。陶化非吾因，去来非吾制。宗统竟安在，即顺理自泰。有心未能悟，适足缠利害。未若任所遇，逍遥良辰会。"其三："三春启群品，寄畅在所因。仰望碧天际，俯磐绿水滨。寥朗无厓观，寓目理自陈。大矣造化功，万殊莫不均。群籁虽参差，适我无非新。"其四："猗与二三子，莫匪齐所托。造真探玄根，涉世若过客。前识非所期，虚室是我宅。远想千载外，何必谢曩昔。相与无相与，形骸自脱落。"其五："鉴明去尘垢，止则鄙吝生。体之固未易，三觞解天刑。方寸无停主，矜伐将自平。虽无丝与竹，玄泉有清声。虽无啸与歌，咏言有余馨。取乐在一朝，寄之齐千龄。"其六："合散固其常，修短定无始。造新不暂停，一往不再起。于今为神奇，信宿同尘滓。谁能无此慨，散之在推理。言立同不朽，河清非所俟。"（逯钦立辑校《先秦汉魏晋南北朝诗》，中华书局 1988 年版，第 895—896 页）

稍作解释。第一首有感于季节轮回，暮春佳时，众贤欢游，诗人怀想孔曾时代的洗沐风流，深感时代虽异但与古贤的做法、体会及心情都惊人一致（所谓"齐契"），从而对圣儒治世的潇洒襟怀有了直接的领悟（而第六首说"河清非所俟"，不强为事功，也正在这里）。第二首反对忧忧戚戚，希望享受眼前。起笔赞美自然伟力，感受非人力所预的万物陶冶化育。诗人无从找到本制自然之力，却发现"顺理自泰"（"依道而行最为安泰"），又发现内心耽于"利害"反而会阻断道悟。第三首，面对春生万物，诗人就其视触而寄予欢畅之情。这是由于感受到自然的浩瀚无涯，满目所见皆合乎道的安排。尤其是造化无私，均待万物，让人欣欣于其勃发的生命力和创造力。第四首说，与会诸位均能庄敬对待所寄予的思想情感：不希望竭心尽智勉强行事，只愿心境无杂；即使人生如过客，也愿意认真探究大道。又希望远想千年以外以开阔心胸，而不沉溺于一时的游宴之好；而处遇万类在似有若无之间，就不会生受具体的形骸之累。第五首先譬说心灵如镜擦亮便无尘垢，一旦停拭则庸污滋生。其修治之难可见。但饮酒可以悟道，醉意朦胧之际心灵不再为俗世所主宰，其夸恃骄矜之心自会平息。而远离世俗，则飞泉清音、诗篇吟咏皆有袅袅不尽意。凡此乐趣，虽短暂一时却意韵恒久。第六首说游宴的聚散实属正常，正如寿命的长短也无恒定的终始点。是因为造化使新生永不停息，而旧物消逝亦不复再现。故而今日尚为新生神奇之物，稍过一两日辄成被弃之尘渣。造化太过无情，谁能没有感慨呢？但要消散此慨，唯有"推理"，即尊崇义理（"大道"）。最后诗人说，遵顺天道，明了立言（"赋诗明道"）之义照样是"不朽之盛事"（引自曹丕《典论·论文》）。

再稍作提领。第一首自然含在"每览昔人兴感之由，若合一契"之中，欢游中又含有儒道杂糅成分。所谓"齐契"，包括诗人与兰亭会40余人的同调，也包含与先儒圣哲的同调。第二首抒发淡化"利害"（包括得失、悲喜等）而"顺理自泰"、享于所遇的简适情怀。第三首，感受造化的"无私""均待"及其创造力。一旦消除歧视与不均，自然不会为得失悲喜而失度。第四首，为摆脱具体形骸的生受之累，处遇万类须均等而不胶着。第五首谈饮酒悟道，自能消歇荣华与骄矜之俗。而此乐"一时"，其价永恒。第六首有感于自然瞬息之变，希望用"推理"来消解人世的聚散、寿夭与荣利等人生的困扰与紧张。

而这六首诗作中，关于"兴感之由"中的乐与悲，第一首在乎其"乐"，其余则着眼于化解种种"悲"情。第二首在于化解利害之"悲"；第三首兼含序文首节之"乐"，又希望以等齐之观消解得失之"悲"；第四首以消除执念来消释"悲"情；第五首兼含序文首节之"乐"，再申"等齐"思想以消停世俗之"悲"；第六首以依顺自然来化解人世中的困扰之"悲"。总之，关于悲乐，诗人着重要消解的则是人生的悲情与俗念，从而达成（个人）舒旷襟怀、（群体）凝聚（或儒或道的）共识之目的。

附带说明一下，关于此次与会者所作的兰亭诗，有学人概括其特征是，"诗人或站在玄理的角度，把大自然作为思辨的对象，通过景物描写来演绎深妙的玄理；或将玄理机锋隐埋于写景之中，让人去领悟其中的趣

味"[周唯一《从谢氏诗群诗歌创作看宋齐诗风之嬗变》,《衡阳师专学报
(社会科学)》1998年第5期]。其实与会其他诸作,大体不离王羲之诗作
的吟咏范围。限于篇幅,不拟展开。

现在再回到序文之中。

王羲之诗作中所体现的老庄道家尤其是庄子《齐物论》"等齐"思想,
以及儒道杂糅思想,似乎一到序文中却走向了它的反面。何以这么说?
"固知一死生为虚诞,齐彭殇为妄作",照当前的一般解读(即所谓"本来
知道把生死等同的说法是不真实的,把长寿和短命等同起来的说法是妄造
的"),则道家的思想不仅没有获得进一步的申述,相反还遭遇到前所未有
的彻底的否定与摈弃。"道教徒"(陈寅恪先生在《天师道与滨海地域之关
系》《崔浩与寇谦之》两文中指出,笃信道教天师道系王氏"家世遗传"。
详见《金明馆丛稿初编》,上海古籍出版社1980年版,第16页、108页)
王羲之在这里俨然成了坚定的儒学实践者,似乎颇像他的前辈"素奢豪,
嗜声色。虽暂自矫励,而辄复纵逸"(唐房玄龄等撰《晋书》,中华书局
1974年版,第1681页)的刘琨,在《答卢谌书》中曾经反省说:"昔在
少壮,未尝检括('检点'),远慕老庄之齐物,近嘉阮生之放旷……但分
析('分离')之日,不能不怅恨耳。然后知聃周之为虚诞,嗣宗之为妄作
也。"(明张溥编、清吴汝纶选《汉魏六朝百三家集选》,吉林人民出版社
1998年版,第207—208页)但是,王羲之以素简抗奢华,用"推理"对
实用,究竟与石崇、刘琨等"身名俱泰"的西晋文人享乐主义者的精神心
态相去甚远。仅从王诗第五首"虽无丝与竹,玄泉有清声。虽无啸与歌,
咏言有余馨",以及序文"虽无丝竹管弦之盛,一觞一咏,亦足以畅叙幽
情"等,足可以看出王氏崇尚之所在。

当然,要知道,在序文里王羲之并没有否定具体的游宴、视听之乐,
也没有简单地否认存在于石崇等所谓"古人"身上所表现出的对于"生
命的忧惧",因为作者亦有强烈的主体精神生命短暂之叹与猝然而逝之忧
(详见前文第四段)。这也是古今人的通情。所以王羲之自然也会发出如
此深沉的认同感——"古人云'死生亦大矣',岂不痛哉",以及"每览昔

人兴感之由……未尝不临文嗟悼"。当然，认同普通人身上所存在的"趋乐斥忧"的人性弱点，是对现实处境的坦然认承，同时可以获得彼此身份上的认可感，还是化解个体共时存在上的孤独无助感，为人生追求的进阶和精神境界的提升留下了一大片余地。事实上，这个"人性之弱"的盘面是如此巨大，也显得极为顽固，无事辄罢，一旦临事，其忧愁苦痛自不待言，即使所遇欢快，而这些"负面情绪"也如影随形地填占进来，非得有纯粹的理性持续性投入（所谓澄怀、默察、观照）才能渗入而加以改变。而诗人所创作的这六首诗，正是他长期研习老庄和悟道的结果，是其人生思想境界已然提升的体现。

这现场创作的六首诗，在记录诗人的所遇、欣恺与悟道的同时，也一并将其平日的苦恼及所纠结的问题顺带托出并一一清洗，可以见出此次兰亭禊会，确实带有"涤除玄览（'玄鉴，内心'）""使无疵渍"（引自老子《道德经·第十章》"涤除玄览，能无疵乎！"）的意味。其苦恼、困惑及问题的症结，前文解读诗作时已有说明，兹不再赘，仅就涉及"生死""寿夭"等生命问题再作申述。

至于说"一死生""齐彭殇"，并非要将"生死""寿夭"简单等视，而是要将关系中的两者不作孤立地、歧视地对待。事实上，并不存在绝对的生与绝对的死，也不存在绝对的长寿与绝对的短命，领悟到了生命一定点上的生死变化，以及有限的时段之于长度人生的意义与价值，就能感受到每一片段之于整个生命和世界的质量。而一旦知道生死之事是紧密相邻，那么寿夭问题就并不那么凸显。再有，"后"与"今"、"今"与"昔"固然存在着差异性，但这两者又都和合于历史时间的一体之中，是后者存在的不同显示，如果过分强调了各自的差异性，那么，认识便无法跨越，而所有的认知都变得不可完成。同样，"生死""寿夭"，有其明显的相对差异性，而又都浑然于天地万物的根本性统一。但时俗尘世则过分强调或看待各自的差异性，夸大甚至刻意放大各自所呈现的特性，导致认识极端化而对现实制造误导。因而，越是功利的现实如此，越发能刺激一种极端的享乐主义和无尽物欲。极度物享，反过来又加剧了精神与灵魂的虚脱化和空壳感。

同时还须看到，乐与悲、生与死、彭与殇又都是一体两面的存在，乐甚则悲自深，没有死也就无所谓生，而瞬时亦能昭示永恒。试看《庄子·至乐》，所谓"至乐"即"零快乐"，不忧不喜状。所谓忧悲喜乐只是表征，且忧喜、悲乐各自构成一对张力，在其背后的是欲望的驱动，要达成"至乐"，则须减持这个驱动并依于自然的安排。这当然是难以做到的。所以人世的欲海里泛起了多少欲望意识的泡沫，又撕裂成多少争斗、冲突和毁灭。而贪恋于"富、贵、寿、善（好的名誉）"，追求于"身安、厚味、美服、好色、音声"（原文："夫天下之所尊者，富贵寿善也；所乐者，身安厚味美服好色音声也；所下者，贫贱夭恶也；所苦者，身不得安逸，口不得厚味，形不得美服，目不得好色，耳不得音声。"），其能看破者难度有多大，实在无法形容。

　　如果执着于所谓的"生"，并贪享于一个个的"乐"，则猝然而逝与悲怀难释就是一个不能或不愿接受的事实，而为情感所苦的寿命之短也可能会死死地将活人折磨得够呛。事实上，序文第二段不就鲜明地揭示出了这种"极视听之娱"之后必然出现的无法释怀的痛苦吗？所以说到"古今同契"时，序文说："后之视今，亦犹今之视昔，悲夫！"这种认识是如此之深沉，故而特增"悲夫"（即"感慨啊"）二字来显示。在这一深沉的意绪里，由悲慨之深亦可照见当日所遇所感快乐之甚。确实，此次修禊、游观的兰亭诗会感人至深，永值铭记。而这种万千感慨，又非"悲"不深：以相反相成予以揭示，正体现了王羲之深刻的用心。当然，将伤痛感说得如此之甚，还是意在引出"推理"，唯有它，才能最终平复内心，抚慰伤痛，引导人情，使气泰志熙。的确，说服变化不居的情感顺服归化的最有力最有效的办法便是"推理"。面对瞬息之变，诗人希望用"推理"来消解人世的聚散、寿夭等所带来的失落与伤痛。只有尊崇义理至于解悟大道，生命才进入"不忧不惧"（或陶潜所谓"纵浪大化中，不喜亦不惧"）的状态。因而，王羲之说："固知一死生为虚诞，齐彭殇为妄作！"固，这里通"胡"，作"何，何故"解（《庄子·天地》："夫明白入素，无为复朴，体性抱神，以游世俗之间者，汝将固惊邪？"俞樾曰："固读为胡。

胡、固皆从古声，故得通用。"详见郭庆藩撰、王孝鱼点校《庄子集释》，中华书局 1985 年版，第 438 页）。在这里，作者以反诘驳斥将"死生一体化"视为荒诞无稽的认识，也排斥将"厚彭薄殇"作为有稽之谈的庸见。这种"以道证人"的方法，所谓"物我一体""古今一契"以及"生死寿夭一体"都在庄子的自然之道里获得了发现和诠释。

当然，《兰亭集序》中的乐享并非起于欲望驱动的享乐主义追求，而是作者感于时会的"欣然所遇"，因而这份快乐既属意外，又在情理之中。为保持与享乐主义的距离，作者与 40 余位同好，因地制宜，引湍流觞，山水清音，列坐饮咏，做足了天然与人文的妙巧功课，是简素的心灵之间的交流，是身心自由放旷后的精神上的愉悦，是任其所遇的逍遥嘉会。不过，基于人性的弱点与先天的局限，其内心又滋生莫大的悲慨，显示了作者强烈的生命意识。而这同样是其"以道证人"路径上的不可或缺的环节。至于其悲喜的双重感知，又构成巨大的心理张力，又顺理成章地为悟道、证道搭建自然的进阶。

需要说明的是，如果不正视生命体内互对且长消的忧喜情感这个实质并以理慰情、晓以大道，似乎难以让其时其人安立于世，甚或超然置身于乱世。因为晋室东渡以后，以及永和九年（353 年）前后，国家和世界局势一直不容乐观，内部权臣一波波争斗，外部敌对势力寇犯无已，都使得政权内外交困，让王羲之等一大批朝臣忧心不已，因此特别需要办法来安顿心魂，坦然互对，平然应世。而老庄哲学和道教，更是在此时成了这些偏安江南的政权支撑者们的保心丸。

这与唐宋以后，国家政治屡屡危机之时所泛起的激烈的儒统观念很是不同。经过汉末、魏晋的社会动荡，儒家的治统受到动摇，而黄老包括老庄观念的兴起，反而给严酷的政治思想松了绑。由此形成了新的政治风习："玄学与儒学一道被尊奉为官方思想，总体上形成了'外儒内道'的统治思想结构：'引道家之弘旨，会世教之适当''夷淡以约其心，体仁以流其惠'。在这样的社会及思想文化背景下，'出处两可'之风自是程度不同地体现在士人身上。"（徐斌、徐一之《王羲之退隐金庭的心路历程》，

《浙江工商大学学报》2006年第6期）由此又形成了鲜明的政治特征，即"企慕隐逸、崇尚玄谈"，"其时士流，即便心缠机务，也多虚述人外"，表现为"在政治领域中渗透了浓厚的玄学理念"，"多推崇无为、简淡之政而鄙弃事功"。（李翰《兰亭文会与玄学家的政治姿态》，《文学遗产》2008年第3期）史传评价王羲之，即说"政以道胜宽和为本，力争武功，作非所当"云云（唐房玄龄等撰《晋书》第2095页）。当然，即使是士人们寄情山水，托意玄谈，也并非表明他们就真的与国家政治脱离，只不过"保持个人空间自由，避开违心之事""专心致志于文化追求，以文化成就和文化影响继续落实道统引导政统之理想"（《王羲之退隐金庭的心路历程》）罢了。

对于王羲之来说，是越过了汉末僵化的名教，也越过了法家的刑名法术，来到了这个中央政权权威受到极大削弱的东晋时代，帝室需要获得他们王、谢等士族的支持，甚至要与之"共治"（所谓"王与马，共天下"）才能维持统治的局面。对于很多士人来说，谈玄论道，放达情怀自是一条通达之路，而对王羲之来说，如何支撑政局自然别具意味。他是那个时代的清流名士，在士林有很大的影响，以研讨、讲说庄子著作知名。在他的周围，聚集了一大批庄学爱好者，像和尚支遁、名士谢安、隐士许迈等，以及有共同爱好的子侄、亲朋和同僚等。而与之不违的是，他们投身于宗教的热情，一点也没有减弱，甚至并行而不悖。此时道教中的五斗米教、太平道等市场很大，王羲之等很多上流社会都积极参与，由此形成网络广大的政教力量，共同维护岌岌可危的东晋政权。

而细心的读者也不难发现序文中一个颇有意思的现象，即作品处处闪烁着"齐契""同契"之光。一者作者在前文写春游、修禊及游目骋怀之乐，是群贤而聚，是"同人"于宗，"同志"于会。对此，《晋书·王羲之传》在引述这篇名序之前，亦不讳言地说："会稽有佳山水，名士多居之，谢安未仕时亦居焉。孙绰、李充、许询、支遁等皆以文义冠世，并筑室东土，与羲之同好。尝与同志宴集于会稽山阴之兰亭，羲之自为之序以申其志。"（唐房玄龄等撰《晋书》第2098—2099页）显然，这篇序表达的并非个人私见，而是"同志"（志趣相同者）的声音：雅好山水，同饮共赋（诗），共研老庄，共道志趣。二者在序文中，作者将自己的体会和前人进行比较，说"每览昔人兴感之由，若合一契"，不存在什么差异，几乎完全一致，即所谓"人同此心，心同此感"。后文"后之视今，亦犹今之视昔"，以及文末的"虽世殊事异，所以兴怀，其致一也"，以及"后之览者，亦将有感于斯文"，都基于同样的认识。三者，作者在悲慨之余以反诘"推理"（"固知"云云），只是短短一两句点化，却激活了满盘棋，让人在庄子《齐物论》"天地与我并生，而万物与我为一"（说明：在道家看来，宇宙万物背后有超然的超越空间和时间存在的"本体"，无处不在，人包括"我"亦是其化身；尽管一个个表象的人看似不同，但在本体意义上，是与天地万物一体存在的）中感悟共时、历时，巡视今、昔、后，并体悟其乐悲有在、情感不灭、思想不灭、人事不废和道心永在。而这，与《周易》"同人卦"的"同人和同"之念，竟也有着惊人的一致性。那么，这大概就是这篇诗序忽隐忽现的政治意识吧。这，当然也是序文的意旨。

【附注】有关"内容提要"如下：

本文从《兰亭集序》文本结构入手，细析通常解释不能周延的关键语句（"每览昔人……齐彭殇为妄作"），发现问题所在。再引析《兰亭诗》，稍申老庄义涵，厘清作者意图（"淡化利害""消除歧见""不执于物""简适心怀""依顺自然"等），作"证文""补文"之基。再回到序文，从相关语句（"固知"两句）内在矛盾入手，深入解读"乐""悲"诸元，揭示"乐"为"悲"因，"悲"为"理（道）"导，得出"以理慰情"之必然。最后结合时代背景，揭示序文"导引人情，舒旷襟怀，凝聚同人"之旨意。

注：本文发表于《名作欣赏（上）》2020 年第 12 期。

《归去来兮辞序》解读
——陶渊明亲情、家传、时运及人生决断综理

陶渊明的《归去来兮辞序》，文字并不长，要想透彻理解，似乎并不太容易。下面是这篇"序"：

> 余家贫，耕植不足以自给。幼稚盈室，缾无储粟，生生所资，未见其术。亲故多劝余为长吏，脱然有怀，求之靡途。会有四方之事，诸侯以惠爱为德，家叔以余贫苦，遂见用于小邑，于时风波未静，心惮远役，彭泽去家百里，公田之利，足以为酒，故便求之。及少日，眷然有归欤之情。何则？质性自然，非矫厉所得。饥冻虽切，违己交病。尝从人事，皆口腹自役。于是怅然慷慨，深愧平生之志。犹望一稔，当敛裳宵逝。寻程氏妹丧于武昌，情在骏奔，自免去职。仲秋至冬，在官八十余日。因事顺心，命篇曰《归去来兮》。乙巳岁十一月也。

从"序"文可以看出陶氏因家道贫困而出仕为官，还出于时局动荡以远祸、听从家族安排而就近任彭泽令，但到底是"眷然有归""违己交病"，何况还有"平生之志"在，所以最后还是辞官回家。只不过原来还想等一季稻谷成熟再离开。从行文上看，假如没有特殊情况，作者将按照自己的打算在大半年后（也就是等谷物酿造成酒之后），再彻底离开彭泽县任。只是"程氏妹丧"事发突然，陶氏的"归欤"之情骤然增加，于是所谓"情在骏奔"（即还家的心情变得特别急切），甚至感到彭泽县任一天

都待不下去。这看似无法自控的"情急"，好像是诗人极不冷静之举，其实不然。我们看，他甚至将"去职"形容为"自免"，即有所谓"自求避祸""自求解脱"的意思，可见任职彭泽对他来说，是何等的不堪和不愿。从文本看，似乎还含着这么一层，即妹妹去世的打击，让原本势单力弱的作者深感"若继续待在公职，就保不定家人还要发生不幸"。可能正是心怀此想，他才将"去职"行为拟之"远祸"，于是痛下决心，一定要赶紧辞职，并且越快越好。

为更好地说明问题，我们还是联系一年半后，也就是义熙三年（407年）五月甲辰（初六日），作者所撰写并祭读的《祭程氏妹文》。该文可以让读者约略地知道一些内情。在这篇祭文中，陶渊明列举了他的庶母（也就是同父妹妹的生母）过早离世对家庭的影响："慈妣早世，时尚孺婴。我年二六，尔才九龄。爰从靡识，抚髫相成。"继而又谈到自己生母的去世，说"昔在江陵，重罹天罚"，以至于"伊我与尔，百哀是切"。无论是对作者还是他的妹妹，嫡母（即陶渊明的生母）辞世的打击都不小，以至于在晋隆安五年（公元401年）七月，他辞去了在桓玄手下的任职，从江陵（今湖北江陵县）回到自己家中进行守丧。当然，这也是合乎当时社会伦理要求的做法。

而在这篇著名的祭文里，陶渊明还褒扬了妹妹的为人，伤痛于她的早逝，他甚至因为情难禁而要指斥上天的不公，说："我闻为善，庆自己蹈。彼苍何偏，而不斯报！"于是最为朴素的福祸信仰——《周易·坤·文言》的"积善之家必有余庆，积不善之家必有余殃"，在此一时好像都彻底轰毁了。可见他内恸之深。当然，在这种深恸里，在陶氏指斥上天不公之外，应当还含有深深自责的意味。对于上天的责罚，除了"感惟崩号，兴言泣血"，又实在别无他策。作者回忆不几年前嫡母的辞世，用了"天罚"一词，想必是自己的行为影响到家族亲人的幸福，故而导致上天的惩罚。而唯一的妹妹又溘然而逝，可能让他感觉其间一定存在着什么可怕的逻辑关联。越是如是想，越令他感到痛苦。也许正是这一点，促使他第二次做出相似的举动：突然而激烈地，顿然毅然决然地中止了自己的官任。从此，他再也没有出仕。由此可见，此次辞职的举动绝非起于一时的冲动。

对陶渊明来说，为官与去职，其实都是非常矛盾和两难的选择。为官虽然违背己志，但起码可以解决家人的温饱，并且还可以为自己以后的隐居存些积余；但是，为官却"违己交病"，并且也疏于对家人的照顾和陪伴。于是我们看到，除了辞世较早的庶母外，陶渊明一旦就职，却在短短四年时间内接连痛失母亲和妹妹，这使得心灵敏感的他感到，为官的行为好像真是上天对他的"惩罚"。于是，在最终的去就之间，还像上一次那样，他毅然决然地选择了离开。

然而，还须追问的是，何谓"天罚"？为何屡屡要向陶渊明发出严厉的警告？这可能还要联系一些具体的社会历史因素，才能揭示一段极为隐秘的情因。

钱志熙先生说，在陶渊明的诗文里，虽然没有见到像左思、鲍照那样经常抒发寒素不平之怀，但在《命子》诗等作品里，他勾勒了从帝尧陶唐氏以降至于他的父亲这一条生命之链，与其说是血统的认定，还不如说是精神的承续和呼应。他从这条生命链上呼唤家族的两种精神和人格的传统，一是乘时而起，忠君勤王，建功立业；一是保德归隐，全身远祸。二者转换的关键，则要看时运如何。（见钱志熙《陶渊明传》之"二、门第与身份"部分，中华书局 2012 年版）

当然，对于陶渊明来说，家族所看得见的外在，还是起于军功。曾祖父陶侃，曾都督八州、刺史二州，位极太尉，受封长沙郡公，甚至有兴废帝基之力。也可能是深感物极必反之道，他最后还是"功遂辞归，临宠不忒"（见《命子》诗），表现出了惊人的高风。事实上，虽然有搅动兴废的风云之力，但也要冒犯极大的险情。然而，陶侃在生命最后关头虽然紧急刹车，但身居高位积累下来的风险还是显现了出来。史载陶侃刚死，军事位置即被权臣庾亮取代，而后者随即奏废陶侃之子爵位继承人陶夏，又杀其另子陶称，由是陶族的大厦轰然倒塌，而根基也荡然不存，再想从社会崛起，就得重新起势。于是，只有另一条"精神传统"（即所谓"保德归隐，全身远祸"）被相互递传下去。故而我们见到陶渊明的祖、父，或"直方二台，惠和千里"或"淡焉虚止""冥兹愠喜"（见《命子》诗），除了所谓正直和本分，还有恬淡无为，以及于官得失无愠喜的思想和情怀，可以张扬于纸面之上。当然，凡此种种的背后，还应当存有一份无时不在的忧患。而这一点，在陶渊明的外祖父孟嘉身上，也表现得非常明显。陶在《晋故征西大将军长史孟府君传》一文里写道："行不苟合，言无夸矜，未尝有喜愠之容。好酣饮，逾多不乱，至于任怀得意，融然远寄，傍若无人。"可以说，福祸无常，内敛、约束确实是一个保险的做法。由此可知，陶氏所传下的家风，就这样深刻地影响了陶渊明一生的走向。

当然，对陶渊明来说，作出家族传承的第二种选择，也是"时也命也"。因为他所生活的时代，一直是一个战乱频仍、动荡不宁的时代。在他出生之前，统治阶级内部争权夺利、世庶族之间矛盾不断，322 年爆发王敦之乱，327 年爆发苏峻之乱，而 20 余年后又有割据荆州的桓温做大，伺机谋反，以及逼禅等。待陶渊明出生后，国家于淝水之战打败了前秦，并收复了北方一些州县，让人看到了中兴的希望。但谢安去世，司马道子父子把持朝政，帝室和世族之间的矛盾进一步加深，398 年发生王恭之乱，次年又爆发孙恩之乱，波及七郡县。403 年桓玄篡夺政权，随后刘裕崛起，最终于 420 年代晋称帝。可以说，东晋政权偏安江南，地域狭小，不断有权臣做大，又与周边民族发生尖锐性对抗，在这样的情势下，民不聊生，士大夫们想有所作为的空间极小，于是，其厌生隐居的思想就极大地发展起来。

就在桓玄于建康诛杀大臣、自居相位而震动朝野的时候，作为其曾经的部下陶渊明，则在这一年的春天开始了自己的躬耕生活。而这一时候，他对于历史上的长沮、桀溺、荷蓧丈人等避世的隐士也有了更多的体识，并且对于耕种本身，也超越了孔子（鄙视耕种）的做法，而以为都是圣王虞舜等所为。（转引自廖仲安《陶渊明》，上海古籍出版社 1979 年版，第 15 页）403 年冬天，桓玄篡夺政权，而其时，陶渊明则与自己的堂弟一道相互勉励，在贫困交加的躬耕中相互支持，表现出了一种高傲的遗世之

情。（廖仲安《陶渊明》第 16—17 页）

但政局在 404 年发生了变化，刘裕在京口起兵，驱赶了桓玄，并整顿百官。在这个时候，对时局寄以希望的陶渊明，再一次走进了他的幕府。然而，陶渐渐发现这个与自己的曾祖父作风貌似的人，其实作派与心性都差异很大。种种黑暗的现象，让他离开了刘裕，旋又做了江州刺史刘敬宣的参军，后来又随刘的去职而离职回家。而在这年秋天，他因为家庭的生计又做了彭泽县令。（廖仲安《陶渊明》第 17—21 页）最终可能因为看清了局势的复杂性，而对于公职并无多少依恋。

从以上可知，无论是 401 年亲生母亲的去世，还是 405 年亲妹妹的去世，表面上看，似乎皆是上天对他的惩罚，但其背后都有着更为复杂的社会情因。又比如，一个真实的情形是，他逐渐发现所投靠的对象，无论是桓玄还是刘裕，都是勇于掀起社会惊涛骇浪的一世枭雄，这让他深感威胁和恐惧。这与他的家族信条是严重不符的。与其宦海沉浮，莫若抽身而退，越早越好。

当然，我们在作严肃的判断时，对陶渊明之父的情感和态度一定要特别注意。陶父，陶渊明集内阙如，仅仅《南史》提及一笔（谓"陶茂"者），但缺乏有力的史料佐证。尽管如此，在魏晋六朝重门第、重忌讳的时代，陶渊明很可能表现出对这位影子父亲尤其是其"淡焉虚止""冥兹愠喜"的遵从。表面上看，是外祖父孟嘉深刻地影响到陶渊明，但真正让他终生恭行的，应该还是他的讳莫如深而为人不知的父亲。《南史》记载陶渊明，很注意将他的精神风貌展示出来，如"少有高趣，宅边有五柳树"，并借着其《五柳先生传》将一个"忧道不忧贫""忘怀得失"，以及"好读书，不求甚解"，"性嗜酒"，"期在必醉"的酒脱高士，写得活灵活现。虽然他的家族根系仍然庞大，家庭较之他族在社会上还算较有地位，但因乃父过早地"与世相违"，又因"亲老家贫"（并见《南史·陶潜传》，中华书局 1975 年版，第 1856—1857 页），他不得不于 29 岁才硬着头皮出来做些小官，以接济补贴家用开支。但最终还是因"违己交病"而去职。有不少权贵后来还是趁机想结交他，并慷慨给予他生活接济，而其时年届 60

余、卧病在床、贫病交加的他，还是坚决而果断地予以拒绝。这就是他的刚性性格。

然而，抽身而退，说说容易，真正做起来则何其困难。既要让权贵们不能生疑，又要做得风流体面，实在有赖于智商的决断和时机的把握。而恰在此时，亲妹妹（即"程氏妹"）的过世，让诗人看到了机会，他的去职甚至变得有些急不可耐。但这种做法，显然不合当时的礼制。此前，陶渊明因母亲过世而辞官丁忧，没有任何问题，但因妹妹的去世而奔丧、辞官，则典出何处？虽然将为官视为不祥之举，可以掩人耳目，但还不具备充分的社会说服力。宋人洪迈也看出这里的玄机所在，他在《容斋随笔》中摘引《归去来兮辞序》至于"自免去职……在官八十余日"，然后议论道："观其语意，乃以妹丧而去，不缘督邮。所谓矫厉、违己之说，疑必有所属，不欲尽言之耳！词中正喜还家之乐，略不及武昌，自可见也。"（详见《容斋随笔·容斋五笔·卷一第 17 则》，中华书局 2005 年版）

说"所谓矫厉、违己之说，疑必有所属，不欲尽言之耳"，是点到明处；但说"观其语意，乃以妹丧而去，不缘督邮"，则有文本审读不细之嫌。显然，《归去来兮辞序》结尾还有"因事顺心"云云。何谓"因事顺心"？洪氏以"词中正喜还家之乐，略不及武昌，自可见也"一带而过，而将"还家"视为"因事"之"事"，显然有欠考虑。其实，此"事"正是针对"督邮事件"而言。恰在此希望借机离开的时候，出现了督邮事件。这就是萧统《陶渊明传》并《宋书·陶潜传》《晋书·陶潜传》所载陶渊明不理会郡督邮巡县而"解绶去职"之事。与其说是督邮权力熏炽，莫若说是陶氏"借鸡生蛋"或"借题发挥"而已。后世在"督邮"行权之坏上大做文章，实属读者们过分行权。不肯折腰拜迎，以清高对抗"乡里小儿"督邮借巡查而表现出的气焰熏炽，确实是一件非常文雅而解气的士举，而视线和辞官的原因都成功地获得了转移。

在这方面，今人胡不归先生也借引《容斋随笔》有关论述，说："渊明辞官之原因，本传曰耻束带见督邮，《归去来兮辞序》则曰因附程氏妹葬。愚谓二者皆是也。渊明耻见督邮，不宜自言，故托辞于武昌耳。"（胡不归《读陶渊明集札记》，华东师范大学出版社 2007 年版，第 43 页）可谓透析文本之奥。

需要指出的是，陶氏这篇序文，写得一波三折，让后世的读者误解重重。比如，前面所说的"因事顺心"。还比如说，所谓"情在骏奔"，理解也易产生歧义。不少人以为是"一心急着去吊丧的心情像骏马奔驰一样急迫"，进而又以为既然前去武昌奔丧，却又带着辞官还乡的快乐情绪，明显不协调啊。于是，有人居然又得出陶渊明所谓"不近人情"的结论。显然，研究是愈走愈偏了。还有论者（如耿宝强《畏罪潜逃：陶渊明辞官新解读》），甚至颇费心力地进行一番仔细的"考证"，以为陶氏"其实并没有前去奔丧"，是"欺骗世人"；接着，又对这篇"序"大做文章，以为陶渊明治理没有什么政绩，且做彭泽令全家人跟着吃饱饭，而无故弃官而去注定还有私肥潜逃的嫌疑。（详见《阅读与写作》2003 年第 4 期）议论虽悚，却未免浇薄古人，为一般学者所不取。《容斋随笔》说得好："渊明在彭泽，悉令公田种秫，……其自序亦云'公田之利，足以为酒，故便求之'。犹望一稔而逝，然仲秋至冬，在官八十余日，即自免去职。所谓秫秔，盖未尝得颗粒到口也。悲夫！"（见《容斋随笔·容斋初笔·卷八第 5 则》）

其实，有不少都是研究者自误而已。古今有不少人以为"情在骏奔"指作者为妹妹奔丧，可奔丧并没有付诸行动。一是查无实据；二是奔丧的心情与本篇所抒发的激动和欣喜之情严重不谐，而人的情感也不可能骤然之间有大喜大悲的起落转换；三是假如此次已经奔丧，那么他在一年半之后所写的《祭程氏妹文》，就不可能表现得那么哀切。再如"自免"，有学者解释为"自动免职"，既如此，再后缀一个"去职"岂非多余？

【附注】有关"内容提要"如下：

本文通过对《祭程氏妹文》及陶渊明有关身世的梳理，认为《归去来兮辞序》除了述及为官原委，也解释了辞官急归的情实：程氏妹妹亡故，对于陶渊明的归欤之情来说，既是事实又是契机；而"序"所提及督邮事件，只是作者去官还乡的障眼法。当然，影响陶渊明最深刻的原因，还是家庭背景和时代局势的复杂性。

魏徵《谏太宗十思疏》主题论

魏徵在贞观年间先后上疏二百余道，《谏太宗十思疏》是他奏疏中的代表之作。在这篇文章中，他紧扣"思国之安者，必积其德义"这个在当时历史条件下安邦治国的重要思想作了非常精辟的论述，时至今日仍然闪烁着哲人智慧的光芒。此文论述富于哲理，吐词发乎深心，气势雄健，辩锋无向，是一篇精妙的宏文。

关于这篇奏疏，需要读者发明的地方很多，本文拟就其主旨阐发一些看法。

文章开篇自然引出的"思国之安者，必积其德义"，居一篇之要，紧扣一"思"字，显出全文之纲。"思""国之安"是目的，而"积其德义"则是手段，是途径，《古文观止》说"通篇只重一'思'字，却要从'德义'上看出"[《古文观止（下）》，中华书局 1982 年版，第 299 页]。为突出显示其意旨，行文按"之"字结构的思路，所谓一正一反一回，在"根""流"与"德"之间正反来回地论证；并在措辞的让步中使意旨又跃进一层，联系太宗的人君之位与所肩负的神圣使命的现实层面，从重要性角度谈"思国之安"，要思危，要戒奢以俭，使立论具有深刻的现实针对性。

继而，行文笔锋延"人君"续续游走，从历史的兴替出发，引古论今，总结"凡百元首""善始者实繁，克终者盖寡"等得失成败的经验与教训，并在进一步分析所造成的具体原因时，精辟地指出"在殷忧，必竭诚以待下；既得志，则纵情以傲物"，同时重墨揭示出二者在政治上所造成的截然不同的后果：或"吴越为一体"，或"骨肉为行路"。但总结与分析并非目的，作者是要为太宗敲响警钟："怨不在大，可畏惟人；载舟覆舟，所宜深慎。"此论又使本文的立论具有了历史的立体厚重感，其词锋之锐利此处一现。

首两段重在说理，语诚心长地道出了"为什么"要"思国之安者，必积其德义"的问题。接下来的"十思"可谓是对"思国之安者，必积其德义"这个具有哲学理论深度思想的方法论的具体诠释。而"十思"也因其"剀切深厚"（同上）更具实践功用。至此，行文的简构可表之如下：

主旨：思国之安者，必积其德义	为什么	重要性	人君权重位大，须居安思危，戒奢以俭
		必要性	历史教训，人君须警惕傲物的可怕后果
	怎么办	"十思"（五戒）	①（第一、二思）戒奢侈；②（第三、四思）戒骄傲；③（第五、六思）戒纵欲；④（第七、八思）戒轻人言；⑤（第九、十思）戒赏罚不公

注：其中"五戒"，据余国瑞《〈谏太宗十思疏〉试析》。[见《古典文学名篇赏析（续编）》，上海教育出版社1985年版]

但对文章的主题，又有"居安思危"或"居安思危，戒奢以俭"之说，如余国瑞《〈谏太宗十思疏〉试析》、于石《〈谏太宗十思疏〉赏析》（朱一清主编《古文观止鉴赏集评》）等都持此种观点。下面就来看看这种论述。

以余文为例，该文联系魏徵的出身和思想抱负，从他的"民本"思想出发；并联系初唐的时代特征，从太宗在贞观中后期逐渐显露出的"忘本"（忘记以民为本）、"忘危"（忘记隋亡的教训）的现实出发，以文章的第二自然段为蓝本来解释文章的主旨，因而极易导致把"居安思危"作为全文的主义。虽然从兴亡的教训中能寻出要"居安思危"的意思，但这本有多种解释的可能性；当然，受到具体语境的制约，准确的解释则往往唯一。试看吴兢《贞观政要》（上海古籍出版社版1999年版）卷二之"政体"中类似的一段文字：

贞观六年，太宗谓侍臣曰："看古今之帝王，有兴有衰，犹朝之有暮，皆为蔽其耳目，不知时政得失，忠正者不言，邪谄者日进，既不见过，所以至于灭亡。朕既在九重，不能尽见天下事，故布之卿等，以为朕之耳目。莫以天下无事，四海安宁，便不存意。可爱非君，可畏非民。天子者，有道则人推而为主，无道则人弃而不用，诚可畏也。"魏徵对曰："自古失国之主，皆为居安忘危，处治忘乱，所以不能长久。今陛下富有四海，内外清宴，能留心治道，常临深履薄，国家历数，自然灵长。臣闻古语云：'君，舟也。人，水也。水能载舟，亦能覆舟。'陛下以为可畏，诚如圣旨。"

这段文字也可牵强地理解为"居安思危"的意思；实际上它谈论的是有关"防壅蔽"的问题，只是魏徵把话题引申开来，而制造了在理解上的一点麻烦。

我们从以下的分析中还可知"居安思危"等说的不当。

1.这篇文章的结构也颇具特点，行文三段（古文原本不分段，但为解说的方便，姑且承认分段的形式），每段都是起笔于融情于理的陈述，落笔于对太宗的忠谏、警告与建议。而"居安思危"恰处于第一段落笔的位置上，因而"居安思危"并非第二段的要义。本段落笔于谈挽救"德衰"而"竭诚"的"积德义"的问题。"竭诚"在"积其德义"，而"傲物"就明显地背道而驰了；但"居安思危"并非本段所重，虽然语义上与之有联系。

2.适应骈文特点的需要，"居安思危"与"戒奢以俭"皆作"不念"的宾语，在朗读与意念中都是不能分开的。我们归纳行文的思想，不能断章取义，仅仅拣起"居安思危"而落下"戒奢以俭"不问。余文在处理这个问题时似乎颇感棘手与麻烦："'戒奢以俭'是'十思'的主要内容之一。但是如果说作者在第一段是用'戒奢以俭'来概括'十思'，说明怎样'居安思危'，那就是以偏概全，不合逻辑。魏徵的奏议一向以剀切见称，怎么会出现这样的漏洞呢？原来这是选文家误删造成的问题。《古文观止》和目前各种唐文选本，大都采用一种经过'删繁'后的《十思疏》，本文也是以此为据进行分析的。对照《贞观政要》《旧唐书·魏徵传》《全唐文》所载原文，在'戒奢以俭'后原有'德不处其厚，情不胜其欲'两句；在第二段'承天景命'之后原有'莫不殷忧而道著，功成而德衰'两句。联系第一段开头提出的'必积其德义'和第三段的'宏兹九德'，可见魏徵始终是以'积德'来概括说明应该怎样居安思危的。由此可见作者的思维是严密的，只是选文家作了不适当的删削。但是'戒奢以俭'毕竟是'积德'的一个重要内容，所以我们在分析时权且借用此原文同'居安思危'一起引来，说明文章的主旨。更准确地说这篇奏议的主旨应该是阐明了居安思危和积德戒奢的道理。"[《古典文学名篇赏析（续编）》第61页]

3. 从后文"十思"的内容看，不仅"戒奢以俭"不能周应这十项，就是"居安思危"也不能周应这些内容，如"戒骄傲"与"戒赏罚不公"等类就不能与之照应。而"思国之安者，必积其德义"却能囊括文中所有的要点。如"戒赏罚不公"，乃关乎"明德"，而"明德慎罚"（贞观十一年特进魏徵《明德慎罚疏》，见《贞观政要》卷八之"刑法"）。上面引用的余文中对"积德"的看法，也能说明问题。

4. 这篇文章在思想深度上有颇可称说的地方：其一是对自然与社会深刻的洞察与认识。围绕"木""流""德"，深刻地认识到它们之间的联系与共同点。（虽然从文章的修辞术看，说"木"及"流"属于比兴手法，不过是为谈"德"铺垫、作引；但据事类义，其敷衍而引申的意图还是比较明显的。——作者注）正是在这一层意义上，作者审视人君之位的重大，并重新审视了相当长时间内的历史事实，申明了"思国之安者，必积其德义"的重要与必要。其二是闪烁着深刻的辩证思维之光。成与败，安与危，积与毁，忧与豫，相辅相成，此消彼长，又可在一定条件下相互转化。明哲或智慧通达者可识锋机，可预事萌，并制御事理，运驭万物。而在具体的思想内涵上，"思国之安者，必积其德义"体现的是质量互变之理，"十思"就整体言之是对质、量、度的问题的深刻的认识与把握，体现了观点与措施的一致性。而"居安思危"体现的是对矛盾的转化但暗含着防微杜渐的思想，与质、量、度范畴略有不同。

为更好地理解课文，现将甄别选文，疏理辨析。中学课文与《古文观止》及目前各种唐文选本，大都采用经过删繁后的版本，感觉不甚理想，现将《贞观政要》卷一"君道"中魏徵这篇奏疏抄录于下（未被删除的原文在下面用"＿"表示，有所删改的则在括号内注出）：

臣闻求木之长者，必固其根本；欲流之远者，必浚其泉源；思国之安者，必积其德义。源不深而望流之远，根不固而求木之长，德不厚而思国之理（安），臣虽下愚，知其不可，而况于明哲乎！人君当神器之重，居域中之大，将崇极天之峻，永保无疆之休；不念居安思危，戒奢以俭，德不处其厚，情不胜其欲，斯亦伐根以求木茂，塞源而欲流长者也。

凡百元首，承天景命，莫不殷忧而道著，功成而德衰，有善始者实繁，克终者盖寡，岂取之易而守之难乎？昔取之而有余，今守之而不足，何也？夫（盖）在殷忧，必竭诚以待下；既得志，则纵情以傲物。竭诚则胡（吴）越为一体，傲物则骨肉为行路。虽董之以严刑，震之以威怒，终苟免而不怀仁，貌恭而不心服。怨不在大，可畏惟人，载舟覆舟，所宜深慎，奔车朽索，其可忽乎！

君人者，诚能见可欲则思知足以自戒，将有作则思知止以安人，念高危则思谦冲以而自牧，惧满溢则思三驱以为度，忧懈怠则思慎始而敬终，虑壅蔽则思虚心以纳下，想谗邪则思正身以黜恶，恩所加则思无因喜以谬赏，罚所及则思无因怒而滥刑。总此十思，宏兹九德，简能而任之，择善而从之，则智者尽其谋，勇者竭其力，仁者播其惠，信者效其终。文武并驰，君臣无事，可以尽豫游之乐，可以养松乔之寿，鸣琴垂拱，不言而化。（文武并用，垂拱而治，）何必劳神苦思，代下司职，役聪明之耳目，亏无为之大道也哉（代百司之职役哉）？

原文与现行课文相比可知：删除"莫不殷忧而道著，功成而德衰"等地方，文辞确乎简洁；而文章的儒道分野也较为模糊，不像"文武并驰，君臣无事，可以尽豫游之乐，可以养松乔之寿，鸣琴垂拱，不言而化"所尽言的那样。但行文的豪健气势则大打折扣，丰富的内涵也大为削弱，甚至有些地方会产生误解。

1.（德不厚而思国之）"理"被"安"所取代，表面看这只是一字之易，其实则有很大的区别。这里的"理"与开头的"思国之安者，必积其德义"中的"安"是一个意思，而与"居安思危"中的"安"的意思不同。前者是"安定""治理"的意思；后者则是"平安""安全"（的地方／环境／时候）的意思。这也有助于避免"居安思危"的误导。

2."不念"后面四句当一气读之，而在选义时切不可断章而取之。现将此句的句意层次划分如次：

人君当神器之重，‖‖③₁（并列）居域中之大，‖②₁（因果）将崇极天之峻，‖‖③₂（并列）永保无疆之休；｜①（转折）不念居安思危，‖‖‖④₁（并列）戒奢以俭，‖‖③₃（因果）德不处其厚，‖‖‖④₂（并列）情不胜其欲，‖②₂（假设）斯亦伐根以求木茂，‖‖③₄（并列）塞源而欲流长者也。

这里标明复句关系层次的用意在于检验行文的逻辑思路。删除"将崇极天之峻"等句后，文意却受到明显的损伤：只顾及行文在思路上的顿挫跌宕，却失之在内容上的正反比照，以至于本段相关的文字大大地少于第二段，形成了第一、二段内容在结构比例上的不平衡关系。在朗读上，也因失却原文低昂互节、六偶三顿、语势酣畅的特点而不甚顺畅起来。

3.删除"莫不殷忧而道著，功成而德衰"一句，不仅作者的语气，其反复陈述的用意都不能得到进一步的显示，还使得本段的文意变得非常难解，诚如前面所分析。

韩愈《师说》解诂

一

对于解构主义来说，文本解读，一般是从文本内部的矛盾和冲突入手的。其解读所关注的最明显的冲突形式，则是不对称的二元对立和带有价值判断的等级制。解读要做的工作，就是将这些文本中隐性的内容凸显出来。所谓隐性的内容，一般是指那些文字、起源、边缘性、补充、表征等大多为人所忽视而被遮蔽的领域。（转引自王先霈、胡亚敏等主编《文学批评导引》第七章"文本批评"第三节，高等教育出版社2005年版）

这种解读与我们通常所见到的解读颇为不同，它往往观察文本丰富的、相互之间抵触的"细微之处"和不同释义以及文本性的运动。它强调文本疑难的差异，关注为人忽视的细枝末节，把解读或批评重新引回到文本阐释上来。（同上）

韩愈的《师说》历来众说纷纭，争论很大。关于它的论点说法不一，或"古之学者必有师"，或"无贵无贱，无长无少，道之所存，师之所存也""师道之不传也久矣！欲人之无惑也难矣！""惑而不从师，其为惑也，终不解矣""圣人无常师"等。当然也有人甚至干脆取消所谓存在论点的说法。下面我们就试着运用解构的方法，来考察这一文本的有关结构及所要表达的蕴含。

二

　　韩愈作文忌讳平淡，所以叙述总要讲究妙趣横生、波澜起伏。古人有"韩潮欧澜"的提法，正说明韩愈与欧阳修的文章是极讲究文章的结构和笔法的。他们于行文，有时即便更动词语的次序也会达到非常之效果。比如韩愈《柳州罗池庙迎享送神歌辞》里的"春与猿吟兮秋鹤与飞"，要比"春与猿吟兮秋与鹤飞"显得古雅，它打乱了读者的阅读习惯，造成了时序的错位而形成了一种心理的波澜，带来了别样生新的审美愉悦。

　　韩愈不愧为文章高手，他恣肆的文笔总要显示他的独特性，一旦他寻到的结构，既符合行文需要又能切乎自然的律动，并合乎人们心中的节奏，便会在读者审美心理上制造出效应。清代林云铭感读《师说》时就说："其文错综变化，反复引证，似无段落可寻。一气读之，只觉意味无穷。"［林云铭《韩文起》卷一，转引自朱一清主编《古文观止鉴赏集评（第三卷）》第 172 页］在林云铭看来，韩文可玩味而不可言说，说明这种结构有时更带隐蔽性，它甚至不需要经过理性或逻辑的过滤而直观地呈现出来。当然，如果读者不经思虑，则会给他的阅读带来或正或反的影响。

　　韩愈是如何制造效应的呢？或者说，其文是如何"错综变化"的呢？以韩文《师说》为例，我以为，历来解释纷繁的原因不外有二：或文意的闪烁不定，或结构的不易把握。就这篇文章来说，结构对于行文的理解可能带有更根本的意义。

　　那么《师说》的结构是怎样的呢？在充分解构这一文本之前，我们不妨考虑这样几个问题：一是"师者"与"学者"关系怎样？二是"从师"与"耻师"关系如何？三是"古之学者"与"今之学者"关系如何？四是"传道""授业""解惑"之间的关系又怎样？

　　应当说这些关系都是《师说》题中应有之义。就第一个问题，从矛盾的对立统一看，"师者"与"学者"存在着矛盾冲突，又存在着对应和统合为一体的关系，而集中表现在"授""受"的关系上。在双方既矛盾又扭合的侧重上，行文显然焦点在"受"上，即在如何"解惑""闻道"与"从师"上。在这一层面上，"师者，所以传道受业解惑也"对应的结构形式，应当是"学者，所以闻道受业解惑也"。

以此类推，"从师"与"耻师"也构成一对矛盾（但其统合的关系比较隐蔽，姑且不论）。其施事应当是"古之学者"与"今之学者"，它们的分野正如《古文观止》所说是否"吾师道也"［二吴"《师说》总评"部分："通篇只是'吾师道也'一句。言触处皆师……"见《古文观止（下）》，中华书局 1982 年版，第 334 页］而这一点便成了"遗惑"与"解惑"的关纽。"闻道"则惑解，"不闻道"则惑遗。故而"（闻）道"与"（遗）惑"之间也顺理构成一对矛盾。此二者相辅相成，说此及彼，此消彼长，又可相互转化。

在"道—业—惑"这三者之中，"业"乃中介，业精则道显，业疏则惑遗。而这三者关系与另外的三者关系"师（授）—学业—生（受）"，时常又具有同一性。但李扶九、黄仁黼的《古文笔法百篇》不晓其要义，对"道"与"惑"之并提不明所在："此文于劈首即提明，下只发明'道'与'惑'，或只单言'道'，至篇末又以'道'与'业'言，又不言'惑'，此变化错综处。"（李扶九、黄仁黼《古文笔法百篇》，黄山书社 2002 年版，第 185 页）而继桐城衣钵的曾国藩显然也没有弄懂，他说："'传道'，谓修己治人之道；'授业'，谓古文六艺之业；'解惑'，谓解二者之惑。韩公一生学到好文，二者兼营，故我并言之。末幅云：'闻道有先后，术业有专攻……'仍作双收。"［曾国藩《求阙斋读书录》卷八，转引自朱一清主编《古文观止鉴赏集评（第三卷）》第 173 页］

了悟如此，则我们对韩愈行文的结构关系就有了一个比较清晰的认识。

其次，我以为就整体而言，《师说》的散文笔法，可以说是骈文的一个变体。因为在一个骈文已有几百年且仍处繁盛的时代，正如有人所指，倡导古文写作倒似乎是一种时髦。这种时髦虽远绍秦汉，但于时文骈文的关系又怎么能一刀两断呢？今天的读者可能对骈文的写法并无知识，但在前现代社会，甚至到了晚清，制作骈文的技艺并未销匿。著名学者蒋伯潜、蒋祖怡在《骈文与散文》中引评"骈文的写法"时说：

> 把这一部分的工作（造句）做完，第二步就着手组成一篇文章。他（陈其年）也说出了三种办法：一把造成的句子，用自己的主见来融会贯通，使得这些句子和题中的本事合而为一，务使句子的意思非常明朗。二即就融会好了的句子，再加语助辞或呼唤字来化成浑然的联语，使得引用的古事和今意并行而不悖。三把联语融成一段，由几段融为一篇，相互连串起来，使之有明确的语意而浑然不露出什么痕迹来，一篇好的骈文就此成功了。（蒋伯潜、蒋祖怡《骈文与散文》，上海书店出版社1997年版，第156页）

那么反而推之，韩愈的这篇"散文"则可以看成对骈文的反向增删。完全有理由认为韩愈作文之始也依顺这里所说的"骈文写法"三步法，然后再由骈至散，句式由对称而单奇，文意经删减而隐蔽，自然又可以形成波澜起伏、奇崛雄劲的文势。

现依照骈偶的"对称性"，以及前面所引出的诸多关系的辨析，对《师说》进行一定程度上的"结构性补足"：一是在首句后加上"今之学者亦必有师"；二是在"师者，所以传道受业解惑也"后加上"学者，所以闻道受业解惑也"；三是在"（今之众）人非生而知之者"前加上"古之圣人生而知之者，可以无惑矣"；四是在"吾师道也"前，加"吾非师师也"……其余不一一提及。于是，全文骈文大致的面目就相当清晰了：

> 古之学者必有师，今之学者亦必有师。师者，所以传道受业解惑也；学者，所以闻道受业解惑也。古之圣人生而知之者，可以无惑矣；今之众人非生而知之者，孰能无惑？今之众人惑而不从师，其为惑也，终不解矣；古之圣人无惑而从师，其为惑也，终不惑矣。
>
> 生乎吾前，其闻道也固先乎吾，吾从而师之；生乎吾后，其闻道也亦先乎吾，吾从而师之。吾非师师也，吾师道也，夫庸知其年之先后生于吾乎？是故无贵无贱，无长无少，道之所存，师之所存也。而必计乎其年先

后之生于吾也，必论其贵其贱，其长其少，如此，则道何以存乎？师何以存乎？

嗟乎！师道之不传也久矣！欲人之无惑也难矣！古之圣人，其出人也远矣，犹且从师而问焉，是故圣益圣。今之众人，其下圣人也亦远矣，而耻学于师，是故愚益愚。圣人之所以为圣，愚人之所以为愚，其皆出于此从师与耻师乎？

爱其子，择师而教之；于其身也，则耻师焉，惑矣。彼童子之师，授之书而习其句读者也，非吾所谓传其道解其惑者也。句读之不知，或师焉；惑之不解，或不焉：小学而大遗，吾未见其明也。

巫医乐师百工之人，不耻相师。是故无贵无贱，无长无少，则其师可以存乎，其道可以存乎。然士大夫之族，曰师曰弟子云者，则群聚而笑之。问之，则曰："彼与彼年相若也，道相似也，位卑则足羞，官盛则近谀。"如此必论其贵其贱，其长其少，则师何以存乎？道何以存乎？呜呼！师道之不复，可知矣。

巫医乐师百工之人，君子不齿，今其智乃反不能及，其可怪也欤！况圣人无常师。孔子师郯子、苌弘、师襄、老聃。郯子之徒，其贤不及孔子。孔子曰：三人行，则必有我师。是故弟子不必不如师，师不必贤于弟子，闻道有先后，术业有专攻，如是而已。

李氏子蟠，年十七，好古文，六艺经传皆通习之，不拘于时，学于余。余嘉其能行古道，作《师说》以贻之。

从补足后的文本结构看，韩愈作文运用的是"粘连耦合"的思路，走的是回旋往复的路数。

再来看化骈为散的效果。如原文首句"古之学者必有师"后没有接着"学者"如何，但文章却陡起波澜，论说"师者"如何，使文句精警动人。而改后行文的波澜与突兀由于平顺也就谈不上什么。这就是互文与错综及赋排修辞的妙用。而"爱其子"一节，几乎是未修改的骈文句法。其"句读之不知，惑之不解，或师焉，或否焉"的并提法，较之"句读之不知，或师焉；惑之不解，或不焉"，也显得佶屈聱牙，孤峭生新。再回过头来看看那些几经"删削"后的样式，果然行文波澜起伏，奇崛雄劲。这就是朱熹说韩愈的"只是要作文章，令人观赏而已"（朱子的评价，见《朱子语类》卷百三十七之"全无要学古人底意思"，《朱文公文集》卷七十四之"只是要作好文章，令人称赏而已"，《昌黎先生集考异》之"其平生用力深处，终不离乎文字言语之工"等。——作者注）的效果。

现在再按照补足后的文意，来看看有代表性的两种结构划分：

1. 通篇只是"吾师道也"一句。言触处皆师，无论长幼贵贱，惟人自择。因借时人不肯从师，历引童子、巫医、孔子喻之，而作此以倡后学。[吴楚材、吴调侯《古文观止》卷八，转引自朱一清主编《古文观止鉴赏集评（第三卷）》第 172 页]

2. 前起后收，中排三节，皆以轻重相形。初以圣与愚相形，圣且从师，况愚乎？次以子与身相形，子且择师，况身乎？末以巫医、乐师、百工与士大夫相形，巫医、乐师、百工且从师，况士大夫乎？公以提诲后学，亦可谓深切著明矣，而文法则自然而成者。[黄震《黄氏日钞》卷五十九，转引自朱一清主编《古文观止鉴赏集评（第三卷）》第 169 页]

前一种"历引童子、巫医、孔子喻之"，结构虽明，但因误把"师者，所以传道受业解惑也"当作"一篇大纲领"[见《古文观止（下）》第 333 页]而又坚持"总是欲李氏能自得师，不必谓公以师道自任"[见《古文观止（下）》第 334 页]的认识，所以只好把"吾师道也"当作文章的主义了。第二种把"圣与愚相形"简单地与"童子""巫医"并列，用清代浦起龙的话来说，却不知"'师道不传'，及'耻笑'等字，是着眼处"[浦起龙《古文眉诠》卷四十七，转引自朱一清主编《古文观止鉴赏集评（第三卷）》第 172—173 页]。

至此，我们可以谈谈韩愈这篇文章的结构、大意与论点了。

白居易《琵琶行》诗解读指要

——从十余年前一则典型课案说起

对于白居易《琵琶行》一诗，见过中学界课堂不少面目板一的诠释与操作，让人不免有太多的感慨。一般是对原诗作知识点切分或过场环节处理，诸如"音乐之美""名句赏析""仿句练习"以及所谓"知识拓展"之类，而将诗歌中滋味很浓的部分撇除了，结果一个活生生的诗歌文本只剩下一堆残枝败梗，即使所谓人文类教学，其底色依旧是工具论知识教学那一套。在我看来，如此教学，还是在诗歌教学的基本层面上出了问题。

《语文学习》杂志上登载过的一则备课案例《关于〈琵琶行〉》（作者郑逸农、吴根华，见《语文学习》2003 年第 9 期），在现在看来还颇具典型性。

该案例开列了一个具体的课堂运作过程：

怎样组织学生自读才更有效？笔者提供一种以诵读为途径、以领悟为目的的自读思路：先自读，初步感知；后研读，深入探究；再诵读，体会鉴赏；后背诵，积累语言；最后运用，仿照课文中音乐描写的方法，先听一段名曲，然后用语言形象地表现出来。

诚然，这一课案设计的容量不能说不大，内容也不能说不丰富，但稍稍细推不难发现，如此容量下的内容安排有一些差强人意，而另一些则问题多多。

应该说，除对原诗"小序"的设计出现一点小问题（所谓"总体了解全诗的感情基调和主题思想"）外，此设计的开头部分尚有可取之处。对诗歌原作有一个大致的了解是必需的，而其"体会鉴赏"所做的几件事，比如以为诗中的描写音乐，"把读者的视觉和听觉诉诸比喻，形象可感"，也还可取。至于将诗歌中的乐段描写分成三个部分（见《关于〈琵琶行〉》案例"教学导航"下第 4 点），"急切欢快—缓慢凝重—激越雄壮"，虽切分较粗，大抵还能接受。

而课堂涉及文本研读的问题一共有五个：

①诗一开始，就通过景物描写渲染了一种什么气氛？表达了诗人什么心情？（明确：渲染了一种萧瑟、凄凉的气氛，表达了诗人伤感、凄惨的心情。）②琵琶女年轻时过着怎样的生活？现在又过着怎样的生活？为什么会这样？（明确：年轻时过着无忧无虑的欢乐生活，京城的富家子弟争相献宠；如今却过着凄清孤寂的生活。因为那时的自己色艺双全，名噪教坊，如今却因年长色衰，又因身为商人的丈夫"重利轻别离"。）③琵琶女形象具有怎样的典型意义？琵琶女的遭遇反映了怎样的社会现实？（明确：琵琶女是生活在社会底层的一个被损害、被侮辱的女性，她的不幸反映了生活在那个时代的众多乐伎的不幸，反映了社会的势利与制度的不合理性。）④琵琶女倾诉自己的不幸身世为何能激起作者强烈的感情共鸣？（明确：因为"同是天涯沦落人"，具有相同的不幸遭遇。）⑤"江州司马青衫湿"，这湿衫之泪，有几重内涵？（明确：司马青衫之泪，既同情琵琶女的晚年沦落，也伤感自己的不幸遭贬。）

应当说，这五个问题及其解答，也只是粗线条对文本所进行的梳理。就其具体细节来说，第三个问题，对于琵琶女的认识显然是今人的看法而并非诗人白居易当年的认识，他不可能认为琵琶女是"生活在社会底层的一个被损害、被侮辱的女性"，也不可能怀疑到当时的社会制度存在问题。而第五个问题，以为"江州司马青衫湿"包含了"同情琵琶女的晚年沦落"，显然有些牵强。

在完成了"背诵"环节后，案例作者似乎认为文本理解的问题已经完成，便再也没有深入诗歌文本加以深化，却匆匆进行所谓"仿写训练"。其实，这一诗歌文本的研读几乎没有展开，是不是它"家喻户晓、妇孺皆知"、读读便知而无须讲析呢？非也。对这首诗来说，要做文本解读的事情还有很多。比如琵琶女弹奏音乐的细腻变化，琵琶女的复杂内心与克服内心矛盾的一系列动作，诗人于其中的心绪的变化等，都值得细细析味；还有，琵琶女的悲诉为何会牵动诗人的哀怨衷肠，琵琶女如何催生诗人自我意识的复苏，以及本诗的俗雅得当、婉转流利的艺术形式，叙事、写景与抒情和谐圆融的表达技艺等，都需要读者（课堂上的"师生"）细细地用情和用心加以体会。但在该案例的设计里均无有指涉。而这篇所谓颇具典型的课堂设计，说得直白点，就是仅仅满足于一些过场性介绍，然后，与所有能够见得到的课堂（及其课堂设计）一样，搞一种叫"知识拓展"的课堂练习——而此手段，充其量也只是走过场而已。

而所谓"仿写训练"的问题可能更加严重：

《琵琶行》对音乐的描写非常成功。……通过研读我们可以发现，作者一是运用比喻反复形容，形象地描绘出音乐的节奏和旋律；二是以情传声，将自己的倾听感受写进去；三是不但写有声，也写无声。请仿照作者的写法，找一首短的器乐曲，比如贺绿汀的《牧童短笛》，或大乐中的一章，如《春江花月夜》或《二泉映月》中的一章，听完后马上写，然后同桌交流讨论；接着重听一遍，听后重写。通过两次往复，力求使训练更加到位。

这部分文字，前半部分对诗歌音乐描写的揭示，还算比较到位。但后半部分提仿写要求，给人直观的感觉，好像是给音乐系的研究生授课，而不是给没有什么乐理常识的高中生上课。因为无论是贺绿汀的《牧童短笛》，还是《春江花月夜》或《二泉映月》，都是极有难度的作品，并不是课堂上不经专业性指导就能轻易地被学生所直接感知的。既如此，则课堂上茫然无知的"倾听"必定会一塌糊涂。

但事情还没有完，该案例后面还搞了一个"扩展阅读"：

听颖师弹琴 / 韩愈……

观刈麦 / 白居易……

阅读提示：这首诗是元和元年（806年）白居易任陕西周至县尉时写的。和《琵琶行》一样，诗中也写到了下层百姓特别是拣麦穗的贫妇人的形象，写到了自己所见所听之后的感想。请就这方面与《琵琶行》作比较阅读，说说它们的异与同，谈谈你的理解，写一篇四五百字的评论。

参考解说：……《琵琶行》塑造了遭遇不幸的琵琶歌女的形象，本诗则塑造了拣麦穗充饥的贫妇人的形象。同时，作为一名封建官员，他还对下层百姓寄予了极大的同情。《琵琶行》中，诗人听了琵琶歌女不幸身世的诉说之后，想起了自己的遭贬，于是勾起了对往事的回忆，感情的潮水奔涌而出，发出了"同是天涯沦落人，相逢何必曾相识"的叹息。当歌女再次弹起琵琶声时，诗人两眼汪汪，泪湿青衫。这泪水，既是对自己不幸遭贬的伤感，更是对琵琶歌女晚年沦落的深深同情。这首《观刈麦》，则不仅表现了诗人对下层百姓的同情，而且还写到了自己作为一名封建官员的反思，对自己不劳而获、年尽有余的愧疚和自责，……看来，白居易成为现实主义的一代大师不是偶然的，他有一种与生俱来的爱心与关怀。

概括来说，这一部分一是要求与韩愈的《听颖师弹琴》比较，以显示两诗"在音乐描写上"的异同点，二是要求与白居易的《观刈麦》比较，直指白氏的"现实主义情怀"。

先说第二点。《琵琶行》的主旨如果一定要说"既是对自己不幸遭贬的伤感，更是对琵琶歌女晚年沦落的深深同情"，则可能显得勉强，与白氏的原意有较大的距离。而该案例将《琵琶行》"与《观刈麦》比较"，用意在表现诗人白居易对"下层百姓寄予了极大的同情"及"封建官员的反思"，最终都落脚到白居易的"现实主义"上，可能也是一个误置。

《观刈麦》作为"现实主义"的杰作，自然没有问题；如果将《琵琶行》也揽入其中，则会引发麻烦。确实，在《与元九书》中，白居易提出了现实主义的文学理论，主张"文章合为时而著，歌诗合为事而作"，以起到"救济人病，裨补时阙"的作用。诗人早期的诗歌创作，如同情疾苦、指刺时病，确实有一个较强的印证。但需要注意的是，诗人本人是将《琵琶行》列入"感伤"类，并没有把它置于"讽喻""闲适"两类，即没有将所谓"兼济"之志、"独善"之义寄寓其中，而是"事物牵于外，情理动于内，随感遇而形于叹咏"，"或诱于一时一物，发于一笑一吟，率然成章，非平生所尚者，但以亲朋合散之际，取其释恨佐欢"。（以上相关引述，详见顾学颉校点《白居易集》，中华书局1999年版，第959—966页）虽然这一"牵"与"动"都受到现实世界的影响，而收入该类的《长恨歌》和《琵琶行》确实也有一些讽喻性内容，但总归在"有感而发"，所流露的情感、情性要率然、真切些，而没有"讽喻""闲适"两类明显甚至刻意的儒家"托寄"。

"现实主义"的《琵琶行》实际上是一种误置。"兼济"之志、"独善"之义不显，相反，正如乾隆所评："满腔迁谪之感，借商妇以发之，有同病相怜之意焉。比兴相纬，寄托遥深。其意微以显，其音哀以思，其辞丽以则。"又借明末清初学者唐汝询之口将情感寄托点白，说："此宦游不遂，因琵琶以托兴也。言当清秋明月之夜，闻琵琶哀怨之声，听商妇自叙之苦，以动我逐臣久客之怀。宜其泣下沾襟也。"（乾隆御选《唐宋诗醇》，中国三峡出版社1997年版，第467页）也就是说，诗歌的着力点并不像诗人其他的诗歌诸如《观刈麦》《卖炭翁》等所表现的"他者"主题，而是借"他者"来表达自己的"逐臣久客之怀"。由此可见，"现实主义"的旨归在教学上的偏差是很显然的。

再说第一点。且不说关注诗歌中的音乐描写并非本次诗歌学习的重点，单说韩愈这首《听颖师弹琴》的阅读难度，即使配上注释，要让学生完整地理解，还是有不小的困难，怎么轻易就进行两诗的比较呢？假如不需要缀以学习的铺垫，学生像阅读浅显的现代文，看看即懂，那么，在逻辑上连同白居易这首《琵琶行》，安排如此课堂学习环节与步骤，岂不是煞有介事、装模作样，而实属不必吗？再则，这首《琵琶行》里琵琶妙音究竟如何感受？可能也是一个很大的问题。

对于这首《琵琶行》，读者真能感受其中美妙的音乐吗？是不是随便找一段音乐，或者找一个音乐基础很好的学生进行演奏来感受感受，就可以加深理解呢？是不是一定要与其他有音乐描写的诗歌比较比较，便足以突显诗人所摹写的高超呢？……这些，在一定的教学情境中都是无妨的。但在这样做之前必须作一些澄清。这完全是基于下面复杂的情形。

还是回到案例。课堂从"仿写训练"开始似乎越走越偏。这里的问题是，简单比附、模仿的机理在哪里？很多教师在授课时，往往有这样的预设，似乎课堂上只要练习练习，即可使学生达到很高的理解程度，甚至与课文作者同一的高度。对此，我并不怀疑个别情形的存在。但是，在这里，课堂上能进行这样的音乐欣赏与仿写训练吗？换而言之，学生能够理解诸如《牧童短笛》《春江花月夜》或《二泉映月》这样曲调所深涵的意韵吗？如果答案是否定的，是不是可以说，教师在为课堂的阅读与理解制造干扰与混乱呢？

与此相关的另一个致命性的问题是，教师与学生能够理解诗歌里的音乐性吗？或者怎样做，才可以说是理解了诗歌所涉及的音乐呢？

应当说，不同门类的艺术之间，其实差异很大。文学不可能有音乐诉诸听觉的直接性，而语文课堂上所做的也非常有限。语文教师的专业做派只是对语言进行玩味，在语言里深涵文本的无限的丰富性。最为直白的，语文教师就是语文教师，他几乎不可能同时还是音乐等艺术指导老师。

《琵琶行》中所描写的"音乐"其实并不能直接被读者捕获，而需要一种想象、一种转化，需要通过另外的一种途径来解悟。在这一点上，艺术旨趣极高的傅雷先生，在给他儿子傅聪的一封谈及《长恨歌》与《琵琶行》的信件里，所涉及的一些解说与相关方法，则对目前课堂困境的缓解有帮助。他说：

上星期我替（傅）敏讲《长恨歌》与《琵琶行》，觉得大有妙处。白居易对音节与情绪的关系悟得很深。凡是转到伤感的地方，必定改用仄声韵。《琵琶行》中"大弦嘈嘈""小弦切切"一段，好比 staccato〔断音〕，像琵琶的声音极切〔急切、迫切〕；而"此时无声胜有声"的几句，等于一个长的 pause〔休止〕。"银瓶……水浆迸"两句，又是突然的 attack〔明确起音〕，声势雄壮。至于《长恨歌》，那气息的超脱，写情的不落凡俗，处处不脱帝皇的 nobleness〔雍容气派〕，更是千古奇笔。看的时候可以有几种不同的方法：一是分出段落看叙事的起伏转折；二是看情绪的忽悲忽喜，忽而沉潜，忽而飘逸；三是体会全诗音节与韵的变化。……（《傅雷家书》，北京三联书店 1981 年版，第 18—19 页）

傅雷先生音乐修养精深，他后面谈说《长恨歌》的三点读法，则完全适合于《琵琶行》有关音乐描写的部分。而具体到《琵琶行》，他举出了声韵的选择与情绪的关系，并敏锐地抓住了"白居易对音节与情绪的关系悟得很深"这一点，从形式着眼来进行一番讲解。他在诸如"断音""休止""明确起音"等处作了点拨，大致说明了音乐演奏的三个段落，至于演奏者或诗人情绪的变化，则是通过音乐演奏的快慢断续、高低起伏等变化而表现出来的。

现在不妨试着梳理一下诗人随音乐演奏的变化而伴随的情绪上的变化。

"嘈嘈""切切"的乐音虽然急切，但在诗人的感受却是"大珠小珠落玉盘"，心底留下的却是快意（断音，即跳音，节奏欢快而奔放）。而"间关莺语花底滑"与"幽咽泉流冰下难"仍然是听众幻化出的形象感受，而与之相对应的，既有音乐婉转流利时听者舒缓徜徉，也有音乐转入低沉缓慢时听者所感到的时间的久滞，这是音乐演奏与感受情绪同融的表达。接着是经过一段的休止，像是在沉思，又像是在聚集力量，也像是在调整姿态，总之，随后音乐再度迸发激昂的壮音"银瓶乍破水浆迸，铁骑突出刀枪鸣"，然后便戛然而止，听者的情绪于是不能平静而久久沉浸在音乐的氛围之中。等好久再回过神来，才知道周围是那么安静——两只行船静静地停在江面，风平浪止，澄明的亮月正印在江心里。这对白居易来说，这种感受就是"今夜闻君琵琶语，如听仙乐耳暂明"。

然而，这里的梳理还显得粗疏。究竟其契合度有多少，仍然需要根据白氏在诗歌中的暗示与他及他人在其他诗中的记述。当然，文学的表达手段是有限的，它只能是暗示，解会多少，则因人而异。不可否认，白居易很会享受当时种种歌舞，他是音乐鉴赏的高手。诗中说琵琶女"初为《霓裳》后《六幺》"，所弹奏的曲调应该是一个大致记述兼听感。《霓裳》即《霓裳羽衣曲》，为唐玄宗所作的道教献祭舞曲，其情景可能拟绘于月宫仙子数百素练宽衣飘舞的情形。白氏很多诗中多次提到，可见他对这支音乐的迷恋程度了。作于白氏晚年的《霓裳羽衣舞歌·和微之》诗，对此曲的结构和舞姿有细致的描绘（间引施蛰存《唐诗百话》，上海古籍出版社1988年版，第491—492页），其中"繁音急节十二遍，跳珠撼玉何铿铮。翔鸾舞了却收翅，唳鹤曲终长引声"（见顾学颉校点《白居易集》第459页），与"大弦嘈嘈如急雨""大珠小珠落玉盘"至"铁骑突出刀枪鸣"所写的则较为契合。

再看《六幺》，是流行于唐宋的著名软舞。其舞姿柔婉飘逸，节奏先舒缓，后渐加快。白居易《乐世》诗曰："管急弦繁拍渐稠，《绿腰》宛转曲终头。诚知《乐世》声声乐，老病人听未免愁。"并自注：《乐世》，一名《六幺》。（见顾学颉校点《白居易集》第810页）而同为唐人的李群玉，在其《长沙九日登东楼观舞二首》诗里对这种软舞也有比较完整的记述：

南国有佳人，轻盈绿腰舞。华筵九秋暮，飞袂拂云雨。翩如兰苕翠，宛如游龙举。越艳罢前溪，吴姬停白苎。

慢态不能穷，繁姿曲向终。低回莲破浪，凌乱雪萦风。堕珥时流盼，修裾欲朔空。唯愁捉不住，飞去逐惊鸿。（见《四部丛刊集部·李群玉诗集》，上海涵芬楼影印本）

从白诗以及李群玉诗"慢态不能穷，繁姿曲向终"的记述看，《琵琶行》里所描写的，还是以《霓裳》曲为主。不过，两曲的结尾都有惊人的相似，一是"唳鹤曲终长引声"，一是"唯愁捉不住，飞去逐惊鸿"。只是在《琵琶行》里稍有变化，为"银瓶乍破水浆迸，铁骑突出刀枪鸣"，可能因演奏的乐器不同罢了（《霓裳》曲原是"磬箫筝笛递相搀"，而到《琵琶行》则变成琵琶奏），但其与"鹤唳"在数学曲线描述上则没有太大的不一致。

当然，从诗人的描写来看，虽然有一些具体的流动的形象，但还是显得过于简略。然而，对于像白氏那样的深具音乐感知的人来说，由于谪居卧病，"浔阳地僻无音乐，终岁不闻丝竹声"，可能琵琶女的每一点的音乐提示，都会激起他一段甚至是一片甜美醰然的回忆。但对不知作者描绘为何物的人们来说，似乎获得的感受并不会多于我前面所作的梳理。所以这首诗歌流传到现在，后世的读者假如能寻得一点吉光片羽就已经不错了。至于在很多课堂上都存在过的，因为不知所以，而将这一段音乐附会为诗歌后面琵琶女所作身世倾诉的前奏，以至于将诗歌里的音乐描写与琵琶女的身世陈述做成了必然联系的铁律——这究竟与白氏隔膜很深了。比如有人就将整个音乐描写分成这样的四个部分：

"前奏曲"琵琶女孤凄出场低沉抑郁；"欢乐曲"回忆情深（大珠小珠落玉盘）唱出火红青春；"沉思曲"（幽咽泉流冰下难）命运使之陷入深深思考；"悲愤曲"（银瓶乍破水浆迸）表达对命运不平的抗诉。（引自卢郊《〈琵琶行〉的音乐描写》，《素质教育论坛·下半月》2008 年 3 期）

由于诗歌主要通过文字表情传意，它传达灵魂的声音只能诉诸形象；并通过可以体现声音的强弱、节奏等不同的连续的形象（或画面）来理解与记录音乐。而诗歌本身固有的韵律与节奏，又为这种记录提供了方便。所以阅读《琵琶行》，读者就可以通过形象感觉其情绪波动，来抓住诗人生命的颤动与感动了。而被一般所误解的"音乐美感"，其实不过是诗人波动的情绪而已。明了这一层，便可知一般在课堂上播放一段曲子，或是请人演奏，或进行仿写的误区所在了。

何人能揾英雄泪

——辛弃疾《水龙吟·登建康赏心亭》新解

楚天千里清秋，水随天去秋无际。遥岑远目，献愁供恨，玉簪螺髻。落日楼头，断鸿声里，江南游子。把吴钩看了，栏杆拍遍，无人会，登临意。

休说鲈鱼堪脍，尽西风、季鹰归未？求田问舍，怕应羞见，刘郎才气。可惜流年，忧愁风雨，树犹如此！倩何人唤取，红巾翠袖，揾英雄泪？（辛弃疾《水龙吟·登建康赏心亭》）

一

有一年我陪学校的一位老师去外地参加一个省级教学大赛，学校有关方面给我的任务是帮助他备一些课目；但我们并不确定所上的篇目，于是事前只好在宾馆里多作了些准备，其中就有后来没有上到的辛弃疾这首《水龙吟·登建康赏心亭》。这种赛课既要显示教师扎实的教学基本功，同时课堂还要出些彩，有一些教学的亮点。所以我当时就词里的一句话"倩何人唤取，红巾翠袖，揾英雄泪"，提出了这样一个问题：何人能揾英雄泪？

何人能揾英雄泪？不是明知故问吗？不就是词里提及的"红巾翠袖"，也就是陪酒演唱的歌女吗？我说，当然还不能这么说，因为照字面的意思是，"'请谁'去叫陪酒演唱的歌女来给词人揩泪呢"。而这个"请谁"则事关非常。又说，所请的应当还是一位美女，当然这是比喻了。那位老师后来还有一些老师似乎都有些吃惊，动问缘故，我说就是这首词前面提到的"玉簪螺髻"，就是美人啊。中唐韩愈有诗曰："江作青罗带，山如碧玉簪。"（《送桂州严大夫》）南宋张孝祥也说："江山好，青罗带，碧玉簪。"（《水调歌头·桂林集句》）所谓"青罗带"，是指女人穿着的青色丝衣带；所谓"碧玉簪"，是指女人头上所插的由碧玉制成的簪。这些都是以人拟物了，或喻水的曲折环绕，或喻山的苍翠挺拔，都显得秀美，都显得婀娜多姿，风情万种。

而螺髻，螺旋盘结的发髻，也就是形似螺壳的发髻。白居易《绣阿弥佛赞》曰："金身螺髻，玉毫绀目"。本为佛顶之髻，顶中梳单螺髻。这种发式在初唐时盛行于宫廷，后在士庶女子中也流行。玉簪螺髻，以美人为喻，皆是形容远山的秀美。具体到本词里，只有那一个个"献愁供恨"的美人才能够揩拭英雄的泪。而从词人"遥岑远目"来看，那些山峰当是指北方沦陷区的大好山河了。也就是说，唯有沦陷的大好山河被收复，词人才能收住他的"英雄泪"。那么，如此说来，本词的意思也就豁显了，词人为山河的沦落飘零而感伤落泪。当然，这还只是本词意思的一方面，还不够全面。

二

我们看词的正题目"登建康赏心亭"。所谓"赏心"者，心意欢乐，娱心悦志。能够赏心的地方，当然首先是地方风情必有可观者，另外就是地势较高，登高时可以壮浪心胸，排解烦忧。词中所说的"赏心亭"，是南宋建康城上的一座亭子。据《景定建康志》记载："赏心亭在（城西）下水门之城上，下临秦淮，尽观览之胜。"（《宋元方志丛刊·景定建康志卷二十二·城阙志三·亭轩》，中华书局1990年版，第1660页）所以这一天，当时身为江东安抚司参议官的辛弃疾，为了排解心中的忧愁，而拾级登亭，冀望在这里翘首远望，娱心悦志一番。我想，以自然排解忧愁，慰藉心灵，这是个初衷，并不过分。

当然，词人不像晚唐诗人杜牧，后者的《九日齐山登高》（"江涵秋影雁初飞，与客携壶上翠微。尘世难逢开口笑，菊花须插满头归。但将酩酊酬佳节，不用登临恨落晖。古往今来只如此，牛山何必独沾衣。"），所写的也是登高兴致之豪健，抒发了以旷达消解多忧的人生情怀。而本词与老杜的名诗《登高》一样，带有点"万方多难"的性质，虽然登临赏心不成，登高消愁愁更愁，内心的情致不增反减，以至于落下了心伤的泪。

我们看，词人于赏心亭上所见，深秋时节，楚天千里空阔，而江水连天，秋意无限。这眼前的一切，不能不说是气象阔大、景界壮观了。然而，偏偏在这个时候，词人举目远眺，就见那层层叠叠的远山，像一个个梳着螺形发髻、头插玉簪的美人，然而，她们又仿佛是含着无限的哀愁，一个个地都跑到词人跟前来"献愁供恨"，结果引发了词人无限的惆怅和愤懑。这眼前的景象，又何其触目惊心！

一想到自己为排解心中的烦忧，而竟然漠视了身肩的时代大任，词人的内心不禁又沉重起来了。"西北望长安，可怜无数山。"（辛弃疾《菩萨蛮·书江西造口壁》）他北望江淮前线，再望中原旧疆，多少如画的江山竟在沉沦，竟在幽咽啊！所以，到这里，越是秋色无边，越是秋高气爽，词人的目力所及越远，则其烦忧便越发沉重起来。

在这里，词人将江山幻化成一个个多情的美人，他用他的深情之笔与大好山河进行着最亲密的交流。在他的眼里，这山河是美艳绝伦的，凝眸含愁的，又如何割舍呢？词人真是个多情郎，向着这北方的山河——这一个个多情而旷世的美人抒发着款款的深情，表达着深深的歉意，以及拳拳的眷恋。读着这样的句子，让人感到，山河不再死寂而有了一层感动我们心灵的元素了。正因为多情，正因为指盼，尽管词人正在为自己的处境而烦恼，但是，面对这样的恋人，多情的情人，面对她们如此的苦痛，又如何能够赏心悦意呢？于是词人的内心便由登临时的壮阔转化为凝重深沉，他觉得他要担负起一种责任了。

而其实，这正是词人将他心中的烦闷向着江山的倾诉。而唯有眼前的山峦，那层层叠叠的峰峦才能知会他的心意与心灵。那一个个"玉簪螺髻"的"献愁供恨"，是理解，是体贴，同样是关心和慰藉，是在相同境遇下同是天涯沦落的有情人之间的"同病相怜"。唯有漂沦憔悴的山河能够理解他。而那一片"楚天千里清秋"，那一派"水随天去秋无际"，虽然在意境上造境壮阔，但到底因辽远而变得空疏，因无情而化为寂冷，终于让人茫茫无对了。

　　我们理解了词人此时的心境，方能了解此时词人在苍茫秋景之下的孤独与无助。一个阔大的景，横亘在他的眼前，而使他愈益感到威压。而他心中的那个如毒蛇一样死死纠缠不放的"功业"意识，越是在这样的情景之下，越能像发酵的烈酒，使他难以自持了。

　　确切地说，很少有古人能够逃脱这老秋的审视。"悲秋"为什么是中国古典文学里的一个说不完的主题呢？就因为秋一方面显示的是成熟，另一方面显露的是残败，无论是哪一方面，都会逼视着人，催促他去直面应对。而对那些建功立业抱负在身的人们来说，当下的失意，总意味着人生某种峻严之秋的意思。然而，秋天的到来，有着不以人的意志为转移的客观存在，而眼下的秋的到来是如此的猛烈，不能不撞击着迁客骚人们的脆弱的心灵。在这伟大的自然面前，文人总是悲怆的，无奈的，渺小的，可悲的。所以，他们不能不审问自己功业在哪里，人身在何处。所以，眼前这苍茫的景象里，究竟包含了多少时代与人生的悲辛！

　　以往论家论词，评说辛弃疾这首《水龙吟·登建康赏心亭》，只及其景界的壮阔的面，而不及其令人沉郁峻切的面，又怎能理解本词上阕所要表达的苍凉、悲咽的情思呢？

　　此身在何处？这是一种由物向己、由外向内的审问。由此词章由外景转向了词人对当下处境的一个描述。"落日楼头，断鸿声里，江南游子"，落日残阳里，冷冷的余晖映照在楼头，让人凄凉感伤；而暮霭沉沉，寒空里失群的孤雁传来阵阵哀鸣，又让人情何以堪？一个"江南游子"，道出了词人人在异地、身在异乡的寂寞和惆怅。而读者读词，又会感到词人仿佛就是那掉落凡尘的孤雁，由此更加牵动了人们尤其是时人对远在北方的故土的思念。"落日楼头，断鸿声里"，这一见一闻之间，通过日暮景色渲染出一种苍茫悲凉的气氛，又以有声有色的物象更进一层写出了词人的孤寂和悲苦。总之，楼头的落日，一声声一阵阵的雁啼，更增添了这个江南游子的愁怨。

当然，说"那失群的孤雁也正好是词人自身的写照"，自然是没有问题的；而如果说"那落日残照又恰好是面临覆灭的南宋王朝的反映"（引自许金榜《〈水龙吟〉赏析》，《辛弃疾词鉴赏》，齐鲁书社 1986 年版，第 29 页），可能就有问题了。因为词人还没有愤恨到要在词里去影射自己安身立命的家国的地步。（在此之前，宋孝宗乾道四年即公元 1168 年，辛弃疾任建康通判，当时南归已七年，他所作的《念奴娇·登建康赏心亭，呈史留守致道》"我来吊古，上危楼，赢得闲愁千斛。虎踞龙蟠何处是？只有兴亡满目。柳外斜阳，水边归鸟，陇上吹乔木。片帆西去，一声谁喷霜竹。却忆安石风流，东山岁晚，泪落哀筝曲。儿辈功名都付与，长日惟消棋局。宝镜难寻，碧云将暮，谁劝杯中绿？江头风怒，朝来波浪翻屋"，虽然吊古伤今，并没有今人所谓影射之意，也不过是英雄落寞、有武无用的凄伤与悲愤之类。而词人在南宋淳熙元年即 1174 年春所作的《菩萨蛮·金陵赏心亭为叶丞相赋》"青山欲共高人语，联翩万马来无数。烟雨却低回，望来终不来。人言头上发，总向愁中白。拍手笑沙鸥，一身都是愁"，亦是反映胸志不得奋张的抑郁。——作者注）"落日"或"日暮"作为一种传统文化意象，更多的是指向一个乡关之思，即所谓"日暮乡关何处是，烟波江上使人愁"（崔颢《黄鹤楼》）。对一个有着如此鲜明的爱国情怀的词人来说，他又怎能忍心去含沙射影呢？而南宋的灭亡还不是眼下词人所要考虑的，何况词人还要借助这首词来为自己表白、来澄清别人的误解呢。

词人要澄清和表白什么呢？我们来看"把吴钩看了，栏杆拍遍，无人会，登临意"这几句。应当说，词人感触处境，登上斯亭，怀思乡关，又倍觉"英雄无用武之地"，无人能够理解他的内心。他感慨万千。

所谓吴钩，本指古代吴地所造的一种弯形刀。《吴越春秋·阖闾内传》里说："阖闾即宝莫耶，复命于国中作金钩，令曰：'能为善钩者，赏之百金。'吴（今苏州一带）作钩者甚众。"（东汉赵晔撰、吴庆峰点校《吴越春秋》，齐鲁书社 2000 年版，第 29 页）后泛指锋利的刀剑。李贺亦有诗云："男儿何不带吴钩，收取关山五十州。请君暂上凌烟阁，若个书生万户侯。"（李贺《南园十三首·其五》）

　　尤其是这里"男儿何不带吴钩，收取关山五十州"，特别有气势，特别有气概，尤为瑰丽，尤为血性，一个好男儿就应当有如此浩浩之气。这两句曾经激励了多少志士仁人，每个驻足于前的人无不惊觉于这昂然之气。当然，"请君暂上凌烟阁，若个书生万户侯"，请君到凌烟阁上去看看那些功臣中封过万户侯的有哪一个是书生呢，也是没有错的，要拿出的当然是"燕颔虎颈，飞而食肉"的班超般的气概。对于词人辛弃疾来说，他也曾经有跃马山河、纵横驰骋的得意时，然而，现在意志被人消磨，被动的享乐又让自己不堪其废，"把吴钩看了"，他是多么想手持这锐利的武器，驰骋疆场、杀敌报国啊！但眼下，这武器却只能闲置在身旁，甚至只能作赏玩之具，这就把作者虽有沙场立功的雄心壮志，却英雄无用武之地的苦闷也烘托出来了。"栏杆拍遍"，可以见出词人的心情是非常激昂的，情绪是非常激烈的。正如闵泽平所说的："往日意气风发，今日衰老投闲，这辛酸的滋味肯定不太好受。一世豪杰，一位英雄，却偏偏生活在一个懦弱的时代；一位梗概多气、磊落轩昂的山东勇士，不得不寄居在妩媚的江南，将一身的豪气消磨殆尽：这究竟是怎样一种痛苦呢？"（闵泽平《唐宋才子的真实生活》，崇文书局 2008 年版，第 314 页）所以，词人满腔悲愤无处发泄，只能一遍一遍地、不断地拍击着栏杆来抒泄心中的悲哀了。

　　然而，颇具荒谬意味的是，词人这种心情却不被人所理解，尤其是那些对他心存避忌的朝臣们，他们还以为词人登山临水，逸兴满怀呢。不但词人要赴前线杀敌和报效国家的雄心壮志没有人理解，就连他此时登山临水以排愁遣恨的心情也无人能领会。前者进取，却被理解成冒万千生命于不顾的"以要名爵"；后者清介，又往往被理解成对眼前国事漠然而置之。

无奈半壁山河，朝廷主和，使志士不得其位，进不能思进，退不能自守。应当说，词人是非常难耐的。苏武说："征夫怀远路，游子恋故乡。"（《文选·古诗·苏子卿诗其四》）一"怀"一"恋"，这两种情感其实只是一枚硬币的两个面。要知道，这时词人自江北率领人马来到南宋已有十多年了，眼望着年复一年，残山剩水依旧，归期渺茫啊。所以，"无人会，登临意"，词人慨叹自己空有恢复中原的抱负，而南宋集团内很少有人是他的知音。

至此，词人基本表达了这样的意思："我"今来到赏心亭想排解一下内心的郁闷，不是来游山玩水、娱心悦志；而满目所见又让"我"伤心，北望大好河山沉沦，而"我"竟然无所作为，反而遭人不解，心情非常郁闷。

三

当然，对于起义南归的辛弃疾来说，要将自己完全融入南宋社会，又谈何容易！不仅要遭遇种种不解，还要经受种种猜忌。所以这首词在相当的意义上讲，是词人为自己的一个辩白和申诉。这在词的下阕，就表现得更为明显了。

词人自绍兴三十二年（1162年）由江北率领人马来到南宋，到他写作本词的淳熙元年（1174年），已有十余年了，却一直没有受到朝廷的重用。

当年南投被授承务郎，这个官职为文散官第二十五阶，从八品下。虽然因率领五十骑直趋山东袭入五万军中将叛徒张安国劫出金营，押解至建康斩首而名重一时，却被委任为江阴签判。这个所谓"签判"，就是京派判官，掌诸案文移事务。南归之初十年，辛弃疾斗志高昂、豪气干云，对于恢复大业充满信心与希望，他虽然官职低微，仍不断上书进献谋略。先后奏进《美芹十论》与《九议》，提出自治强国与用人的一系列具体规划和措施，充分显示出他的经邦济世的非凡才能。但是，他的意见得不到采纳，他的进取计谋也得不到同情与支持，而他也只是在江阴通判、建康府通判等任上，干些与前线抗敌无关轻重的文职事务。而后来的30年，或赋闲散居，或沉沦下僚，一腔忠愤，无处发泄，不得不"自诡放浪林泉，从老农学稼"（引自洪迈《稼轩记》），借歌词为陶写之具。以气节自负，以功业自许的"一世之豪"，被迫过着"宜醉宜游宜睡""管竹管山管水"（辛弃疾《西江月·万事云烟忽过》）的无聊生活。

有论者指出，那是因为他有着几种特殊的身份，使得朝廷对他不能信任：一是他是仕金官员的后代；二是他曾参加过农民义军；三是他是个意志坚决的主战派。

比如所谓"仕金官员的后代"，当年"靖康之难"（1127年）发生，他的祖父辛赞未能脱身南下。辛赞在做了金朝的朝散大夫后，还让14岁的辛弃疾参加了金人的乡举。后来辛赞又两次派辛弃疾跟随计吏赴燕京参加进士考试。而辛弃疾的岳父范邦彦也做了金朝的官，担任蔡州新息县令。至于"参加过农民起义军"问题，向来封建朝廷与民间的紧张无须多说，而所谓"意志坚决的主战派"，不就政治大局，单就整个统治集团的利益格局的划分来说，辛弃疾的抗战坚持自然会触犯当权者的利益，所以他遭遇种种忌讳便不足为怪。

当然，在受压抑、内心愤懑的情形下，难免会消极，会赋闲。而一消极赋闲又引发了一些人新的猜忌。比如，一种论调是，原以气节自负、功业自许的辛弃疾，现在把虎啸生风的英雄本色消磨于写句填词，弄花赏月，究竟想要干什么，该不会是做那个说"鲈鱼堪脍"，在西风声里悄悄回去的"明哲保身"的张翰吧？

对于张翰与"鲈鱼堪脍"，《晋书·文苑·张翰传》里说："齐王冏辟为大司马东曹掾。冏时执权，翰谓同郡顾荣曰：'天下纷纷，祸难未已。夫有四海之名者，求退良难。吾本山林间人，无望于时。子善以明防前，以智虑后。'荣执其手，怆然曰：'吾亦与子采南山蕨，饮三江水耳。'翰因见秋风起，乃思吴中菰菜、莼羹、鲈鱼脍，曰：'人生贵得适志，何能羁宦数千里以要名爵乎！'遂命驾而归。"原来张翰对时代失望，见时局动荡，所以提前效仿不食周粟而采蕨、薇以充饥的孤竹君之二子伯夷、叔齐，借口思念家乡味美的菰菜、莼羹、鲈鱼脍，弃职而去以适己任性。这就是王勃《滕王阁序》所谓"君子见机，达人知命"的道理。

但是，一些人用张翰的事来影射辛弃疾"失望于时代"，可能就带着恶毒的用意了。所以，词人说："休说鲈鱼堪脍，尽西风、季鹰归未？""我"回去了吗？"我"借口"鲈鱼堪脍"了吗？不要猜忌"我"现在消极、想伺机北逃，也不要猜忌"我"现在还没有"逃跑"，是所谓"羁宦数千里以要名爵"。"我"绝不做张翰临危而隐退，"我"是要抗战回家而耻于弃官归隐，是因为报国的壮志仍在心中。现在深秋时令又到了，大雁寻踪飞回旧地，而"我"这个漂泊江南的游子，尽管有万千的故园思念，也是不会偷偷地潜逃而回的。

其次，当时恐怕还有一种论调，就是辛弃疾到南方十余年了，并未见其置办田舍，究竟意欲何为。因为按照一般的情形，既然向南投入了国家（南宋）的怀抱，就应当在这里安身立命，岂有简单到连一点田产、房舍都不置办的道理呢？这恐怕是不想在这里长期待下去吧？所以词人这里便借"刘郎才气"来申辩。

本词中的"刘郎"，是指东汉末年的枭雄刘备。"求田问舍"就是买地置房，也就是安家落户。辛弃疾所用典故，见《三国志卷七·魏书七·陈登传》。传文说："许汜与刘备并在荆州牧刘表坐，表与备共论天下人。汜曰：陈元龙湖海之士，豪气不除。备谓表曰：许君论是非？表曰：欲言非，此君为善士，不宜虚言；欲言是，元龙名重天下。备问汜：君言豪，宁有事邪？汜曰：昔遭乱过下邳，见元龙，元龙无客主之意，久不相与语，自上大床卧，使客卧下床。备曰：君有国士之名，今天下大乱，帝主失色，望君忧国忘家，有救世之意，而求田问舍，言无可采，是元龙所讳也，何缘当与君语？如小人，欲卧百尺楼上，卧君于地，何但上下床之间邪？表大笑。备因言曰：若元龙文武胆志，当求之于古耳，造次难得比也。"许汜说陈登是湖海之士，身上有一股骄狂气，并且还以亲身经历的一次冷遇，来为自己辩解。而刘备不以为然，慷慨陈词，直斥许汜只知置办产业，谋求个人私利，而没有远大的志向。这当然说得许汜无地自容了。而对于刘备来说，他深知陈登为人，所以又非常感慨地说："像陈元龙这样文武兼备、有胆有志，只能在古时寻得，我怎能轻率随便地跟他相比呢？"

辛弃疾用这个典故，颇有以忧国忘家的"刘郎"自比的味道，同时表达这样两层意思：一在显示现在国家仍然处于危难的关头，需要每一个人的拯时救世，只知道置办房产田地、过自己的小日子是不道德的；二在揭露攻击他的那些人其实都是些宵小之辈，可能连"求田问舍"的许汜都不如，因为他孬好还被人称为"国士"。

在这一阕里，词人还引用了一个典故，桓温北伐、泫然流泪的故事，来为他自己作进一步的申辩。当然，词人为什么要说"可惜流年，忧愁风雨，树犹如此"呢？这当然还是与当时朝廷的势力集团对其态度有关。

桓温，东晋谯国龙亢（今安徽怀远西北）人。出身士族，相貌温伟，有奇骨，面有七星，当时左长史温峤称其为"真英物也"，永和名士、长于清言的刘惔称他"姿貌甚伟""眼如紫石棱，须作猬毛磔"（见《晋书·桓温传》）。18岁手刃杀父仇人而名声大振，步入仕途。长期控制荆州地区，曾经溯江而上剿灭盘踞在蜀地的"成汉"政权，三次出兵北伐，战功累累，建立了赫赫威名。只是晚年欲废帝自立，未果而死。

桓温"豪爽有风概"，有直干云霄的血性；同时还是个重感情、遵孝道、忠于朝廷的人。母亲病逝，他"上疏解职，欲送葬宛陵（今安徽宣城）"。第一次北伐时，"桓公北征经金城，见前为琅琊时种柳，皆已十围，慨然曰：'木犹如此，人何以堪！'攀枝执条，泫然流泪"（《世说新语·言语》）。在打败姚襄，进入金墉城后，他"谒先帝诸陵，陵被侵毁者皆缮复之"（《晋书·桓温传》）。收复河南后，他曾上表要求朝廷"移都洛阳"。结果"表疏十余上"依然不被准允。所以，他也有过光复中原的雄心壮志，也有过报国无门、多遭阻挠的经历。

词人拿桓温自比，颇有惺惺相惜的意思。无论是相貌、经历，还是精神气质上，他们都有很多相似性。在这里，我觉得今人闵泽平的描述，比较精当，可能是一个不能忽视的存在。就个人气质而论，辛弃疾绝对是南宋统治集团内一个令人生畏的"异类"。闵泽平说:"史书上说,辛弃疾'肤硕体胖,目光有棱,红颊青眼,壮健如虎',即说他身体魁梧,强壮如虎,眼露青光,这模样一般人看着确实有点发怵。尤其是其眼神之悍厉,连朋友碰见了都不敢对视,心里老打鼓,与他交情甚深的陈亮说辛大人'眼光有棱,足以照映一世之豪;背胛有负,足以荷载四国之重'(《辛稼轩画像赞》);流浪诗人刘过也声称'精神此老健于虎,红颊白须双眼青。未可瓢泉便归去,要将九鼎重朝廷'(《呈辛稼轩》)。"(《唐宋才子的真实生活》第316页)

辛弃疾的确太强悍,太令人畏惧了。辛弃疾"力能杀人",甚至在一些朝廷官员的眼里,他就是一个"唯嗜杀戮"的人。面对这样一个长相粗壮、精力过旺的人,确实会让人要与之保持距离。所以,朝廷只给他一些文职属官,至多也只是地方官当当,决不肯让他带兵去抗金复国。在这种境遇下他自然会深感受压抑,而内心愤懑不平了。

但是,一些人可能只看到一个威严杀伐的桓温,却没有看到一个为北伐焦心劳虑的桓温,更没有看到一个由风华正茂的青壮盛年步入两鬓秋霜的垂迈之年的抚今追昔、悲从中来的功业之叹的桓温。史载桓温自江陵北伐,"过淮泗,践北境,与诸僚属登平乘楼,眺瞩中原,慨然曰:'遂使神州陆沉,百年丘墟,王夷甫诸人不得不任其责'"(《晋书·桓温传》)。所谓王夷甫,就是时任宰相的王衍。他虽然身居三公之位,但却"不以经国为念,而思自全之计"(《晋书·王衍传》)。八王之乱、五胡乱华,晋朝几乎覆亡,他对此有不可推卸的责任。平心而论,在东晋偏安一隅的局面下,桓温三次北伐,还是体现了他恢复中原、不甘外辱的英勇气概的。而事实上,正是他阻止了前秦、羌戎以及前燕的南下入侵。

所以对于词人辛弃疾来说,个人的荣辱其实是可以忽略不计的,关键是现在国家处在风雨飘摇之中,时光流逝,北伐无期,恢复中原的宿愿不能实现。年岁冉冉而增,恐再闲置便无力为国效命疆场了:这才是真正可悲的地方。

至此,本词下阕里,词人表达了这样的意思:"我"来到南方也已经十余年之久了，可还是遭到种种怀疑，老实说，在此国家危难的关头，"我"决不做消极隐遁的事，所以尽管"我"思乡情切，还是要坚定地与国家一道战斗到最后。有人又问"我"为什么不置办田舍，是不是不打算长久在这里，"我"要说那不是大丈夫所为。可叹时光年年流逝，而国家仍然处于风雨飘摇之中，令人忧愁，难道要"我"就这样坐等到死吗？而现在，"我"只落得泪眼滂沱，谁又能够懂得其中浓深的忧思呢？"情何人唤取，红巾翠袖，揾英雄泪"，只能是自伤抱负不能实现，而世上又无知己者，得不到同情与慰藉的表征了。

四

总之，本词是辛词名作之一，它对辛弃疾与他生活着的那个时代的矛盾有充分的揭示。词人于词中所作的种种辩解，可见出此词的意涵是相当复杂的。

自香港大学罗忼烈先生发表《漫谈辛稼轩的经济状况》[原载于香港《明报月刊》1982 年 8 月号。又见上饶师苑学院"辛弃疾研究网"：《辛弃疾国际学术研讨会论文集（1990 年）》（网络版）] 而一石激起千层浪之后，诸如辛弃疾"贪污老手""求田问舍""凶暴虐民"，热衷"搞工程""跑项目"等不绝于目，似乎掀开了辛弃疾的另一面。而即使有辛词名家邓广铭先生的极力维护（邓广铭《读〈漫谈辛稼轩的经济生活〉书后——与罗忼烈教授商榷》，《中州大学学报》1992 年第 1 期），这种批判的声浪仍然不减。我想，这一方面固然是由人性的复杂性所决定的，而另一方面，难道不更是由社会的复杂性所决定的？其实只要稍稍研究一下从《后汉书·马援传》以来类似历史人物的心路历程，就不难理解马援们与辛弃疾们从一个统治集团进入并融入另一个统治集团，令常人难以想象的尴尬、挣扎与艰辛的背后了。

这首词提及的三个问题，或者说词人的三个辩白，无疑具有很大的研究价值。比如一个慷慨英雄，无论是作为地方主要负责人，还是处理复杂的社会问题，怎么会蜕变成一个"杀人如草芥"的草莽呢？一代抗金名将，一个"求田问舍，怕应羞见，刘郎才气"的枭雄式的人物，怎么后来竟然也"求田问舍"，甚至"横征暴敛"而蜕变成贪官了？……其实都可以在本词内找到某种前因，或者某种蜕变的线索，或者某种思想与心灵的转换。

【附注】有关"内容提要"如下：

一般在解读辛弃疾这首《水龙吟·登建康赏心亭》时，都归结于"表现了他御敌抗金的爱国思想和壮志未酬的愤慨之情"。虽然无多大问题，却总给人贴标签之嫌，辛氏诸多之作似乎皆如此。然而，事涉具体文本时，何人能揾英雄泪？词人究竟在词里表现了何种思想与情感？本文以"无人会，登临意"为关纽，总揽诗词情境特征，重点勘察词人用典上的微妙用心，结合词中三处典实，即"鲈鱼"典、"刘郎"典和"树犹"典，并沿着词人用典的线索深入进行细致的考究，发现词人的生活经历和现实处境、思想主张和内心情感处于种种矛盾和紧张之中，从而揭示出词人另一番曲折的深心，这就是词人以词自证与申说。可以说，这首词是词人的一篇心迹申辩辞。

注：本文发表于《名作欣赏（上）》2015年第11期。

姚鼐《登泰山记》管窥

"桐城派"是清代影响最大的一个散文流派。介绍这一派时，一般非方、戴、刘、姚，即义理、考据、词章，非程朱思想，则清真雅正……但对于普通不做研究的中学教师或即使是研究如果不能用正确学术心态对待的学者来说，这些主张或理论与我们现在的认识已经很遥远了。而我现在要说的是姚鼐的名篇《登泰山记》，该往哪里说，是不是将这些"非彼即此"之类再复述一遍呢？

记得曾有同事对我说："《登泰山记》有什么讲头？实在看不出为什么是名篇，想想中国的所谓古典文学真是有意思！"我不想对这位经过四年大学培养的中文生说什么，因为要说的话实在太多。特别是在浇薄古人作为一种风气还很浓厚的时候，任何一个口号，也像"桐城谬种"一样在人们的脑海里留下很深的烙印。何况几十年的学术习惯早已在一般学者的心中扎下了顽固的根基。而另一有意思的现象是，今天一般中学语文教师，常常将《登泰山记》作为公开课的首选之一。这并非发自内心的喜爱，很大程度上因为该文简短，易于"控制"和"把握"。但是，是否真正理解并能将其最精彩动人的地方展示出来呢？我很怀疑。

过去，李鸿章说："今天下古文者必宗桐城。"桐城派作为清代大宗，几与有清同始终。特别是康乾几个世代，它煊赫腾焰，光芒万丈。而明清两代，桐城区区一县竟有进士 265 人、举人 589 人，有此文种，可谓"文章甲天下，冠盖满京华"。到了清末民初，北大教授国文一课，则直以桐城古文派为主。反对桐城古文派的周作人回忆说：“从前大学讲坛为桐城派古文学所占领者，迄入民国，章太炎学派代之以兴，在姚叔节、林琴南辈，目击刘、黄诸后生之皋比坐拥，已不免有文艺衰微之感。”（《周作人回忆录》，湖南人民出版社1982年版，第321页）然而，林琴南先生至死犹坚信“古文万无灭亡之理”。（转引自《我的父辈与北京大学》，北京大学出版社2006年。林纾弥留之际，仍以手指画于第四子林琮之手，曰：“古文万无灭亡之理，其勿怠尔修。”）文章需要阐释，更需呵护，今天还有多少这样的赤诚呢？

说到桐城派，可能还要说些“为封建统治服务”“眼光短浅”“文章淡乎寡味”之类的话。但由这一派而下的湘乡派，严复、林琴南直至吴汝纶、朱光潜等，则直接扎根于近现代中国语文的深处，自是不争的事实，而这一派继接唐宋古文的传统，上溯两汉先秦的根源，也是看得见的路径。我理出这一线，并不在于要为桐城派作什么辩护，但作为学术研究，要恢复被历史烟云所掩盖的真相，究竟有一种不可推卸的责任。今天的高中课本上依旧还选这一篇，一方面，既已选之，说明它的历史与时代价值，而另一方面在对其所作的文学批评与相关的参考资料里，释读仍然循着旧有的思路，仍像缠布的小脚女人，又未免自寻尴尬了。而撇开此文不论，我一直以为有很多文章，其实是对习惯和思维的挑战，似乎在最平常处，总能够检验出阅读的无知和愚妄来。特别是受了“选学妖孽，桐城谬种”洗脑之后，人们对于传统，对于桐城文章的隔膜似乎更深了。在这样一种空气里，我试着走进文本，看看能够走得多远多深。至于我的心情，我感到，非常复杂。

我曾经写过一节文字，以为姚文“笔法弛张有致，虚实相生，波澜起伏，很见出行文的刚柔之气”，又云“从行程与登山来说，其急促而兴奋，恰切地表现出作者在雪天登山时的迫切心情”，又云“夕照境界壮阔，如诗如画，而日出泰山，山云瞬变，气象万千而凌空傲视，作者其心壮浪可见”，最后说“文末用闲笔，无意之中隐蔽地将内心愉快而静穆的体验，表现而出”。今天读来，仍然感觉粗疏。应当说，这个文字说出了一些特点，但远远不够。因为我当时对作者还处于知之不多的状态，虽然在多少年后，我知道，他的原籍所在离我家其实非常逼近。是啊，这是多少年后的事情，但那么长的时间里，没有谁告诉我一声，时间似乎已经将他遗忘，现在看来，那种遗忘的气息是太浓了。即使在大学念书时，家乡老先生们还是以"桐城谬种"的眼光，抱着批评者的态度，以至于我不敢去指认这位乡里先贤。这究竟是一种怎样的奇怪的心态在作祟？

终于，后来终于有人站起来替桐城派说话了。我记得还是做高中生时，研究桐城派的专家们带着几位日本学人来浮山考察，对于神秘的桐城派算是开了一个气孔。再后来陆陆续续，正面说话渐渐地多了起来。安徽省内几所大学其时也正倡导研究的新风气，并出了多期研究专集。至于成立桐城派研究会，还是很晚的事情。但是，这还仅仅限于一个非常狭小的圈子，而于外界，终究不离批评与苛责的行当。陈平原先生的《从文人之文到学者之文：明清散文研究》（生活·读书·新知三联书店2004年版），谈及姚鼐虽然有了一些新气象，说到底还是难离以前的窠臼。所以，研究的新风要吹到基础教育层，则近乎奢望。所幸的是，历史的真相终于渐渐展露了一些；但后来见到很多的解读，却使我越发感到问题似乎并不简单。比如，为公开课的需要，有人将该文梳理成所谓的"泰山地势图""雪后登山图""泰山日出图""泰山景物图"（董自展《细密的文笔，壮美的图画——漫谈〈登泰山记〉》）；或者评说道，"将画面开阔、气象万千的丽色风光展现给读者，让人怦然心动，登临绝顶，一览众山小的豪情，超乎俗众的意境悠然于笔外"（丁亚宏《〈登泰山记〉教学教案》）。如果姚鼐先生地下有知，未知当作何想。当然，必须承认，这也是一种理解。

补充一点，可能很多人对基础教育的所谓的公开课及其研究课不甚了解。其问题在于往往以非学术的心态对待语文教学与语文课堂，所以做起来往往是"为我所需"，将鲜活的文本宰割得面目全非。有人说："公开课和好莱坞电影一样，采取的是下跪的策略。……你很难得看到语文教师采取挺立的、不合作的姿态。语文教师主要充当了'思想按摩器'，在这种按摩下，走出来的只能是有奴性人格和同样取下跪姿态生存的人。在公开课的会场，你看不到自由语文，教师的教学设计已经精确到秒，即使是看似自由的研讨，其实都在如来佛的掌控中。"（倪江《公开课与自由语文教学》）所以在这样的背景与心态下其文本的解读就可想而知了。那么，姚义的特质在哪里呢？其实仅仅从文章的某些非关键性的形式入手，是远远不够的。如此下去，只能使解读偏离愈发严重起来。要深入解悟，当然少不了刘勰的"因文明道"，或者"因文会心"。

再接前面的话题，姚鼐《复鲁絜非书》里有一节谈"阴阳刚柔"，说："其得于阳与刚之美者，则其文如霆，如电，如长风之出谷，如崇山峻崖，如决大川，如奔骐骥。其光也，如杲日，如火，如金镠铁；其于人也，如凭高视远，如君而朝万众，如鼓万勇士而战之。其得于阴与柔之美者，则其文如升初日，如清风，如云，如霞，如烟，如幽林曲涧，如沦，如漾，如珠玉之辉，如鸿鹄之鸣而入廖廓。其于人也，漻乎其如叹，邈乎其如有思，暖乎其如喜，愀乎其如悲。观其文，讽其音，则为文者之性情形状，举以殊焉。"（刘季高校《惜抱轩诗文集》，上海古籍出版社1992年版，第93—94页）那么，对所谓课堂上"图画"云云，可能就要产生很大的疑问了。比较起来，一般所谓壮丽、壮美的景象，在姚鼐看来其实是优柔的一种，而所谓的闲笔在姚鼐的意思可能恰恰是狰狞的壮美之所在了。在这里，读者显然遇到了一个美学上的麻烦。某种感人的震撼和深厚的诗意似乎注定要与艰难相伴随，对此，姚鼐是深知这种"诗意"的，因而他的诗意在艰难中，不在浮薄里。他是用他的足来丈量、来体会我们只在绘画上所见的冬日泰山，他绝不会像我们现代所谓的文明人为显示意识层的艰难意识而刻意在家里悬挂几幅所谓描尽山道奇险、步履维艰的泰山图。在那个漫天风雪的时候，他与自然周旋着，在漫漫长途中，他快乐着，他当然也知道他面临着极有可能被风雪吞没的危险，但他还是从艰难进拔，并乐此不疲。这一点，余秋雨先生在《夜雨诗意》里关于"人至少要在有可能与自然对峙的时候才会酿造美"说得很多，这里不再赘言。（以上有关述意，转引自余秋雨《夜雨诗意》，见《文化苦旅》，知识出版社1992年版，第230—232页）这样看来，不能用心灵去感受，而仅仅满足于对一般的文章理论的敷衍，究竟是与第一流的思想隔着一层。所以文字作为检验与丈量的尺度，颇能照见今日一般庸众的浅泛。

当然，这里似乎有些苛责了。事实上，这也是目前中学语文课堂一般所能够达到的深度。显然，对于古文说不上爱好，甚至连浅显的现代文的阅读也会有困难，怎么会在古文的释读上大显身手呢？而教师，又受制于两种无形的束缚，因而窘局就是可知的。这两种所谓的束缚，一是教师自身的古文功底比较薄弱，很多教师还处于识字断句或许不达的水平上；二是基础教育在很长的时间内都强调工具性教育，所谓的释读，也还只是字词式理解与字典式参读，而文学教育与审美教育一提及即被叫停，所以最后只形成了类似于"读图时代"的阅读理解。这种理解是自朱自清的浅显散文《春》以来所形成的理解惯性。理解当然需要结构，但每一文本的理解结构是不同的，需要读者随文就势，但中学教育逼仄的眼界已经不能容纳多一点的内容了。

文章的耐读，其实是借助于文字的巨大的张力与丰富的暗示性。要体验这种艰难以及无畏登山的心情，绝不能将庞大的物象轻忽而过。因为泰山毕竟是文化大山，所谓岱山、岱宗，五岳之尊，又有着浓重的政治、宗教色彩，它拔起于齐鲁平原，突兀峻拔、雄伟壮丽，须仰望与咏赞。要玩味的是作者的简淡而幽闲背后所蕴蓄的郁郁勃勃的浩气。作者是饶有情趣的，很多场景都是生动的，但都不能等闲视之。值得玩味的是，作者如何将大景作婉约的处理，壮景如何显得瑰丽而妩媚，雄浑的景象如何变得绰约而可爱起来。而读者又如何撤除种种庸见，使阅读进入一个渐进的心路，与作者一道去登山涉险，一步步地历览人类精神上的胜景的努力与姿态是很重要的。怀着这样的心态，再来研究这篇文章，可能就比较容易地穿越理解的迷障了，当然，如果能够将平板的几幅图片立起来，从简单的欣赏走向对生命的深度体悟的话。

而一般中学语文课堂在诸种所谓图画罗列的基础上匆匆得出文章所谓"歌颂了祖国大好河山的壮丽"云云，实则隔膜得很深。事实上，《登泰山记》并非一时应景之作，也不为爱国情操，也没有什么其他的政治意图。

既无司马迁《史记》援引《管子·封禅篇》说对封禅泰山的崇仰，亦无应劭在《风俗通义》中所言"万物之始，阴阳交代"的对天地生灵的礼赞。而在姚鼐，他不细叙南天门、日观峰、月观峰、瞻鲁台、岱洞、碧霞祠等一般名胜古迹，甚至有意避开历史，而只作简单交代，"亭西有岱祠，又有碧霞元君祠，皇帝行宫在碧霞元君祠东。是日，观道中石刻，自唐显庆以来，其远古刻尽漫失。僻不当道者，皆不及往"，乃至有意淡化，是值得玩味的。

现在，再回到行文的开始，细心的读者不难发现，文中的一些草蛇灰线，如"一条特殊的路线"（沿中岭而西至山巅，行道愈亦艰难）和"一个特殊的日子"（乾隆三十九年十二月丁未日与戊申晦，即1774年旧历十二月除夕前后），以及作者"自京师乘风雪……至于泰安"所显示的急促、兴奋而迫切的心情，确实是理解文本很重要的环节。梳理出这一环节，便发现读者与作者又近了一层，但还要继续对此进行思索，因为我们一般对待记游文字所谓的"趣味"与"游兴"之辞还不足以将文章的深意拓展开来。姚先生为什么有这么大的兴趣，为什么要实地考察？这一梳理与思问对于文本来说是甚为重要的，由于以前人们在上述环节没有打通，便将对读者来说要紧的事情轻轻地放在了一边，人们很可能忽视了去理解其心灵阐释的笔法，而单纯地谈说姚氏散文的写景和简约的用笔，这不能不说是难以深得文心了。

再拿全文在一般读者看来非常精彩的第三段（"戊申晦"至"而皆若偻"）来说，作者按时间顺序依次写了待日出、日将出、日正出以及日出后云天、东海和陪衬的群峰的情景，表现了泰山日出的前后景象。但皆如绘画，只点到为止，其日观亭以西诸峰"而皆若偻"也只是暗示作者的心情。与那些酣畅淋漓的文字比较起来，这点文字似乎太简略了，简括得以至于读者认为太不够意思。只要与自唐以来的几篇写泰山的名文如唐人丁春泽的《日观赋》、明人王世贞的《游泰山记》和吕坤的《观日解》比照一下，就可以约略知道的。

写景状物而笔下不够酣畅，与那种恣肆汪洋的笔锋比较起来，未免使这篇所谓的名文大打折扣。读者似乎糊涂了，姚氏究竟有没有文字表现的功力？在这里，阅读显然又遇到了麻烦。很多去过泰山的读者，他们用自己的眼睛和手中的笔有足够的理由来衡估那些在古代被视为杰作的作品。对表现技术手段似乎远不能与今人抗衡的姚氏来说，只能眼睁睁地看着后人轻易地走到了他的前面。因为写景状物，抒情言志，动辄千言，行文如泼，唯恐不尽，于是，需要重新审视阅读这篇文章的心理了。这样的笔力，如何跻身于名家之列？如果是，那么，那些所谓的名家的底色也便清楚可知。甚至人们还要想，日出之后的游兴两节文字，充其量也只是草草收尾。如此说来，姚鼐和他的文章是遇到了麻烦了。

然而情形并非如此简单。对于姚氏文笔需要加深认识。其文极其简括而内敛，所以被那些喜爱梁启超式以恣肆见长的文笔的人所诟病便不足为怪。朱光潜先生在《美感与快感》中说："口腹有同嗜而艺术趣味却往往随人而异。"（朱光潜《谈美　谈文学》，人民文学出版社 1988 年版，第 38页）所以读者不能以不同的审美趣味和个人喜好而轻易作出简单的评判。在我看来，在今日动辄下笔千万言而文白如水的时代里，人们恰恰将一种简约的传统丢弃了。

钱穆先生在《现代中国学术论衡》（生活·读书·新知三联书店 2001年版）的"略论中国文学"部分里说，中国文学在文明的源头，与西方走着不同的道路，很早就已不断地雅化，有意识规避"齐东野语"，其结果是走向了人的心灵和情感世界，即重在写心、写意，由此则求简求同，讲求心的涵泳与妙不可言。回到姚文，其"清真雅正"自是自觉旁依这根大传统。此外，散文选辑自宋人吕祖谦《古文关键》以下，讲风格则以简古或平淡为高，并有意规避所谓雄辩恣肆之类，以至于论苏轼文有波澜而不纯、苏辙文则蔽于拘执等论调，所以历史照见一路的文章心气。《古文关键》评欧阳修文"平淡"，并说"学欧平淡，不可不学他渊源，徒平淡而无渊源，则委靡不振"。（吕祖谦论及唐宋诸家散文风格，见《古文关键》序言《总论看文字法》）可见简淡的风格需要功力，非功力异常者不能有此文字。在桐城派诸家中，方苞直朴而神俊，刘大櫆气盛而瑰伟，曾国藩是经济语，都不像姚鼐这样直接唐宋而有简淡雅洁的风格。所以，这种淡远里究竟是有一种静重而博厚的文化内力的。杨荣祥在《方苞姚鼐文选译》里说："与方苞的说理、刘大櫆的盛气相比，姚鼐的散文给人以平和自然、淡远而不乏沉厚的感觉。"（《方苞姚鼐文选译》，巴蜀书社1991年版，前言第14页）所谓"不乏沉厚"正是见出了"平淡"里的底力。如此看来，姚鼐于"义理、考证、文章"三者，义理不切峻，考证坐实，而文辞简洁。他虽然吸收刘大櫆"因声求气"说，但求文章的神理气味、格律声色，并避免词锋的"盛气"，所以虽以阴阳刚柔论文，从理论上说，到底是偏爱于"阴柔"与含蓄的风格。很少能看到慷慨激昂的情绪寄托与牢骚发泄，即便有之，也不似北方作家在作品里表现的激烈与斩截，而是带有许多江南特有的儒雅与妩媚的格调。更不同于由于时代的风气，一些作家如梁启超先生已经渐渐偏爱于小说这种张扬的文体与风格了。

反而言之，要求得姚文的解释，需回到传统的文路，从其简约的文辞出发，走进他的自然、淡远风格，去追寻其博大、浑厚的心迹，方才是一条正路。以《登泰山记》论之，文章的情感是极其克制的，一反作者在同期所写的《岁除日与子颖登日观观日出作歌》（《惜抱轩诗文集》第464页。诗作内容见下文）里所表现的张力情感——而后者正是诗歌"诗言志"的产物。而在《登泰山记》"日出"部分，他的情感其实也有奋张的一面，但到底还是"应尊顺上、待唱乃和"（概引自吴礼明《后汉书精华注译评·蔡邕传》"坤为地道"注）的守道。姚鼐的简淡的风格，并不说明他寡情乏感，甚至文中还有别样的孤独与淡漠。应该看到，姚鼐的情感是隐藏的。他只记他的所行与所见，读者甚至看不到他的情感的一点袒露。但是，从文本里，读者还是可以捕捉到巨大的信息的。一是"泰山夕照"，一是"泰山日出"。前者，读者所见的是作者的清虚廓落的心境，是终于摆脱了某种蔽障之后的俯视，同样，这一点在后者也是体现得非常明显。确实，自然是最能够治疗人类的心灵的。而在一个冰封天地的时候，在这样一个泰山的顶上，又有多少人会有如此巨大的兴致呢？一个晶莹而纯洁的世界，一个静穆而无声的世界，就在作者的眼前。所以，我想，那种恬淡悠然的心情是可以捕捉的。但是，他行文的克制，并不像批评者所说的"由于姚鼐与现实生活很少矛盾，生活面窄，接触社会少，所以文章的思想内容显得贫乏，几乎没有能够真实反映现实生活、社会矛盾的作品。在形式上，姚鼐也没能避免桐城派拘泥形式，过于追求古雅的通病"（《方苞姚鼐文选译》，前言第 15 页）。

梳理了文本，结末再看看作者急迫甚至是疯狂游山的心情。据周中明先生研究，姚鼐其实于乾隆三十九年秋季就已经辞去四品京官。对于姚氏辞官，有"乞病归"说、"养亲"说、"会（刘）文正公薨"说、"于文襄当国"说、"学术分歧"说，及"自不堪世用"说等，我比较认同周先生所分析的最后一点。（见周中明《姚鼐对人生道路的重大抉择——姚鼐中年主动辞官的原因辨析》，《古籍研究》2007 年第 1 期）与该文同时，姚鼐在《岁除日与子颖登日观观日出作歌》里说："孤臣羁迹自叹息，中原有路归无时。此生忽忽俄在此，故人偕君良共喜。……男儿自负乔岳身，胸有大海光明暾。即今同立岱宗顶，岂复犹如世上人。大地川原纷四下，中天日月环双循。山海微茫一卷石，云烟变灭千朝昏。驭气终超万物表，东岱西峨何复论。"见宇宙之浩瀚，叹人世之苍茫，感内心之苦痛，都是很明显的；其"孤臣"有路无归之感，是令人深思的。可以说，姚氏辞官的打算，实际上由来已久了。从有关资料可以看出，除夕登泰山外，他在泰安过年，正月初四又去游泰山北灵岩，并夜宿张峡作《游灵岩记》。而游完泰山，仍不回桐城，而又回到北京，大约到辞职后第二年的春夏之交，他才由京归里。这一次，可以说，游尽了山光水色，尽了他的兴致，遂了他的心愿。

现在，一个有意思的情形在读者目前浮现了出来。就是在姚鼐辞官前后，他几近疯狂地"周游"，他犹如脱笼之鹄的快意，这是颇有意味的。这种释放，照见了他前此的积久的压抑与苦闷。早年，他在《与左仲郭浮渡诗序》中说："他日从容无事，当裹粮出游，北渡河，东上泰山，观乎沧海之无穷，循塞上而西，历恒山、大行、太岳、嵩、华，而临终南……循东海而归，吾志毕矣！……嗟乎！设余一旦而获揽宇宙之大，快平生之志……"（《惜抱轩诗文集》第43—45页）泰山"夕照"与"日出"无疑是作者深情之所依托。他不怕长途，不畏山险，为他之理想而不辞努力，从中不难发现他的价值取向与人生追求，此次游历毫不夸张地说，甚至决定了他后40年的人生走向。

以前，学术界将细小放大，过分夸大了姚氏在参与纂修《四库全书》期间与戴震、纪昀等人的"汉宋"之争，而周先生爬梳史料作了纠正，是令人确信的。姚鼐放弃了官场，鲍安顺在《寂寞的姚鼐》中说姚鼐"辞官回家时，是一路春风，犹如得道神仙一样快乐悠然"[《人民日报（海外版）》2005年5月2日]。这点，我也是相信的。《登泰山记》的充沛郁勃与胸中郁愤难伸，至少在此次登泰山的时候得到了暂时的宣泄。明写登山，而毋宁说是作者的心灵的一次体悟，是自然的律动与他心中的节奏的合拍，于是带来了他心灵审美上的快乐，这自然也包括他余游时内心愉快而静穆的体验，因而自觉或不自觉地在思想情操上便得到一次培育。他感到非常满足，并且也传染给了读者，而作为辞官之后的标志性事件的《登泰山记》便是别有意味的了。

意义与结构的重新梳理

——鲁迅《阿 Q 正传》的文学社会学批评

一、对《阿 Q 正传》一些社会学解释的批评

有些社会学方法对于作品内容的理解，时常十分惊人。如周作人的《鲁迅小说中的人物》里有颇多对于人物过于泥实的甚至是附会的解释，在为《阿 Q 正传》所作的"导读"里，何满子先生的解说使作品每一句简直皆可作社会政治、思想及伦理式的阐释。（丰子恺绘本、何满子导读《阿 Q 正传》，上海书店出版社 2001 年版）如此一来，文学摇身一变，似乎就成了社会剖析的论文了。而鲁迅好像也有过类似的表述，他说："就是我的小说也是论文，我不过采用了短篇小说的体裁罢了。"（冯雪峰《鲁迅先生计划而未完成的著作》，转引自王献永《鲁迅杂文艺术论》，知识出版社 1986 年版）那么，作品个性上的东西还有多少呢？这也许是当时文学提倡"写人生"，为社会、为人生的结果。而按照接受美学的观点，一部作品并不纯然地属于作者，所以解释一部文学作品如果不重回它的文学之道，现在看来，那就是失其根性了。

最突出的问题是阿 Q 形象的复杂性。我们看早期的如《晨报副刊》等对这部作品所作的批评，大都是一般阅读的受众效应代替了对作品文本的分析。而这种效应又是局部的、不系统的，甚至是支离破碎地表达对于作品的意见，其释阅的连贯性与准确性就值得相当怀疑了。如成仿吾在《创

造季刊》2卷2号的《呐喊的评论》中说"《阿Q正传》为浅薄的纪实传记",而且"结构极坏"。1924年4月3日,《晨报副刊》冯文炳的《呐喊》一文则读出了"鲁迅君的刺笑的笔锋,随在可以碰见……至于阿Q,更是使人笑得不亦乐乎"。另一评论家张定璜在《鲁迅先生》中说:"作家的看法带点病态,所以他看的人生也带点病态,其实实在的人生并不如此。"《阿Q正传》在《晨报副刊》陆续刊出时,就已引起了不小的骚动,1926年8月21日《现代评论》第4卷第9期涵庐在《闲话》中说:"有许多人都栗栗危惧,恐怕以后要骂到他的头上……疑神疑鬼,凡是《阿Q正传》所骂的,都以为就是他的隐私。"而且,大多批评家所作的"泛阿Q主义"的解说,也给作品的解读带来相当大的麻烦。有一份语文教参上就认为"阿Q主义"是一个集合体,如国民思想劣根性的典型,从统治阶级身上移植来的落后性,以及农民自身的落后性等。(人民教育出版社高中语文教参第五册,1999年版)

这种社会学发展的极致曾是20世纪二三十年代围攻鲁迅思想的"枪手",也是迫使鲁迅极力还击的重要原因,从而造成一种错觉:鲁迅庸俗。直至今日,也仍有其顽固的市场。这样解释作品,尤其是解释鲁迅的作品,便陷入了一个怪圈而不能自拔:谈作品,唯有社会思想的深度,而无文学形式的新奇。

为走出这个怪圈,重回作品应有的文学之道,我们必须把握作品的真正内涵与意味,以同作品被赋予的外在意念相区别开来。为此,有必要设定在一种比较合理的框架内探讨作品。我们将根据法国学者吕西安·戈德曼的"文学社会学方法",具体地并将适当地进行一些心理分析与社会学分析;并把作品中的某些片段置入一个"整体的关系网之中",以"重建""在社会和文化事实中看起来缺乏意义背后的客观意义"(吕西安·戈德曼《文学社会学方法论》,工人出版社1989年版,第180—181页)。

二、社会集体行为：传统笔法和技巧的复杂与局限

吕西安·戈德曼说："当我们研究文化巨著时，社会学方面的研究却发现，通过把这些巨著与其结构的容易阐释的集体整体相联系，则更容易发现那些必要的环节。""无疑地，这些整体仅仅是相互个体关系的复杂网络，而个体心理的复杂性却源自这样的事实，这些个体都隶属于多种拥有相当成员数量的不同集团（家庭的，职业的，民族的，朋友与相识者的，社会阶级的，等等），并且这些集团中每一个都作用于他的意识，从而帮助形成一种独特的、复杂的和相对不连贯的结构；然而相反的，一旦我们研究那些隶属于同一社会集团的一大批数量充分的个人时，上属个体中的每一个所隶属的其他不同社会集体的行动便与归因于这种成员关系的各种心理因素相抵消，从而，我们又面临一个更简单、更连贯的结构。"（《文学社会学方法论》第 180—181 页）

下面我们就来看看鲁迅作品里有关的"社会集体行为"。

新旧派文人间论战的"新文化"时期，被称为虎虎有生气的黄金时代之一。作家自觉或不自觉地在心中存有了那一时期的思想或潜在的思想。我们看到，文化的因子正是在那种论战中有一个交流与互动的状况。何兆武在《也谈对学衡派的认识与评价》中说："五四新文化运动那批代表人物全部是从旧学营垒里走出来的，如陈独秀、胡适、钱玄同、鲁迅诸人，他们的旧学根柢是极其深厚的，不知要比指责他们抛弃了旧传统的人要高多少倍。""林琴南，曾在白话运动中充当了反白话的急先锋，却穷毕生精力以桐城派笔法翻译了好几十部西方小说，计两千余万言，为当时中国文化界开辟了一个崭新的天地，使中国方面憬然于原来夷人不光是船坚炮利，也同样有他们的精神生活。""国粹派表面上一味崇古复古，而其骨子里则是一味崇洋媚外。学衡派表面上既非一味崇古复古，骨子里也决不一味崇洋媚外。"（何兆武《也谈对学衡派的认识与评价》，《读书》1999 年第 5 期）在矛盾的斗争、吸收与转化中，新派显示了生命力的强大，甚至显

现出超乎旧派的老辣。这方面，鲁迅似乎"中毒太深"了。这当然不是指在基本思想观点上，而是视野与思想的范围及研究的方向上。应当看到鲁迅的学术思想与其道德观念有着深刻的冲突，而前者在文学中又明显地占了上风。

极具特色的是，鲁迅掌握了传统小说的技法。如他有意凸写人物特征的几件典型事件，给人耳目一新的感觉。在人物传神写照上，往往勾勒几笔，凸现人物的魂魄，也很见出功力。与鲁迅是冤家对头的苏雪林曾说："我们要知道鲁迅文章的'新'，与徐志摩不同，与茅盾也不同。徐志摩于借助西洋文法之外，更乞灵于活泼灵动的国语；茅盾取欧化文字加以一己天才的熔铸，别成一种文体。他们的文字都很漂亮流丽，但也都说不能是本色的。鲁迅好像用中国旧小说笔法……他不在惟事项进行紧张时完全利用旧小说笔法，寻常叙事时，旧小说笔法也占十分之七八。但他在安排组织方面，运用一点神通，便能给读者以'新'的感觉了。"（《胡适与鲁迅》，转引自《曹聚仁散文选集》，百花文艺出版社1991年版）关于鲁迅如何利用传统艺术技巧的自述，可参看《南腔北调集·我怎么做起小说来》。

而在鲁迅，尤其精化了"冷嘲"的风格，常常于冷峻之中给人以"寒噤"的措手不及。对于形成这种风格的具体原因，美国的夏洛安在《鲁迅作品的黑暗面》中说，仅仅把鲁迅看成是一个吹响黎明号角的天使，就会失去中国历史上一个极其深刻而带病态的人物。他确实吹响了号角，但他的音乐辛酸而嘲讽，表示着失望和希望，混合着天堂和地狱的音响。夏洛安认为，"黑暗的闸门"所象征的鲁迅抗击的黑暗，主要来自两个方面："一方面是中国传统的文学和文化，另一方面是作者忧烦的内心……传说中英雄被压死这个典故本身就暗示着鲁迅意识到自己对黑暗无能为力而自愿接受牺牲，正是这种意识赋予鲁迅作品以那种标志着他天才的悲哀。"因此，"鲁迅作品里的希望与灵感时常与阴暗并存，看来鲁迅是一个善于描写死的丑恶的能手……丧仪，坟墓，死刑，特别是杀头，还有病痛，这些题目都吸引着他创造性想象，在他的作品中反复出现，各种形式死亡的阴影爬满他的著作"。夏洛安还说："鲁迅体现着新与旧的冲突，同时也体现着另一些超越历史的更深刻的冲突。"但鲁迅"太热衷于摆脱这类梦境的挣扎了",尤其"鲁迅是处于一个艰难的时代,他个人敏锐的感觉并未被他中国的追随者和解释者所充分赏识",因为"在白话杂文的发展中,要靠机智,要靠仇恨和轻蔑的词汇……"(房向东《"病态天才"的"毁灭"——夏洛安的鲁迅观》,《鲁迅研究月刊》2000年第11期)在解释"一个耐人寻味的现象:近代以来侧身于先知先觉行列中的中国知识分子一方面是充满了爱国主义热情,同时另一方面却又对自己民族文化的传统采取极为鄙视的态度"时,何兆武认为,国粹与爱国并非一回事。国粹主义者往往并不爱国,爱国主义者又往往鄙视国粹。从更深层次上说,正是顽固派以旧文化传统作为抗拒新思想的堡垒,才使得新文化的激进派对旧文化传统发起了全面的攻击。(何兆武《也谈对学衡派的认识与评价》)当然这样的一番背景也给阅读作品带来不小的麻烦甚至是负面作用。如《阿Q正传》因《晨报副刊》"开心话"所请而作,其"冷嘲"中的"油滑"与"影射"的笔调好像也很合商业炒作的味道。因而作品一出,便陷入了种种怀疑与猜测之中,成为攻击与争斗的目标,这与《药》等作品的严肃主题不同。

这样问题就出现了。阿Q身上究竟有多少属于小说人物自身的东西?在文学个性上,是不是附加的东西越多,就越能体现人物形象的容载与丰富性?把阿Q说成是"高度凝聚化、高度概括化的精神典型"与文学所要求的具象之间有很大的差异。陈漱渝说:"鲁迅生前多次反对把《阿Q正传》改编成话剧,认为改来改去只剩下了滑稽。"(冉茂金《击中要害的狙击手出现了吗?——访鲁迅博物馆副馆长陈漱渝》,《新华文摘》2000年第11期)这也可以作为一个证明。显然,其杂文式的议论使人物的心理、思想与行为呈现极其庞杂的特性,使得阿Q很难于归类,如划归雇农与流浪汉等都不甚切当。正因为阿Q的形象与文学具象的要求之间相差很大,所以阿Q的形象屡屡引发疑问,尽管有作者的回答〔具体请见《华盖集续编·〈阿Q正传〉的成因》,《鲁迅全集(第三卷)》,人民文学出版社1973年版,第362—371页;又见《且介亭杂文·寄〈戏〉周刊编者信》,《鲁迅全集（第六卷）》，人民文学出版社 1973 年版，第 150—151 页]，仍旧是相当模糊的。鲁迅后来谈小说创作时，将这种模糊归因于写作取材本身的庞杂和写作的难以连贯。他说："往往嘴在浙江，脸在北京，衣服在山西，是一个拼凑起来的角色"，"这样的写法有一种困难，就是令人难以放下笔。一气写下去，这人物就逐渐活起来，尽了他的任务……倘有什么分心的事情来一打岔，放下许久之后再来写，情景也会和先前所豫想的不同起来"。在 1926 年他所写的《〈阿 Q 正传〉的成因》里也能见出他当时的创作是相当的"苦"，似乎很难"一气写下去"。但其时髦的"冷嘲"却无疑是一个恶的征兆，后来的《故事新编》之不甚耐读似乎是不言而明的了。

当然，形象塑造的背后仍有许多问题。诸如文明尺度的选择、作品的倾向等都使作品呈现出复杂的层面。

三、作品"悖论"式的表述方式

尽管如此，一般认为，鲁迅这篇力作仍有不少有待深掘的地方。如采用漫画式，以本质代替形象；它突出所变特征，而有意造成不协调的效果；在不协调的形变中，让人可见其创作的"裂痕"（所谓"硬伤"）与作品能量的绽放。这也许就是古代高明的拳师所惯用的方法，先有意露出破绽，好引人上当，再予以狠命的打击。如果要嘲笑那个"精神胜利法"，那么他们就会落入鲁迅设下的"陷阱"，成了被嘲笑的对象，因为这是一个不能被嘲笑的对象；否则读者因为不懂他的用意，不明周作人为其评价时所下的"冷嘲"的含义，而露出他们自身的弱点。在作品中，强烈的对比，尖锐的冲突，都相当醒目地展示了极其复杂的矛盾性。而更多的则是其中的"悖论"式的矛盾冲突表现法，使得作品呈现在读者面前的是多层次、立体的丰富内涵。这在写作思想上是一次突破。在《狂人日记》中，只有当一个人"疯"了的时候，他才有可能解读一部真正的中国历史（所谓"吃人"的历史），而此时他应对社会却是无能为力的，反而面临着被

"吃"的命运。在《阿Q正传》中，阿Q的"精神胜利法"的外表与内在的痛苦，阿Q的"革命"与"被革命"，阿Q的地位与其思想的深刻的复杂性……简而言之，这不是一个逻辑上的混杂，而是深刻地反映了作品在思想内涵上所达到的不以作家的意志左右的深度与复杂性。那么，如何解释这些"悖谬"的关系与现象呢？

帕斯卡说："我们惟有调协了自身的一切对立性，才能形成一副美好的本质，而不调协这些对立的东西就无法追寻一系列相调协的品质，要了解一个作家的意义，就必须调谐好一切对立的章节。"（转引自《文学社会学方法论》第84页）在本作中，作品要描写的对象与我们的直觉印象及其把握之间，作品中人物内在的情感与所描述的外在形象之间，以及作品所表现出来的冷嘲、愤懑、深寓、怜惜的感情与众多读者的肤浅、直露、游戏之间，都给人以强烈的触动。正如"矛盾"辞格所说的"先以其异样的不协调却内容真实的字眼使人吃惊，后以其生动而微妙的潜隐描述，牵动读者的感情"（陈淑华《英语修辞与翻译》，北京邮电学院出版社1990年版，第401页）。

例如"革命"，鲁迅说："中国倘不革命，阿Q便不做，既然革命，就会做的。"阿Q先前也无由地厌恶革命，而风潮兴起使他感觉到革命对于他人生的有用性，他便热切地向往起来了，并有了"革命"的真实的理想与热切的憧憬。问题是，阿Q真的革命吗？从经验的情形看，真正的革命必在高度自动化、绝对服从的组织架构里隐藏"私我"地运作着，而阿Q便相形见绌了。当然，无数的"革命"在胜利之后，为财富、权力、地位与嗜欲，又进行着惨烈的较量，又足足见出阿Q自私的诚实来。

阿Q的确是"可笑"的，但也有着掩饰不住的可爱。如赌博输钱后，站在人后面替人着急，闲人询问他的光荣史也坦诚相吐而丝毫不加遮掩，赊欠不给在他是不曾发生的……也许鲁迅对这样的人物别有怀抱，如写孔乙己等人，均不忘其善良的一面。并且，从人性角度看，他长期受着压迫而不得解脱；他生性麻木，"革命"而成了"革命"的牺牲品；他的活着虽有些"偷混"，却大体上是依靠自己而生存，并没有顽赖的恶习。因此，他的被杀自然有着深广的社会悲剧性。作品是在喜剧的外衣里包裹着一个悲剧性的事件，何满子说："阿 Q 之死是用喜剧的形式包裹起来的中国无告群众的深沉的悲剧。"（丰子恺绘本、何满子导读《阿 Q 正传》）

对于他因沉重的压力而变得麻木不仁的嘴在最后喊出"过了二十年又是一个……"的清醒而富有哲理的话，却也实在振聋发聩！他，阿 Q，曾高兴地看着革命者被杀，最后也成了看客的材料，在别人摄魂般的眼睛里死去，作品要透露出的荒谬感与虚无感就在这里。再者，阿 Q 被别人"轻松"时，尚且可以"动物"般（下文将分析）地活着；而他"人"般的"自我意识"逐渐复苏时，"胆子"越来越大，死期却渐渐地临近了。而临死之前的"救命"的呼叫，显然已是无济于事了。作品把这种意识到的"意识"置于广大仍未觉醒的那些"眼睛"及一个女人（吴妈）的好奇（出神地看着兵士们背上的洋炮）上，其悲剧的意味就更浓了。

四、阿 Q 形象分析："精神胜利法"的虚幻存在

"精神胜利法"在阿 Q 身上，一般赋予它以自私、保守、自贱与健忘等含义。在所谓社会学的深层意义上，它又被冠以"自欺欺人""卑弱""奴才"等名称，甚至也是类似于"豁达""不在乎""看淡一切"等说法的反讽。它因此作为半殖民地半封建社会的一种标志而广招评论。但当代著名学者、美国威斯康辛大学麦迪逊校区历史系教授林毓生先生说："阿 Q……的精神胜利法，仅只是他的表面特征，而更为基本的特征则是他缺乏内在的自我……如果我们把阿 Q 通过社会所获得的传统文化体系的因素，也包括进去作为他的本性的部分，那么，阿 Q 便可以称为几乎全靠本能生活和行为的动物了。"（《中国意识的危机——"五四"时期激烈的反传统主义》，贵州人民出版社 1988 年版，第 215 页）的确，鲁迅惯于从生物学意义上揭示社会与人的可能演化的情形。如在《狂人日记》里，他从一个生物摄食的行为"吃"，看到中国"吃人"的文化：所谓饥荒时食人，又有割肉疗亲（包括侍奉君王）与食胆壮胆的食补法，以及家庭内部的"弱肉

强食"。又如关于生物兽性的满足与精神的黯淡，鲁迅曾就刘、项见到始皇帝的"阔气"而发"如此"的议论时说："何谓'如此'？说起来话长；简单地说，便只是纯粹兽性方面的欲望的满足——威福，子女，玉帛——罢了。然而在一切小丈夫，却要算最高的理想（？）了。我怕现在的人，还被这理想支配着……曙光在头上，不抬起头，便永远只看见物质的闪光。"[《热风·随感录五十九》,《鲁迅全集（第二卷）》,人民文学出版社 1973 年版，第 75 页]

其实在作品中，"精神胜利法"只是一个表征，作者要揭示的是阿 Q 在生物的层面上而又力图摆脱这生物层面的一种存在状态。这里仍然可见作品"悖论"式的表述方式。

"恋爱的悲剧"揭示了"精神胜利法"的虚幻存在。小尼姑"断子绝孙"的骂声，使阿 Q 感到摸着小尼姑的脸的指头"有点古怪""滑腻"；吴妈向他说起"少奶奶"在娶小老婆的事上闹气，"八月里要生孩子"等，使阿 Q 自然想到女人的事。而阿 Q 的"恋爱"，多少含有一种典型意义上的合乎生物生存与种的延续的需要；甚而包括他的出逃，以及所谓的"革命"都可作如是观。虽然这似乎是一种不需要任何原因的解释，正如他憎恨革命党人，因为他本能地觉得"革命者便是造反，造反便是与他为难"；而他后来的被杀又不幸地应证了他那本能的感觉。但是，作品从第四章开始虽然也涉及所谓的"精神胜利法"，却重在以此暗示人物"不人"的苦痛，用笔有一个从油滑、影射到严肃的变化。这一点读者往往将其忽略了。

尤其是，小说以集中的篇幅描述了阿 Q 的精神与心理状态。红烛高照下，其张嘴的睡态、一脑子的"胡思乱想"中，却让人看到了一个复苏了的、本原的阿 Q 式的想法。这也合乎弗洛伊德关于存在与压抑状况的一般说明。[鲁迅在东京时，边学习自然科学，边购置了德文版的心理学著作——G·F·李斯特的《精神物理学概述》和 M·弗伏尔思的《精神生活动力学》。这些著作与弗洛伊德学说相通。由于受弗氏的影响，鲁迅对"意识压抑"感到可信，在创作中也采用了"弗罗特（即弗洛伊德）说"。

引自余凤高《"心理分析"与中国现代小说》，中国社会科学出版社1987年版，第101页。——作者注〕当然，正如吕西安·戈德曼说："真正的对立并不是像弗洛伊德所认为的存在于本我的冲动与自我之间，而是存在于本我的冲动与构成一个人的意识的冲动之间。"(《文学社会学方法论》第109页）由于阿Q"是以一种变态的心理来这样做的"，这种想象的"创造就把这种不足置于一种以病态的心理来对付的周围世界之中"。它"产生于和显示有关的主体之渴望的未满足。为了支撑这强加给他的挫折，而被迫采取一种形象的创造来补偿这些不满足"。(《文学社会学方法论》第117页）

　　一般分析家都不会放过阿Q玩弄小尼姑那一节文字。有人认为它是"催发"了阿Q的"性意识，由此而导致一场失败的恋爱闹剧"。(丰子恺绘本、何满子导读《阿Q正传》）但本文的理解是，作品不仅有揭示阿Q的"变态"的用意；在结构上，这一节文字还是阿Q精神复苏的一个征象，这也是全文的转捩点。而阿Q精神的复苏，即对压迫的解除，是需要一种"成功"的帮助的，而此举又恰恰表明了这一点。阿Q精神复苏的其他例证如后来进了城，在未庄便有了点"身价"；而回来时对所有的人冷冷的神气，又使他感到了自尊与得意，而且还会"扬起右手，照着长脖子听得出神的王胡的后项窝上直劈下去"，并喊着"嚓"。须指出的是，前面的章节里，阿Q并非没有成功的努力，却都以失败而告终，所以他无法解除那种环境的压力，只能显示其"精神胜利法"的一面。关于这一点，前面提及的那份中学语文教参上讲得颇为准确：阿Q的"精神胜利法"究其实，是"来自不断反抗的不断失败，是还想反抗而在行动上不能实现反抗的自我安慰。它含有强烈的不屈服、不妥协，要求获得反抗胜利的因素"。

　　有关阿Q"精神虚无"的直浅分析（如李铁秀《精神的黑暗与虚无——"阿Q精神胜利法"解析》，《中学语文教学》2001年第1期），细思起来有欠公允。事实上，阿Q无时无刻不在努力着他的对种种环境压迫的解除，如他对"革命"的喜爱、向往，并不断争取；虽然那"革命"非常荒唐，但不能否认他有他的幻想与努力在，也说明其是有意识的，而且是一步一步地复苏的。在行文的最后，他则有了清醒的"生命意识"而喊出"救命……"，这已经不是动物般的嚎叫了，虽说他的生命在往后的即刻就已消亡。而这正说明了那个社会的死寂与无生气，是不容得觉醒的意识的，而这又与作者在《呐喊自序》里谈到"铁屋子"的复杂心情是一样的，都同样体现了作者通过"悖论"对现实的深度认识。

限于篇幅，本文就谈到这里。需要指出的是，作品的写作虽非起于一时，但自有其连贯性与稳定性。而且还可以得出一点结论，即阿Q"自我意识"的逐渐复苏与发展，构成了行文的基本情节。本文将《阿Q正传》的基本创作线索定性为自我意识的逐渐复苏，是基于理解上的一种需要。唯其如此，作品方有一个在意义上能够接入读者的理解结构而比较被容易接受之可能。事实上，正如吕西安·戈德曼所说："如果一部作品或许在概念的层次或在言语的或在感觉意象的层次上表现了一种连贯的世界观，它就具有哲学、文学或美学的效用。一旦成功地解析了它所表现的观点，我们就能客观地理解它和解释它。"（《文学社会学方法论》第85页）

【附注】有关"内容提要"如下：

本文将《阿Q正传》置入发生结构主义"文学社会学方法"的理解结构之中。在批评庸俗社会学因离开文学文本分析而有害于作品理解的同时，指出鲁迅笔法与技巧等个体行为深刻地与他所处的环境和集体行为密切相关。但"冷嘲"的风格却影响到对作品的把握与理解，尽管如此，作品仍因其深刻的复杂性而耐人寻味。然后着重分析其中"悖论"式所体现作品的思想深刻及复杂层面。在此基础上，分析了阿Q形象中"精神胜利法"的虚妄性，而阿Q的"自我意识"存在着复苏与发展的变动情形。这样，作品便在一般意义上纳入了读者比较容易接受的理解结构之中。

注：本文发表于《名作欣赏（上）》2015年第12期。

是"赞美"还是"眷恋"

——郁达夫《故都的秋》解读

诗不一定要以诗歌的面目显现才行，它可以渗透在散文中，浸润于小说里。现代文学真正的精髓性的东西，我们不能说不是关乎"诗的灵魂"的再现与表达了。的确，我们往往以是否具备"诗情画意""诗意的表达"来评价诗歌之外的文体成就与特色。朱光潜先生说，各人的天资不同，有些人生来对于诗就感觉到趣味，有些人生来对于诗就丝毫不感觉到趣味，也有些人只对于某一种诗才感觉到趣味。但是趣味是可以培养的。真正的文学教育不在读过多少书和知道一些文学上的理论和史实，而在培养出纯正的趣味。（朱光潜《谈读诗与趣味的培养》，见《我与文学及其他》，安徽教育出版社 1996 年版）

理解诗歌需要散文化，或者解读散文又需我们有一颗诗心。

讲授郁达夫的散文《故都的秋》，我们可以直接让学生进入阅读的语言场，充分调动诗词教学所蕴积的有关美学感知经验，是一种相比于教参更为妥帖的课堂方法。一切教学都应该依据实践的需要而作出局部或整体调整，特别是不要忽视教学过程中单元间教学体系貌似并不相干的知识与能力的联系。

我在语文网（yuwennet.org）上看到一位老教师设计的《故都的秋》的教学简案，虽然简单，但还是能看出他的主要教学意图。在正式讲课之前，教案设计者很详细地介绍了郁达夫的生平与作品风格，又抽象地让学生探讨其中的"清""静"与"悲凉"，我以为这些都是大可不必的。我在这份教案后面，早先有一个批评，曰："我想请教这位老师，如果我们的学生离开了课堂，他该怎么读书看报呢？如果我不知郁达夫，那么是不是说就没有办法看他的文章了？如果让学生先直接接触课文，又会出现什么样的情形呢？如果散文放在诗词教学之后再教，效果是不是会更好些呢？"此其一。

其二，当前的教学不再强调"教师主导""学生主体"的"双主"提法。原因很简单，依照矛盾分析法，两"主"何以等量齐观？此必有一主一从，一重一轻。从发展趋势上看，学生是教育要着重关注的对象，是教育的目的"成其人"之所在，教师是开导而不是主导，是辅助而不是制造，所以单提"学生主体"是一种比较好的提法。在现代注重"以人为本"的社会大环境里，"学生主体"就是"以学生为本"，教师在教学过程中应当突出这个"本"。那么，教师的作用呢？便是"辅"和"导"，要铺路搭桥，要因势利导，而不能再像前现代社会教育那样，以教师为主宰，在教师身上寄托着社会的深刻的用心。因此，教师不是一味地逞才使气，如牛喘月般地喋喋不休，从头到尾，一人灌输。从作者简介到时代背景简介，如果还不能有足够的暗示，再播放朗诵以定调子；还不行，就播放一些影视解说。其目的，就是要以外围的知识、旁白或暗示，代替课文的直接的阅读、品味和分析。等到所谓进入课文环节，前戏都做得极为充分了，于是让学生感到课文都"懂"了，不需要讲解了。即使当前教师也学会了声光电，运用现代技术授课，可是骨子里依旧还是"灌输教学"的那一套。

而真正注重文本阅读的教师，全然不会如此。高明的教师实则就是"导师"，这个"导"不是"主导"，而是"疏导""引导""启发"与"点拨"。所以那种"解剖麻雀"的教案与讲法，那种讲课动辄时代背景、作者生平的套路就越来越显得陈旧了，不论它采取什么样的包装与润色。

就语文教学来说，文本的解读永远是第一位的。

在这里，顺带提一个问题：到底是先有曹雪片，还是先有《红楼梦》，抑或相反？我们从报刊上看到一篇文章，是不是也要先琢磨一番作者的有关时代背景及其生平简介，然后才能进入阅读环节呢？是不是我们在考试也要这样，先去了解一通作者详情和时代详情，然后再阅读文章呢？答案想来简单而清晰，无须多言。当然，我不否认知名作家的"知名度"，但这些"知名度"是否建立在作品比较厚实的基础之上呢？然而，现今较长的一段时间内，我们的课堂授课，颇像报刊上十分盛行的拉名人写文章、搞"赞助"。试问一句，这些名人所写的文章的质量究竟如何呢？这样想着，我们便会觉得那种先入为主的"知人论世"说在教学中的局限性了。

《孟子》里说"知其人""论其世"（《孟子·万章下》："孟子谓万章曰：'一乡之善士斯友一乡之善士，一国之善士斯友一国之善士，天下之善士斯友天下之善士。以友天下之善士为未足，又尚论古之人。颂其诗，读其书，不知其人，可乎？是以论其世也。是尚友也。'"）；现在相反，所谓"论其世"再"知其人"。于是，要"知人"就得去"论其世"。一个人成了一种世相，一个人被还原成了一种世相，那么，那个人的基本面目却已经含糊不清了，他成了时代的符号。"论世"的共性如果能够替代或淹没掉属于个人及作品的"个性"，那么解读就显得简单了，很多时候只要贴一张时代标签就可以了。但这样一来，还要作品，还要解读作品做什么呢？这样一来，在逻辑上是混乱的。要知道"知人"最好的办法还是要去研读作品，尤其是对文学家们来说。这方面，古代的史家们很懂得这个道理，一方面出于记言，另一方面也是出于让后人读作品而知其人，因而每每于传后选文附章。由此可见作品（或看其行迹与事迹）解读的重要性了。

但有人也许要说，这样的话岂不是要求授课时不讲时代背景，不要作者生平？事不能绝对。我想这里应有一个轻重的问题，有一个先后的问题。背景等诸多因素是不是可以像写消息报道那样，放在后面或中间夹杂一点，而不影响到正文与主体部分的表达，甚至干脆就不出现呢？

这种先论世再知人的"论世知人"式做法，有一个先入为主的毛病，也极容易挫伤学生的学习积极性。语文课堂较数学课堂有一个很大的优势，在于其生动、具体，与万物万事之理、与人的悲喜情感密切相通，而那些说教式的作证介绍、知识介绍、背景介绍，既枯燥又乏味，也极容易败坏学生的阅读情趣。有一个故事说，剑桥大学的一位哲学导师要学生学习亚里士多德的著作，学生觉得太难学，就跟老师开了个玩笑。说有一次他们到森林里，遇见一头野猪张着血盆大口扑过来，他们轻而易举地就把野猪弄死了。导师不信，很好奇地问学生如何把野猪弄死，学生说："把亚里士多德的书塞进野猪的嘴里，野猪就噎死了。"结果师生一起哄堂大笑。（扬旭《想起康桥》，《生活时报》2002 年 11 月 5 日）这则笑话用来形容当前司空见惯的语文教学，不也是很恰当的吗？类似的情形我们在课堂上是时时能见到的。

《故都的秋》充满了浓郁的诗意，建议在诗歌单元之后再上。

这一课可以从设置的几个问题开始并相机推进：

1."秋"让我们有什么样的感觉？试举出古诗（从略）里一些类似的描述。

当然，我们也完全可以从课后一个练习开始。课后习题二说："作者说：'北国的秋，却特别地来得清，来得静，来得悲凉。'悲凉本是形容消极、低落情感的，可为什么用在赞美故都之秋的文字之中？"这是需要辩证的。

这一题目的言下之意是说，作品的基调是在"赞美"故都的秋。因为理解如此，所以便没有办法安纳"悲凉"二字。而在教参的编排中，编者也似乎认为对本文主旨的理解相当困难，因而在教法指导上颇费笔墨作比较详尽的解释与指点。其实，这种理解是费劲的，而做法也是非常憋屈的。对故都的那份似淡而实浓的情感，或曰深情，并不是"赞美"二字所能囊括的。而在"赞美"的用词之外，我以为用"眷恋"可能来得更恰当些。卢谌在《赠刘琨》诗的序里说："感存念亡，触物眷恋。"而这一词在对往日往事的怀念、留恋的同时，还伴随着一份深情甚至是伤感。

不过，"赞美"这个说法，教参可能取自作者郁达夫自己的一个说法。郁氏在《北平的四季》一文里曾经这样说过："我曾在北平过过一个秋，在那时候，已经写过一篇《故都的秋》，对这北平的秋季颂赞过一遍了，所以在这里不想再来重复，可是北平近郊的秋色，实在也正像是一册百读不厌的奇书，使你愈翻愈会感到兴趣。"然而这种说法是否恰当呢？至少这一用词与《故都的秋》一文中出现的"悲凉"的用词与意涵是不谐调的。

当然，即使是在《故都的秋》里，也有类似"赞美"的字眼。如："有些批评家说，中国的文人学士，尤其是诗人，都带着很浓厚的颓废色彩，……颂赞秋的文字特别的多。但外国的诗人，又何尝不然？……总能够看到许多关于秋的歌颂与悲啼。"这样的文字前有"颂赞"，后有"歌颂"和"悲啼"，到底显得混乱了。但细细辨析，则不难发现，"总能够看到许多关于秋的歌颂与悲啼"一句中，倒是将人对秋的两种情感很清晰地表达了出来。所以笼统地说"赞美"或"悲啼"都是失当的。因为在《故都的秋》里，既有沉浸于秋晨的美的领受，也有叹惋于秋的那一份消逝的、残留的过程。而所表露的情感，当是作者对生命的感读与理解了。

这两种情感在文中，如果作者作一下区分，应该是没有问题的。或者在创作的时候，只写其中一种情感，那么对于表达不会造成伤害，也不会令读者产生误解。但问题是，作者的创作受到特定的时间限制，则难免不会出问题。教参说到创作该文，引述了郁飞先生所写的《关于我父亲的〈故都的秋〉》的有关片段：

1934年7月杭州酷热，父亲和母亲便带了才六七岁的我上青岛去住了一个月，随后又去当时的故都北平。在他后来发表的《故都日记》里，8月16日的最后一段是："接《人间世》社快信，王佘杞来信，都系为催稿的事情，王并且还约定于明日来坐索。"17日的头一句又是："晨起，为王佘杞写了两千个字，题名：'故都的秋'。"可见还是编者的函索坐索逼出来的急就章。

因为当时有报馆催索发稿，作者便创作了这样的"急就章"，才气自然无话可说，不过也可以见出郁达夫率性而就的写作作风的弊端。

文章写作需要才气，自然是没有错的；但可能还要更多地倚重于理性的积淀与过滤。而所谓的激情之余也需要理性的分辨与澄清。张根树在《谈谈诗歌创作中的理性思维》里的论述，有些话在现在看来还是颇有价值的："诗人在抒发感情的时候，有时对于理性的、道德的、功利的因素都不予考虑。但这并非意味着情感已经脱离了理性的系带，……感情都是诗人长期心理积淀的产物，早就根植于经过理性思维的认识之中，只不过在进行创作的时候，诗人没有对引起情感的原始刺激进行回想或重复判断罢了。"（张根树《谈谈诗歌创作中的理性思维》，《诗刊》1991年第2期，转引自《新华文摘》1991年第4期）而通常所谓炉火纯青的文字，都是情感圆融于理性的充分体现。而有些文字，如郁达夫《故都的秋》，看起来情感强烈，但细滤之则比较混乱，无法形之于阅读的理性梳理，其深层原因就在于创作时缺乏理性的贯穿。所以对于郁达夫的文字，常常引来不少激烈的批评的声音，便不足为怪了。

至于"悲凉"的意绪，那是一种不干现实生活的，反映在心理结构深处的，因外物与文化的作用而长期形成的某种对不足与遗憾的敏感所产生的感触。教参说："社会风云和个人遭际在作者心理投下阴影，以至于对故都清秋的'品味'夹杂着一些苦涩。"又说："写'灰土上留下来的一条扫帚的丝纹，看起来既觉得细腻，又觉得清闲，潜意识下并且还觉得有点儿落寞'，这些细腻而独特的感受，忧郁而优美的情怀，恐怕只有郁达夫这样一个具有平民倾向又饱受颠沛流离之苦的读书人才能体验到，才能表现得细腻而深刻。"（见《普通高中课程标准实验教科书·语文必修2·教师教学用书》）应当说这样的解释充分照顾了作品与作者的个性，而且理解也比较深刻；但这种解释却没有充分考虑到"悲凉"意绪所具备的文化共性层面。

其实，"悲凉""悲秋""悲伤""伤春"等都同属一个"伤悲"母题下的子题系列，在中国文学史上因为有着长期的历史社会作用而具有其共同的文化内涵与审美内涵。特别需要指出的是，"悲凉""悲秋"因此而能引发人的长久的凄美而哀婉的心境，于是也因而形成一种文化与审美上的偏好。（但这种偏好是一种情感与心理倾向，并不等于"赞美"。）

自然，要费一番周折来解释说明了。我想，这样的解释是必需的。在心理层次上，因为有相同或近似的经历，"哀情"所以能一次又一次地激起人们的心灵感动而形成一种一触即鸣的效果，并在触动中同样回味、观照、玄想那至味的真善美，以及所谓哀婉的人生叹息与不足。有一种理论也认为诗（包括其他的文学门类）就是对痛苦的捶敲与细味，是对暂失自我的一种意识的观照，因而它具有一种超越与玩味的功能。英国诗人济慈甚至认为美总是与忧郁同在，而这种美是"注定要消逝的"。（转引自孙康宜《说愁：论愁的词境与美感》，《新华文摘》1996年第3期）那么这种对非永恒性存在的咏叹，实在能引发人们普遍共有的情感震动，因而具备美学上的审美特质。

　　另外，在文中，作者郁达夫所写的秋景都是那么的"清"与"静"。而"清"呢，乃是中国古典诗学中的一个独特概念。今人蒋寅先生认为它自始至终都是与古典诗歌的终极审美理想相联系的一种趣味。"清"是与"浑厚"相对的一种审美趣味，它明快而澹净，有一种透明感，有时也会有寒冽逼人的感觉。作为风格范畴的"清"，可以表述为形象鲜明、气质超脱而内涵相对单薄这么一种感觉印象。如果具体地加以分析，则可列举出明晰省净、超尘脱俗、清新自然、古雅和凄冽等要素，而其负价的要素则是弱和单薄。（蒋寅《古典诗学中"清"的概念》，《中国社会科学》2000年第1期）在本文《故都的秋》中，与这种"清"而"静"相联的是"古雅""凄冽"的要素，而它们又是与作品中流露出的淡淡的"悲凉"相统一的。于是我们看到，文中闲人悠然的微叹中，那种时光易逝对人又是多么的无情与无奈了。不仅如此，那槐树的落蕊与晨扫的帚纹，秋蝉的残鸣，来去秋雨的匆忽，以及那秋果的清淡，又因为是"注定要消逝的"，这些都能在心理意绪上形成一种清幽哀婉的审美特征。而对于那些对此深有感触的作家来说，这便格外有了一层心灵上的叹息与抚慰。于是心便找到了一次宣泄的对象，于是在相互反射与对流中，主体与客体之间便建立了互融的境界，于是主体（他或作者）感到了安适与舒惬，这与人们沉浸于缠绵轻慢的哀婉曲调时，所达到的持久的程度是一样的。

当然，至今还有人持阶级论或类阶级论的观点，要批评这种审美偏好为病态的倾向。他们批评郁达夫是颓废的、不健康的，似乎因为他在文中对"悲凉"之物多少还带有"玩味"的性质。细心的读者会发现，郁氏说到槐树的落蕊与晨扫的帚纹及秋蝉的残鸣等物象的时候，伤感的色调并不那么浓厚，相反，玩索的意味却很深。但由于郁氏的人生经历以及与鲁迅这位巨匠的关系，又使得后来的批评界极难措辞。但何妨进行一番改造与翻新呢？在爱国主义的大旗下，郁达夫的"颓废"换成由于其"颠沛流离"所致的消极，而其"沉沦"则由于精神的向下看而变成具有"平民"意识了。经过这样的置换后，这郁达夫的感情世界与无产阶级的普罗世界便无遮拦了。其实，郁氏原本不是"贵族"，也并非"精神贵族"，而何来"平民"倾向呢？即使有所谓的"颠沛流离"，又非唐代老杜式的辛苦与悲壮，而在文中又似乎很难寻其踪迹，倒是那种"睡不着躺着，躺不了眯缝着眼"那种置身事外、隔岸观火的所谓情趣与态度时隐时现。……总之，"无产阶级"的郁达夫难存其迹，而"小资"情调的郁达夫也不甚鲜明。说郁氏的审美是病态的，是无产阶级式的批评；说他有平民倾向，也是无产阶级式的批评。在今天看来，这样的批评观可以休矣。

2. "故都"会引起我们怎样的联想？如果"故都的秋"换成"北国的秋"，会有怎样的差别？

有人说，这样一篇著名的散文，却有一处严重的疏漏被大家所忽视，这个疏漏就是"文题不符"。并进一步说："'文眼'之说表明文章的题目的作用是或阐明主旨，或提领文章的线索，或推出文章的写作对象，或统摄文章的取材范围。《故都的秋》显然既表明了文章的写作对象是故都的'秋'，又确定了文章的取材范围是'故都'（即北平）。从立意上讲，文章'悲秋'的意蕴应该浸透在'故都'的花草树木、风云雨雾及人情世故中，如果旁及其它地方的自然风貌和人事百态，那也只是用来作'故都'秋色的衬托而已（本文所写的'南国'秋色即此）。然而事实上，本文却在这方面犯了一个大忌：题目表明本文是写'故都'的秋，而内容却通篇是写'北国'的秋。几乎自始至终写的是'北国'的秋色和秋意。……所以说，如果本文是写'故都'的秋，那么文章内容就'走了题'；如果是写'北国'的秋，那么就应该将题目改为《北国的秋》。这样，文章的题目和内容就吻合了。"（佚名《郁达夫到底是写哪里的秋？——对〈故都的秋〉"文题不符"的一点看法》）其实用词到底还是要看作家个人的喜好。"北国"怎能见深情呢？一个"故"字寄托的是作者说不尽的依恋和回忆。所以我很认同有人这样说，用"北国"或"北平"则韵味就少了；"故都"不仅仅是一个地域或城市的代称，更多的是心理文化层面上的指涉，就像唐诗中的"月亮"不等于"月球"。

3. 读周国文《乡愁的解构》（《每日新报》2003 年 5 月 29 日），我们会有什么样的感慨？对《故都的秋》会有怎样的新的体会？

乡愁是一种绵延在心底的苦，就像爱情在某男某女间的生离死别一样；乡愁又是一种伟大的情愫，它占领了我们心灵中最深邃的部分。

乡愁是源于对往昔之物的特别缅怀，当夜雨响在耳边，乡愁也就如约而至在我们精神的海底。因为每次的归去来兮，所以我们的乡愁像西出阳关的旅人，充满了蓦然回首的美感。

我曾为乡愁的纯真浮想联翩，可一首童谣一段故事之后，我却只能为乡愁的解构而伤逝。乡愁不是离我们越来越远，就是被现代之物改造得面目全非。现实生活是物质的战场，是没有硝烟的金钱与道义的较量，是渐渐容不下乡愁的避难所。精神性情愫的全面溃败，工具主义的无往而不胜，我们的时代还有人类憩身休闲的后花园吗？

也许存在的都是合理的，因此当海峡般的乡愁被摩登高楼慢慢遮蔽的时候，当血缘般的乡愁被流行文化一举稀释的时候，当大陆般的乡愁被感官享乐全盘击败的时候，我们无聊的心底或许已经忘了回家的方向。乡愁还能成为乡愁吗？返身回顾之间，乡愁曾是一段尘封历史的精神勾连，故纸堆中惊雷的声声诉说，已在川流不滞的文化长河中传说着"故人、故事、故园"的隽永灵魂。

当落日夕阳带走了生命中春天的记忆，薄暮的黄昏你还能迎来考古者挖掘史海钩沉的快乐吗?

也许乡愁的解构是一个无奈的现实。当它不成其为艺术品,当它被说成是感情的奢侈,当它已成一段淡漠的回忆,乡愁的刻骨铭心岂不成了弥天大谎?

事实上,我们也正处在一个没有乡愁的物质社会,支撑我们心性的那座精神纪念碑,就在一场没有暴风雨的灾难中轰然倾倒。我们喜爱陌生的城市,我们流连于酒后的街头,我们欣赏新鲜的演出,我们欢呼青春的流浪。

四海为家、浪迹天涯是多么美!乡愁是否只会让我举步维艰?更让我们尴尬的是,回眸中靓丽如花的故园早在漫天的风沙中逝了它的容颜。我们又怎么可能在久别重逢的最新一次邂逅中,为它骄傲地写下最真的言辞?

乡愁被工业文明放逐之后,聊以告慰的情感替代品,只能是机器流水线上制造的后天物质,它有助于身体的肌肉强壮,却丝毫不问心灵的温暖与否。现代化的"乡愁版本"竟然是这么的新潮与另类:键盘敲打的"雨夜寄北"以网上传情的惊鸿一瞥,成就乡愁的未来时;电话情思的无聊滥觞,以话语的盛宴多余的倾倒后现代的情感垃圾;支票汇款信用卡的包打天下,以最经济实惠的功利交换把爱的精神脂肪一口吸干。

乡愁难道真的只剩下情感空壳,它的后花园还在桃花深处吗?假如说外面的世界很精彩,乡愁的苦味你就可以放到一边让别人自斟自饮吗?缅怀乡愁,让一世情缘唱得美一点再美一点!"相见亦无事,不来常思君",在遥远的他乡总有寂寞的时候,所以我们的笔端,我们的吟唱,我们的沉思,难免有乡愁满溢出来的芳香。那时候回不去的故乡是那么的可爱,像童年时母亲在自己摇篮边轻吟的那首儿歌。

我们会慢慢地懂得乡愁是一本历史的巨著,它送给我们的不仅是沙漠甘泉,也给人间的旅人浇灌上心智的露水。寄愿乡愁伴随人类思想者的新生而在精神的坟冢中重新复苏,不要再让我们人类丢失为数不多的几亩梦田。

周国文先生开篇即说,"乡愁是一种绵延在心底的苦","是一种伟大的情愫，它占领了我们心灵中最深邃的部分”。其实，乡愁只是人类普遍情感里的一个很普通的部分，而且，既然是“心底的苦”，为什么还认为是“伟大的情愫”呢？因为乡愁让人思念自己的故园，寻找精神上的慰藉和灵魂上的归依感，不会让人在旅途中迷失方向。但作者对“乡愁”的理解还基于当下人们对乡愁的解构和稀释。因为工具主义、物质主义泛滥，人的精神空间于是太过狭小。作者以浓情的渲染之笔为我们铺写了现代人在现代物质生活里对乡愁的种种消解和稀释，展示了人们沉迷于物质的世界而已经忘记了自己回家的方向，在精神与灵魂上深深地陷入了迷惘的境地，所以，其精神与灵魂上又如何能感受到美好的回忆和深沉的快乐呢？所以，有人说：“乡愁被工业文明放逐了，现在的人喜爱陌生的城市，流连酒后的街头，欣赏新鲜的演出，欢呼青春的流浪；乡愁之于现代仅是一具情感的空壳。深深去体会有感觉的。”作者继续写道，在一个没有乡愁砌筑的世界里，在酒的麻醉与寻求新鲜感官的刺激里，生命中已经很难寻得那最真诚的东西了。而工业文明里，超强的物质和技术并没有使得我们的心志和灵魂同步增进，反而，在诸如网上传情、电话无聊的诉说、情感垃圾的泛滥、实惠与功利的讲求里，只有被物质所奴役的精神上的萎靡、压抑和无奈。所以，作者说，没有了乡愁，只剩下了情感的空壳。但作者还是希望人们能“缅怀乡愁”，体验更美一些的情缘，在笔下多流露一些寂寞的呻吟和沉思的内容，这样的话，“难免就有乡愁满溢出来的芳香”了。最后，作者以深情之笔，希望让人们慢慢地懂得“乡愁”，让精神渐渐地复苏。

郁达夫对“故都”的深情不也可以作如是解？虽然我们不必硬说些“工具主义、物质主义泛滥”之类的话。“故都的秋”我们也完全看作是对一种“乡愁”的解读与深情，更需要我们用一份悠远的眼光来理解。

注：本文发表于《新风教育》2005 年第 3 期。

一文数解构　思乡情何沉

——王鼎钧散文名作《脚印》解读

一、文本解读

王鼎钧先生的散文名作《脚印》，已入选大陆语文教材，应当说体现了编者的眼识。但要想从容地提挈这位华语世界语言大师的作品，其实并非易事。下面本文尝试解之。

王氏《脚印》就其大体章节来说，除去开头简短的感发议论之外，自第2自然段始，行文实际上经历了往复性肯定与否定矛盾展示之过程，从中不难发现作者的思乡情结，在经历了心灵的曲折、痛苦乃至于绝望之后终获解开，对于情感与时间来说，都是释然。这当然得力于他数度使用"解构"的手段，让文本在迂回曲折的表达中将"别样的思乡"坐实。

行文首先讲述了人死之后鬼魂捡拾脚印的浪漫传说，随即以理智（"怀疑"）解构了这个浪漫的传说："鬼魂怎能如此潇洒、如此淡泊、如此个人主义？"，因为"末日大限将到的时候，牛头马面不是拿着令牌和锁链在旁等候出窍的灵魂吗？以后是审判，是刑罚，他哪有时间去捡脚印？以后是喝孟婆汤，是投胎转世，他哪有能力去捡脚印？"这一解构，意在打掉个人的幻念，要看到鬼魂世界里的种种残酷。这一解构，也让人看到现实世界某种真实的情状。

再看，原以为解构了"鬼魂捡拾脚印"的浪漫传说，行文用笔可能会

"灰冷"起来，岂料作者往回一折，说："至于我，我要捡回来的不只是脚印。那些歌……那些泪……人散落，泪散落，歌声散落，脚印散落，我——仔细收拾……"原来，在解构的同时，却注入了更多的情感和用意。这是欲损反益之法。作者所想的，比鬼魂们更痴迷更执着更"贪心"，这自是源于他对故土的情结。王氏仿拟鬼魂传说，虚拟死后捡拾脚印、歌声和泪水，要将一切行迹，并人生的悲喜都收拾干净，以"向夜光杯中仔细斟满葡萄美酒"。而这当然是过于浪漫了。

不过，王氏随即又进行了一次解构。他再度回到理智的层面。"也许，重要的事情应该在生前办理，死后太无凭，太渺茫难期。也许捡脚印的故事只是提醒游子在垂暮之年做一次回顾式的旅行，镜花水月，回首都有真在。若把平生行程再走一遍，这旅程的终站，当然就是故乡。"于是，文章由鬼魂传说，转入到现实中的人生回顾。这就是行文第 7 自然段的"年光倒流旅行"。王氏一并回顾了 20 岁时不盲目跟风的静气与独立、15 岁时憧憬于恪礼守约的中国、6 岁时泥地上的好奇心体验。这些，当然就是一份浪漫的回顾。（不过，似乎又带有鲜明的选择性，后文再论。）

而依循前文的行文逻辑，随后，作者在第 8 自然段，即以自己浪漫的拟想遭遇冰冷的现实，以及所遇社会身份的尴尬，再一次解构了自己"还乡"的冲动及举动。他写道："事实在海关人员的眼中，在护照上。事实是访旧半为鬼，笑问客从何处来。"不过，王氏高明的地方，是并不滞于消极情感的某处，相反，他用冷峻、犀利的眼来审视面前的一切；甚至，他还有高级解构的秘器——解嘲，来应对情感上一再三复的尴尬，并体现在"化解"的功夫上。

我们看，王氏说："但是人有时追求感觉，忘记事实，感觉误我，衣带渐宽终不悔。我感觉我是一个字，被批判家删掉，被修辞学家又放回去。我觉得紧身马甲扯成碎片，舒服，也冷。我觉得香肠切到最后一刀，希望是一盘好菜。"先解释一下有关字句。第一句中之"我"，当然是指感觉的"我"，情感的"我"，怀着浪漫回忆之念的"我"。第二句中后一个"我"承接前一句感性的"我"，自然是一厢情愿的"我"，是"爱"，是

"痴"，是"傻"，是"迷"，是"执"。还有，"批判家"是指理性或客观，而"修辞学家"则指感性或主观。在这篇散文里，在思乡、还乡的问题上，作者就经历着反复性情感与理智的复杂较量。当然，"批判家"，也可以指当时海峡两岸通过电台、报刊等传媒发声的批评人士，他们都有基于自身立场的种种指斥对方的言论；而"修辞学家"，也可以指在两岸情势紧张时，仍然理解和支持彼此的人士。至于"紧身马甲"，还是承接前意，指情感或感觉所围裹起来的浪漫想象。而所谓"香肠"，亦作如是观。

可能是作者深怀政治上的畏惧，也可能是文中所述及的"访旧半为鬼，笑问客从何处来"的事实，时空皆换，物是人非，让人不堪面对。总之，浪漫与现实、理想与客观之间，在此一时无法调和。不过可以看出，王氏面对还乡这样的"情感行动"，他一方面深知现实与事实的残酷，但仍然寄托于自己的情感与感觉，而并不希望将一切毁坏掉。他只是稍稍触及了一点客观与事实便敏感地弹缩回身子，他不愿意去碰触。在"浪漫"和"现实"之间，他最终还是选择了"浪漫"的站位。他甚至为了那份浪漫而解构了"脚印"——每个人的甚至是一生的行经既往史。他说："我有脚印留下吗？我怎么觉得少年十五二十时腾云驾雾，从未脚踏实地？"显然，这是他回避了去故园故土重寻历史旧迹的努力。这，应当是文本的一个巨大的解构。在情感与理智尖锐对立之时，正如前文一再提及，到底还是情感战胜了理智。于是最后，行文又重新回到以情感和传说建构自己的故乡的情境之中来。

再看，"40岁万籁无声，忽然满耳都是还乡、还乡、还乡"，在死寂隔阂40年后，而终有一天，当政治的形势已经不再森严对峙时，相互封闭的闸门一下子打开，"还乡潮"汹涌澎湃而来，可是，王氏却深感不适应。一个整日里叫着要还乡的人，现在对岸的闸门打开了，却无法面对。面对满耳的"还乡、还乡、还乡"，他由胆怯到退避，再到"漠不关心"，处处都巧妙地掩盖了他的沮丧、焦虑和心痛。他居然无家可归！他有难言的心伤。这是莫大的悲哀和无言的心痛。文章极深沉无奈的地方正在这里，是要读者静思和深想的。

随后，作者话锋一转，像打起了轻快的口哨，又像是对谈的话题转移，他说："你还记得吗？乡间父老讲故事，说是两个旅行的人住在旅店里，认识了，闲谈中互相夸耀自己的家乡有高楼……"于是行文转入了新的故事传说。这实际上是王氏的一番解嘲。而其间，无论是第一个故事（"楼顶上有个麻雀窝，窝里有几个麻雀蛋。……窝破了，这些蛋在半空中孵化，新生的麻雀就翅膀硬了，可以飞了。……贴地飞，然后一飞冲天"），还是第二个故事（"有一座高楼，有一次，有个小女孩从楼顶上掉下来了，到了地面上，她已长成一个老太太"），其实都是对前面"腾云驾雾，从未脚踏实地"一句的回应，都强调对生活过程的刻意遗忘，对"脚印"的刻意遗忘。最终，在一个貌似相互吹嘘的故事传说中，让沉郁的情感获得了一次尽情的释放。如此，将一个老游子面对突如其来的"还乡潮"的却步、逡巡、苦闷与自慰之情，都尽情地表达了出来：尽管归路断了，但任何人都阻隔不了一个游子将故乡中已融入骨髓的成年前的那一段揽入心头的事实。所以，行文说："你已经遗忘了太多的东西，忘了故事，忘了歌，忘了许多人名地名。怎么可能呢？那些故事，那些歌，那些人名地名，应该与我们的灵魂同在，与我们的人格同在。"由外在的还乡重寻故地行动，到化为内心深沉的记忆和默想，形式变了，但思乡的内容并没有变，相反，似乎更为直接和纯粹了。

值得注意的是，一旦思乡的悲情转化为喜剧，亦即意味着作者思想由先前的执着化而为彻悟和豁达。无论是"落蛋变飞鸟"的故事，还是"女孩变老太"的故事，都含着喜剧和解嘲的色彩，是自外而向内，是从求诸外而转为求诸内心，是在饱经沧桑之后生命和人生的更为纯粹而本质的顿悟。于是，长期因思乡而起的思念尤其是种种焦虑，现在都在瞬间消散，大悲大痛在夸张的荒诞喜剧面前，都破涕为笑了。这当然是一次割舍，是与外在的故乡，与过去的发生在故土上的历史所作的一次切割，是不得已而求其次的一次取舍。自然，也是一次大的解脱。而对长期思乡苦不堪言的作者来说，既往的历史和"脚印"，曾经是他化不开的心结，现在终于获得了化解，而纠结的心也因此而释然，这自然是新的开始。所以，文末作者写道："我一旦回到故乡，会恍然觉得当年从楼顶跳下来，落地变成了老翁。真快，真简单，真干净！种种成长的痛苦，萎缩的痛苦，种种期许，种种幻灭，生命中那些长跑、长考、长年煎熬、长夜痛哭，根本没有时间也没有机会发生，……这不是大解脱、大轻松，这是大割、大舍、大离、大弃，也是大结束、大开始。"

在最后，作者还不忘幽默地写道："我想躺在地上打个滚儿恐怕也不能够，空气会把我浮起来。"显然，是在模仿"落蛋变飞鸟"的故事，带有那么一点搞怪的味道。

二、知人论世

当然，名作《脚印》中还有不少棘手之处，并不被轻易破解，由此可见解读上的难度。

可能因为缺少了时代背景，以及海外游子心路历程的充分介绍，同时还因为缺少了对作者散文风格的足够认知，致使文本解读起来非常不顺。事实正是如此。不少教师在教授时都深感头痛。如此美文，却无法"下手"，只得干瞪眼而仅获一点肤浅的印象，这对编入教科书的名作来说，显得颇为尴尬。

现在看来，"捡拾脚印"的故事，说白了，是一个死后的人化身为鬼魂，以"一次回顾式的旅行"，将人间的所有痕迹并自己的全部历史都抹掉。想来，拾脚印的鬼魂一定感慨万千，怕也多半感伤不已，可能是这个浪漫故事的底本。所以，作者显然不想简单"就范"于此，他力图挣脱出来。他说："古圣先贤创设神话，今圣后贤修正神话，我们只有拆开那个森严的故事结构，容纳新的传奇。"对于饱经沧桑、从风浪里顽强生存下来，"把人放在历史风云激荡的漩涡里加以表现"（引自楼肇明《谈王鼎钧的散文》，见《王鼎钧散文》，浙江文艺出版社 1999 年版，本文是书的序言）的作者来说，其足迹所触及之处，人生所经所行，却要艰险、壮观和复杂得多。因而王氏发痴愿，捡脚印，同时一并重拾歌声，以及"化为铁浆""凝成铁心钢肠""钢铁还原成浆"的冷泪老泪。又说："我——仔细收拾，如同向夜光杯中仔细斟满葡萄美酒。"以老道之眼看沧桑之往，发透自然更为充分。但是，这种行为仍然属于"个人主义式"，甚至一厢情愿而过于浪漫了。

在作者冷静的理性看来，人生实际上要客观和无情得多，严峻和冰冷的现实常常将一切击碎。在另一篇"答记者问"里，他说："我是赤着脚走路的那种人，路上没有红毯，只有荆棘。中年以后整理自己的生活经验，发生了一个疑问，当年走在路上，前面明明有荆棘，为什么走在前面的人不告诉我呢？前面有陷阱，为什么没有人作个标记呢？前面有甘泉，为什么去喝水的人不邀我同行呢？经过一番研究，我知道一般人在这方面是很吝啬的。于是我又衍生出一个想法：我一边赤脚行走，一边把什么地方有荆棘、什么地方有甘泉写下来，放在路旁让后面走过来的人拾去看看。"（王鼎钧《答〈幼狮少年〉读者问·十》,《作文三书1：作文七巧》,国际文化出版公司2007年版，第99—100页）尽管如此，作者与人为善的心田，还是为良善培育新的种子。作者否定了一个过于烂漫的还乡的幻想，可能还由于更深的善的因素。也许与当时整个中国历史与现实的处境不无关系。所以捡拾的"歌声"与"热泪"里，以及门外、窗外、墙外等等所到的脚印，就并非如某些参考书上所言为"情人的印记"[《脚印·课文说明》："而'在你家门外、窗外……恐怕高过你家的房顶'一句，显然是他对爱人的宣告，是他的青春舞曲中的华彩乐章。"见中等职业教育课程改革国家规划新教材《语文（基础模块）》上册教师用书，语文出版社2012年版，第37页]。此外，正如作者在《与生命对话》一文中所说："有些中国老人怕回忆，如果他是强者，他有太多的孽；如果他是弱者，他有太多的耻，两者俱不堪回首。他的回忆录不等于回忆。"（王鼎钧《与生命对话》,《昨天的云》，中国工人出版社2000年版，第255页）对于作者来说，他痴迷于还乡，不拒斥于回忆，就在于他敢于面对内心的真诚。当然，这也还含着王氏自身的一份使命。

王氏虽以基督教为信仰，但佛家的观念也不少，而儒家文化始终对他产生深刻的影响。他在《与生命对话》里说:"作家的遭际、见闻、思考,都是上天给他的讯息。作家接收信息,'译'成文学,纵不能参化育也要尽善美,纵不能尽善美也要求善求美,在有限的善美中表现无限的天机。世缘可得可失,恩怨可了可忘,利益可有可无,吾生有涯,朝闻道,夕死可矣。"(《昨天的云》第 251 页)可以说,求善求美,直至"参化育",显示了他在为人与为文上的自觉追求。

王氏前半生颠沛流离,小学尚未读完,对日抗战开始,这一场在千万中国人心头上烙下难以磨灭伤痕的战争,同样也影响了他的一生。战争中,他被迫与家人分离,离开故乡,冲破封锁线,成了流亡学生。这种非常的生活,迫使他从无忧的童年,骤然经受人生的苦难,又成了一个无依的少年。但是,对此惊天巨变,深执善念和家国情怀的作者,回记这段时期,曾如是写道:"流亡期间,跋山涉水,风尘仆仆,和大地有了亲密的关系,祖国大地,我一寸一寸地看过,一缕一缕地数过,相逢不易,再见为难,连牛蹄坑印里的积水都美丽,地上飘过的一片云彩都是永恒的。我的家国情怀这才牢不可破。"(转引自李宜涯《文路无尽誓愿行——力求突破的作家王鼎钧先生》,见《作文三书 1:作文七巧》第 128—129 页)

这些又都促成了作者对往日的充满不舍之情的回忆。他谈苦难,很多时候则刻意避忌,于是我们看到,一个春风少年,一个好奇的少年,一个仍然怀揣理想的少年,仍然透过时代的浓烟,站在河山的高处向着我们招手微笑。这就是《脚印》里所写的:"我若站在江头、江尾想当年名士过江成鲫,我觉得我 20 岁。我若坐在水穷处、云起时看虹,看上帝在秦岭为中国人立的约,看虹怎样照着皇宫的颜色给山化妆,我 15 岁。"这每一段的往日都是真切的、要强的乃至坚强的。而其时,山河残破,民人流离,悲惨连连啊。

然而,抗战虽然胜利了,但现实的艰难依旧。国共分裂,内战惨烈,海峡对峙,同是中国人因为政治而无形地分割开来。稍稍回顾一下 1949 年及以后几十年的历史风云就都知道,有多少民人与士子背井离乡,颠沛流离,抗战之后辗转去了台湾。而在所谓"光复"之念无望后,有多少人在绝望中消沉，又有多少人终老客死他乡，都不能回到自己的故乡。故乡，成了多少人魂牵梦绕而无法触及的所在，故乡之念，因为生死难及而成灰念，并最终成了畏惧与禁忌。而王氏 1949 年以宪兵之身来到台北，笔耕于文艺，又曾听命于时局政治，当然也与所有赴台的人们一道，经受了异乡游子无数轮灵魂辗转和挣扎之痛。1978 年，王鼎钧答应美国西东大学的邀请，赴美编写华文教材，两年期满之后西东大学继续聘他，从此，定居美国纽约，离开生命中的第二家乡台湾。对王氏来说，与其说是一个选择，倒不如说是一个残酷的逃遁，有如遁入空门。王氏每当回忆这一段，心中似乎有说不出的痛。他说："美国是我的空门啊！当我踏入美国机场，喝着饮水机中的水，我就告诉接机的朋友，这水，是忘魂水，从此要我忘记以往的一切。"（《作文三书 1：作文七巧》第 130 页）这，似乎就是《脚印》里所提到的"是喝孟婆汤，是投胎转世"。对此，王鼎钧还在《海水天涯中国人》一书中说过："时代用挤牙膏的方法把我挤出来，从此无家，有走不完的路。"事实上，从 14 岁那年离开家乡，当起流亡学生，王鼎钧就已无可奈何地走向人生的空门。而赴美之后的生活是否也要写？王氏摇摇头，淡淡地说："我在美国就等于死了！到了美国以后就没有生活了！没什么好写。"（同上）他还说，"我也不知道，大陆开放后，我曾向老家查问过，但老家的亲人都不在了，资料也没了"，"说（生日）是 1925 年 4 月 4 日，也是在台湾报户口时随便说的。"而这一日，是王氏当年做流亡学生，学校承办人员帮他填写的，而这天是学校的校庆。（《作文三书 1：作文七巧》第 128 页）正因为如此，即使能够倒着回忆，渐渐逼近故乡，最终难免沉浸在伤悲之中不能自拔。

但是，这与作者的写作风格与做人的良知是相违的。含有《脚印》在内、出版于 1988 年的《左心房漩涡》一书，所写所记均为故国之念，虽有刻骨相思，却幽而不怨，伤而不滥，潜气内转，愈见沉郁。有评论说："令每个或年长或年少的读者，都能感到一股思念大中国的情怀，热滚滚地流动在心房心室中，形成漩涡，越漩越深，难以自拔。"（《作文三书 1：作文七巧》第 131 页）所以，不愿意说的，作者最终都不会说。多少回忆，在这个义字里，都仅仅是一笔带过，浮现一下，然后转入水底，化而为无形的漩涡，渐渐地消逝而去。

正因为种种客观与情势所限，人事已非，与故乡所有的联系又都中断，所以作者人到中年之后心中突涌的思乡与还乡的冲动，与因政治等因素而回不了故乡的事实之间产生了冲突，激烈而难消。而最为诡异的是，"四十年万籁无声，忽然满耳都是还乡"。是啊，政治气候一旦出现变化，于是人人竞相赴陆"回巢"，还乡成了巨大的冲压。那么多人都拥挤着回乡，从他身边挤过去，然而，作者却不能，他仍然有很多惊怕。也难怪，他对于故土上的政权仍然无法有更多的了解，因而最终，彼时的他只好再度回到一个虚拟的故事情境之中。正如台湾翰林出版社所作的一个阅读专题里所揭示的："最后以传说刻画大解脱的境界，离乡如从故乡般的高楼落地，四十年流离苦难的岁月，化为刹那，一切都不曾发生，一切都可割舍抛弃，让一切从头开始吧。"（引自名为"一方阳光王鼎钧－新北市政府教育局"的一则网文，见"豆丁网"）在这一份刻意的解脱里，所有的过程都消失，所有的不顺都被铲平，所有的苦痛都淡隐而去，于是，《脚印》行文以另外一种荒诞的方式，回到了开头由自己所否定的那个传说之中。以传说对传说的方式，以浪漫而解嘲的方式，将痛苦和尴尬都深埋后结束了行文。

当然，对于作者来说，所谓浪漫与解嘲，都是他真实灵魂、真实情感的披露。

作者曾接受台北世界新闻大学教授廖玉蕙女士的访问，自述在文学创作途中摸索成长，有这样一段话："1980 年中国大陆对外开放，我观望了一阵子，确定海外关系不致伤害亲友，就歇心悔过大索天下，向故旧印证传记材料。当时所收到的每一封信都使我非常激动，这种类似死而复活的激动，类似前生再现的激动，必须用另外一种形式表达，而且迫不及待。所以《左心房漩涡》在自传《昨天的云》之前写成，面目腔调和《昨天的云》不同。"（廖玉蕙《纽约访问捕蝶人》，见王鼎钧《开放的人生》，国际文化出版公司 2007 年版，第 107—108 页）这也大致可以解答作者在写作

《脚印》时的一个情因。

作者又说："1982年，我对中国大陆展开了连续四年的通讯搜索，向'隔世'寻找我'前生'的旧识。""五十年了，经过那么长的战争和那么多的政治运动，旧人怎会仍在原处？不错，内战期间的撤迁徙，战争停止后的大清洗，他们在数难逃。他们的星球爆炸了，他们散落在黑龙江、内蒙古……，做旧世界的碎片。谢天谢地，他们还活着。种种磨难都是事实，可是他们活了过来。谢天谢地，外面风传的大灭绝并未发生。"(《昨天的云》第252页）不了解这一段，就无法读懂他在《脚印》中何以绝望到要毁灭"脚印"的地步。

【附注】有关"内容提要"如下：

在名作《脚印》中，本文发现，王鼎钧先生数度解构于感性与理性、情感与现实之间具有无法调和性的思乡情结，进而发现，其所最难面对的仍是现实及尴尬的身份。为缓和长期思乡的紧张与焦虑，王氏选择舍外求内的自慰法，将生活过程包括人生足迹（即"脚印"）进行刻意遗忘，终于解开了心结。这对获取大陆消息不畅的海外游子来说，在当时确实是一个退求其次的疗心法。而对读者来说，要理解《脚印》，还须知人论世。参考王氏的人生行迹，走进他的内心世界，考察他的思想意识，对于解读作品仍然是很重要的。

注：本文发表于《名作欣赏（上）》2017年第1期。

丧家狗，弄圣道具耳

——读李零信件和《韩诗外传》所涉细节

一、李零教授界定"丧家狗"

北京大学教授李零先生随北京师范大学教授于丹女士的《〈论语〉心得》之后而出版《丧家狗——我读〈论语〉》，在社会及网络上又掀起了一股"论语热"。不可否认，这是一部"旁征博引、考证精深"的著述。而据著述者自己所说，该著是源于给本科生所开设的《论语》课。"2004 年的下半年和 2005 年的上半年，我花两个学期，一学期讲半部，把《论语》从头到尾讲了一遍。这部讲义，就是根据我上课的记录整理而成。"（李零《丧家狗——我读〈论语〉·自序》）可以看出，该著是在比较充裕的时间里完成的，照理讲可信度比较高。然而细细究来，我可能要表示谨慎的态度。比如：

> 孔子不是圣，只是人，一个出身卑贱，却以古代贵族（真君子）为立身标准的人；一个好古敏求，学而不厌、诲人不倦，传递古代文化，教人阅读经典的人；一个有道德学问，却无权无势，敢于批评当世权贵的人；一个四处游说，替统治者操心，拼命劝他们改邪归正的人；一个古道热肠，梦想恢复周公之治，安定天下百姓的人。他很恓惶，也很无奈，唇焦口燥，颠沛流离，像条无家可归的流浪狗。（同上）

截取孔子人生经历的某一段建学立说固非不可，然而立言成说，则需要新证，除了概念的重新审视外，更多则寄望于新据。即使"概念的重新审视"，也必有所根据，而不能擅自附加某说。而且，要言之成理，还需要对该概念作一番历时性梳理。比如何谓"丧家狗"，后世对"丧家狗"一词的历史沿革究竟作出何种认识，而孔子与"丧家狗"之间究竟有多少实质性的内在联系，等等。如果这一番"据事类义"，确实启蒙发轫，则于学术于个人来说，都有极大价值。

说孔子是"人"等于没有说，非人而何？而否认他是"圣"，则又匪夷所思。所谓"圣"，乃人格高尚、智慧高超者，以圣呼之，这是他人或社会组织加于孔子而非孔氏自封因而并不过分。显然，在解释"圣"这一词语时，李零教授极力要离开它通常的含义，如此刻意实无必要。又说，孔子的情状"像条无家可归的流浪狗"，则更令人难以接受。

"流浪狗"是当下颇为流行的一个词语，有人作过这样的描述：

流浪在外的狗不免毛发脱落，皮肤溃烂，大多数流浪狗都有残疾，眼睛瞎、断腿、破皮等；它们只能在垃圾堆里捡食，遇上好心人会给一口吃的，如果遇上狠心的人又会遭到摧残；很多流浪狗会被小孩子欺负，有的被戳瞎眼睛，有的被打断骨头……夏天会被蚊虫叮咬，以致传染上各种疾病；冬天，寒冷包围着它们，没有窝和食物的它们只能蜷缩在角落。没有毛发的狗很难度过这寒冷的冬季，绝大多数会因为缺少食物御寒而死去。（见《谁在制造流浪狗》，《今日消费报》2008年2月29日）

从这一节文字来看，此类动物并没有什么生存的权利，是需要人们付出同情心并献出爱心予以关怀和保护的。而以此加于孔子，我以为过于草率甚至带有侮辱性。而这一词语的使用，又使得短短一节话语之内充满了不可思议的矛盾和错舛。

如果仅仅是学术媚俗还情有可原，但是此种做法与将"古惑仔"这样一个流行于粤港坊间，生活方式堕落放纵甚至行为举止反社会传统而干黑社会的混混角色，加之于大诗人李白头上一样（如檀作文《大唐第一古惑仔——李白》所述），则混淆了所使用词语的对象与范围，而仅为一己学术之"成言"作恶意的解释甚至是强辩，则如孔子所说"过而不改，是谓过矣"（《论语·卫灵公》）。如此作为，实则令人不安。"新定义李白"的檀博士后来在新浪博客上发表道歉声明，在这点上显得可贵。

在社会和网络对"丧家狗"一词争论四起时，李零教授有一封落款时间为 2007 年 4 月 29 日的写给其"苏里兄"的信件，特别引人注目。除了开头学人们惯常的对网络世界"充耳不闻"以显示其守常矜持之外，信中对"丧家"一词的读法和用法进行了辨析，就"丧家狗"的出处引了五则材料，并对《韩诗外传》的相关材料进行了一番分析；但笔锋转至"圣人"一词的看法，以孔夫子的"自我否定"作结，则显得信心和理据都不太充分。下面一一展开来看。（以下引述该信不另说明）

对于"圣人"一条，李教授说：

先秦古书，无论《论语》，无论《墨子》，无论《老子》，还是其他书，所谓"圣人"，既不是神，也不是普通人，而是聪明绝顶、道德高尚、有权有势，可以安民济众、治理天下的古昔圣贤，特别是指尧、舜、禹。台湾有人写过这方面的考证。上文提到的"四圣"就是这种人。在《论语》中，孔子说的很明确，圣人，他是见不着的。他怎么会说自己是圣人？

孔子自然不会自言圣人，而《论语》多处都有孔子的自谦之词，比如他说过"若圣与仁，则吾岂敢？抑为之不厌，诲人不倦，则可谓云尔已矣"（《论语·述而》）之类的话，但不能由此否认他的高德和博学所孕育出的"圣"境，更不能将孔子的客气视为当然和实然。荀子在《劝学》里所言"积土成山，风雨兴焉；积水成渊，蛟龙生焉；积善成德，而神明自得，圣心备焉"，比照夫子所为，这个"圣"自然不是后世佛教解经里所赋予变幻与神通的含义，就现实世界来说，乃是一个肉身之人所能够及达的修为高度。明了如此，何必惧言成"圣"成"神"呢？

在李教授给出"圣人"的界定里，还附带有来自台湾方面的证明（具体证明没有见到），似乎是完备得无懈可击。但是"圣人"一词的含义里是否必然包含了"有权有势"等因素呢？如果必然如此，那么颜渊和孟轲之辈根本就进不了后世的视野，那么一切精神道德学问上的提升与修炼，如果不与世俗权势结合，要么不是被后人歪曲，就是一个奇幻的梦呓症。其实，"圣人"一词即使是在孔子时代，也不只有"圣王"的意思。这一词，今天词典里给出的解释不少，最基本的有两条，一指"德高望重、有大智、已达到人类最高最完美境界的人，有时也专指孔子"，一则指"封建时代（其实更早时代）对君主的尊称"。此外，还可以指称皇后、皇太后，或泛称佛、菩萨等得道者，或尊称有异术的仙道、方士等。大概，即使在基督教背景的西方，一切类似征象的精神修炼者，在李零教授的眼里，恐怕也都不过是一种幻想罢了。因为在信中，他注重的是所谓的"事实"：

　　我用"丧家狗"作书名，不是骂孔子，不是比自己，只是为了说明孔子的真实遭遇，知识分子常有的遭遇，我很同情他的遭遇。他有精神，有理想，谁都不否认，问题是精神无所托，理想无所遇。这是事实陈述，不是为了给孔子抹黑。

　　李教授既说孔子"有精神，有理想"，又说其"精神无所托，理想无所遇"，这是两个层面的内容，如果以后者否定前者，则给人以过于功利和物质的倾向。但历史并没有因为孔子追寻理想十余年没得实现并抱遗终身而否定其历史的精神与人格的地位。

　　孔子有两个行事的原则。一是不合"礼"事他坚决不做，二是坚守"仁"，即使面对困境，也充满热情而从不知辛苦（下文还要谈及）。而困境之中的超凡豁达与爽朗笑声，在《论语》之中不止一处有描述。在整个人生征途中，不可能说不遇到困惑与挑战，而孔子虽被别人嘲弄为"丧家之狗"，但其精神到底健旺，是敢于面对艰苦的环境而不屈的。事实上，为成就一个凡人的伟大，命运有时就是要在困厄中去发现人、认识人，从而锤炼人，直至完善与升华人。没有十余年周游列国的艰辛遭遇，是不能成就真正意义上的孔子的。而这恰恰是一个肉体凡胎、出身低贱的孔子最后成长为一代圣人的最内在、最坚实的依据。也就是说，一个人成为一代圣人，是在艰苦卓绝的环境里对抗性生成的，而绝不是一个万人膜拜的泥塑木雕。如果李教授能够揭示孔子于艰难之中的坚韧不拔，便可能不会刻意去寻找所谓"事实"云云。其实，对"艰辛遭遇而能够坚韧不拔"的精神之路予以否认或漠视不见，只是李教授偏执于其"想极力通过对这一词条（'圣人'）的否定来达成孔子只是一个'丧家狗'的学术预设"，而无视一般的情理与逻辑，做得颇有些别扭。

二、孔子为何拒绝"丧家狗"

再看，李零教授的信里还有这样一段：

第五条的意思主要是，姑布子卿相孔子，想看看这位人称"圣人"的孔子到底像不像圣人。我们要注意，这个故事的象征意义到底在哪里。这才是问题的关键。

姑布子卿给孔子看相的用意是什么，今天已经难以确切地断定。这也似乎是李教授可以发挥的地方。但在我看来，这种"发挥"如果脱离文本本身，便不好评说。所以李教授要追问"这个故事的象征意义到底在哪里"，估计连他自己都难以回答。为说明问题，这里还是整引《韩诗外传》相关原文：

孔子出卫之东门，逆姑布子卿，曰："二三子引车避，有人将来，必相我者也，志之。"姑布子卿亦曰："二三子引车避，有圣人将来。"孔子下，步。姑布子卿迎而视之五十步，从而望之五十步。顾子贡曰："是何为者也？"子贡曰："赐之师也，所谓鲁孔丘也。"姑布子卿曰："是鲁孔丘欤！吾固闻之。"子贡曰："赐之师何如？"姑布子卿曰："得尧之颡，舜之目，禹之颈，皋陶之喙。从前视之，盎盎乎似有王者；从后视之，高肩弱脊，此惟不及四圣者也。"子贡吁然。姑布子卿曰："子何患焉？污面而不恶，葰喙而不藉，远而望之，赢乎若丧家之狗，子何患焉！子何患焉！"子贡以告孔子。孔子无所辞，独辞丧家之狗耳，曰："丘何敢乎？"子贡曰："污面而不恶，葭喙而不借，赐以知之矣。不知丧家狗，何足辞也？"子曰："赐，汝独不见夫丧家之狗欤！既敛而椁，布器而祭，顾望无人，意欲施之。上无明王，下无贤士方伯，王道衰，政教失，强陵弱，众暴寡，百姓纵心，莫之纲纪。是人固以丘为欲当之者也。丘何敢乎！"（引自韩婴撰，许维遹校释《韩诗外传集释·卷九·第十八章》，中华书局1980年版，第323—324页）

再回到前面所提李教授的话题。李说"姑布子卿想看看孔子到底像不像圣人"，看来肯定是有问题。从《韩诗外传》这则记录看，其实孔子也好，姑布子卿也罢，两人都心中有数。这里的问题是：孔子为什么要躲避？既然双方都知道对方，而姑布子卿也明明知道对方是"圣人"，为什么还要羞辱？我以为这些才是问题的关键所在。

现在看，"必相我者也"，前者（孔子）很清楚来者不善，一开始便感觉不妙，要躲避，甚至还要步行，弄得像个仆夫。当然，也有人说是显示夫子为人的恭敬，不过究竟未与姑布子卿照面，与《论语》里常常想与那些高人隐士主动会面所记录状况有所不同。可见孔子周游列国这一路走来，如此奚落他的人不在少数，遭遇捉弄的事儿不知发生多少起。这回的预感果然应验。

而"有圣人将来"，后者（姑布子卿）其实也很清楚将要碰面的是谁，但似乎要捉弄孔子一行人，还要装模作样地端详、审视什么的，一句"是何为者也"（这个人何故是这个样子）露了天下所有会糊弄人的底，可惜子贡不知，居然还老老实实地自报家门。于是姑布子卿便借题发挥了一通，结果弄得子贡很紧张。子贡的"吁然"，不外是夫子有王者不凡之相却如今遭遇如此难耐之困厄，其显容似乎还很狼狈（高肩弱脊）。而姑布子卿显然比较险恶，一方面有意开释子贡的感慨，说"子何患焉？污面而不恶，葭喙而不藉"（您担忧什么呢？他虽说面部污黑但并非面目可憎，虽然满嘴短髭但并不显得杂乱），另一方面却又以绵里藏针的说辞给对方施加新的压力，说什么"远而望之，羸乎若丧家之狗"（只是从远处望见他，消瘦得像一条举丧之家弃置的狗）。可是子贡对这种夸毁参半的"糖衣弹"好像失去了应有的敏感，这回居然"顿然释怀"，并对于孔子不接受"丧家狗"的说法表示不解。《韩诗外传》里这个文本的拐点正在这里。要知道，孔子知名的弟子性格各异，《史记·仲尼弟子列传》说，曾子谨慎，子路莽撞，而子贡反应快、"利口巧辞"，以及"喜扬人之美，不能匿人之恶"，尤其是后者，显然是被姑布子卿利用了。可见姑布子卿的手段了得，事先的功课以及临机的应对都显得很高明。

但对孔子来说，他当然知道对手的用意所在。于是感慨系之，说了长长的一段（"赐，汝独不见夫丧家之狗欤！……"）。一是说明什么是"丧家狗"，关键在"顾望无人，意欲施之"（那条狗环顾而望，无人理睬它，心里明白自己就要遭到遗弃）。二是阐明别人给他的这个嘲弄形容的根据所在，所谓"上无明王，……是人固以丘为欲当之者也"（当今天下的局势是，上无明王，下无贤能的士人和强有力的诸侯，以德政安抚臣民的方法已经衰颓，政治与教化已经丧失，以至于强者欺凌弱者，势力大者糟蹋力量小者，而百官贵族们又放纵情性，没有谁能够惩治他们。面对如此混乱的天下，所以人们确实将我孔丘看成是无主的狗了）。三是澄清自己并非捆绑于统治体系而为权势所弃置的附属物，即"丘何敢乎"。从第二点可知，夫子周游列国落落失意，很多人误以为是四处奔忙为求官而不得。所以孔子要说"丘何敢乎"，亦即不接受这样一顶帽子，不受此侮辱，可见他的高傲。

但孔子究竟不与姑布子卿照面之事是要深究的。先宕开一笔，举《论语》的例子来看看另一批人是如何看待孔子周游列国的：

仪封人请见，曰："君子之至于斯也，吾未尝不得见也。"从者见之。出曰："二三子何患于丧乎？天下之无道也久矣，天将以夫子为木铎。"（《论语·八佾》）

这里的"丧"，注家释为"失官"。这则文字除了见出卫国仪邑边境管理员的见解确实不凡外，又颇能说明一些问题。一则是很多人误以为夫子一行人是"为四处求官而奔忙"并非其来无自，所以这位可敬的边境小官员要劝慰孔子的学生们"诸位何必为失官而担忧呢"；再则见出孔子周游的真正用意和深远的意义，因为是"天将以夫子为木铎"（上天要夫子来宣扬大道）。由此可见《韩诗外传》中孔子为何要颇费心思地说出那么长的一段。

此外，由《论语·微子》"楚狂接舆歌而过孔子""长沮、桀溺耦而耕""子路从而后，遇丈人"等多则记录也可以看出，听话听音而知弦外之意，对于接舆、长沮、桀溺和荷蓧丈人这些避世隐士，虽然他们并不认同孔子的治世思想，但均不怀疑孔子"为改变天下无道而奔波"的事实，所以孔子或亲自下车，或惆怅感叹，或派人请见，由此也可见《韩诗外传》这里姑布子卿之所以不被孔子接受的深层原因了。又由此可知，称谓孔子"丧家狗"者，还有一个潜在的心理衡估，即孔子一干人等不过是到处求官而不得，以至于弄得栖栖遑遑，狼狈至极。姑布子卿所谓"丧家狗"者，虽说不至于极度恶劣，但也只是庸人的识见，看不出多少高明来，所以与"仪封人"等的见识比较起来，便差之远矣。

需要说明的是，"有圣人将来"，这句话是姑布子卿对他自己人说的，并非出自孔子之口。但他对"圣人"的认识，由于自身识见的局限，到底滑向了"丧家狗"的层次而不能再提升一步。而李教授，也因为囿于所谓学术"新见"，要将孔子拉下神坛，让他重新做"人"，看不到命名"丧家狗"者的识见水平，而错误等同所谓的事实，硬将"丧家狗"做了"圣人"的替身。关于这一点，《韩诗外传》似乎怕当时或后世误解，还特地言明"孔子无所辞，独辞丧家之狗耳"，不知教授先生看到否？

显然李教授是装着没看见。他居然说"孔子宁认'丧家狗'"云云。学术的前提错了，所以话语看似铮铮其实含糊闪烁：是"圣人"就不可爱了？喜欢一个活生生的孔子，也不必硬要往"丧家狗"上套啊！

再看李教授，又说：

在上面的故事中，"丧家狗"是和"圣人"相对而言。这有很深的寓意。孔子宁认"丧家狗"，不认"圣人"，是他清醒的地方。

大家可以想一想，从大方向上想一想，哪个说法更贴切。

我把这个故事翻出来，目的不是为了挑起争论，而是为了理解孔子。我不觉得颠沛流离的孔子，就比死后冠以各种头衔的孔子更少光辉。我喜欢的是那个活生生的孔子，而不是泥塑木胎，端坐在孔庙当中受人膜拜的孔子。我的目的，是要彻底破除历代崇圣、美圣的虚伪说法，还孔子以本来面目，这有什么不对吗？

一个历史学家，不管为了什么目的，难道可以用信仰、感情代替历史真实吗？

我的观点很明确，也很简单，孔子是个可爱可怜的"丧家狗"，不是本来意义上的"圣人"。我是拿他当"人"来理解，不是当"圣"来崇拜。要骂尽管骂，不用拐弯抹角。

我没有崇圣的心情。对我来说，"圣人"才是骂孔子。我和很多人的文化立场不同，他们的反应很正常。

对于崇圣者，我只能说，你把"圣人"强加给孔子，训诂学的考证帮不了忙。

其实，为了理解孔子，既无须将孔子拉下神坛，也无须树什么"丧家狗"的牌子，给孔子正名。李教授所说"我不觉得颠沛流离的孔子，就比死后冠以各种头衔的孔子更少光辉"，倒很有极大的价值。确实，孔子"颠沛流离"这一段经历，完全可以揭示其最为丰富的心灵历程，从而揭示更丰富的人生意义。而正是在这段世道人情的体察里，初步摆脱困扰于权力纷争里的孔子来到外面（鲁国之外），看见了真实的世界情势，更看清了时代的真相和一个时代乃至后世究竟需要何种品格。而这种"看清"反而更加坚定了他立足于一个时代甚至超越一个时代为教育为文化的情怀。于是，当孔子经过十余年的奔波，再度回到曲阜，所从事的虽然还是授徒讲学，但到底不再从政，并且还增加了不少"文献整理"的工作，这是一份难得的理想坚持和精神清明。（谁还能再说孔子"精神无所托，理想无所遇"呢？）而这一段颠沛流离的经历，对于孔子来说不仅是学术上的一个检验，更是人格上的一次检验和文化上的一次检验。

当然，这个过程仅仅从《论语》的片言只语，尚不能作清晰的考察。还要看到，后世儒学终于登上了历史的舞台，其真正的精神依据何在，文化依据何在，其实都需要学人们将孔子与后世儒家的线索一一理清。因孔子某一段人生经历而将其界定为俗人之见的"丧家狗"，强赋所谓新意，并不可取。西方"浮士德"的精神游历比较丰富，而东方孔子的精神游历，也并非白纸一张，尽管无详史可征，但对春秋以来的史料，可以作种种钩沉和爬梳。种种文献、地域风俗，以及地下考古等，不同的有形或无形的文字之间，事实上都有很多事可做。李教授将那一段段蕴涵着无限丰富的内涵轻轻撇过，仅仅拣起"丧家狗"，挂在旗杆上，意欲做大文章，虽然达到了耸人耳目、掀起波澜的目的，但以学术思之，未免不是一个欠缺和遗憾。

三、有关史料的文本细读

对李教授在"丧家"和"丧家狗"所作语义上的考释是否得当，已作部分澄清。而他对《韩诗外传》等关于"丧家之狗"的解释，又转引了《史记集解》的一个解说，属于"考据"部分，我仍然觉得有分辨的必要。

他在信中又说：

又，顺便说一句，《史记·孔子世家》"累累若丧家之狗"，《集解》引王肃说："丧家之狗，主人哀荒，不见饮食，故累然而不得意。孔子生于乱世，道不得行，故累然不得志之貌也。"下面的引文就是上引《韩诗外传》。这条注文，我没提，倒是值得注意。我认为，王肃的根据就是《韩诗外传》。他的话很清楚，"丧家之狗"，主要是形容孔子不得志，不是骂他。

这里的说法倒是很有意思。没有细析《韩诗外传》而直引王肃的看法，然后在这里再分辨一番。至于为什么在这封信中才提及，不好说。这里的问题或关键是，前人有说法，是否要分辨？也就是说，王肃说法的依据在哪里？从前面的分析可知，那条狗恰恰是"环顾而望，无人理睬它，心里明白自己就要遭到遗弃"，而不仅仅是"不见饮食"云云，更不能由此牵出"故累然而不得意"。

王肃的牵强之处在于，捏造出"丧家狗"与孔子都含着"累然不得志"，于是可以将这两者等同起来。更蹊跷的是，《史记集解》在引王肃的说法后，虽然也引了《韩诗外传》的文字，但只落脚在"顾望无人"而将后面紧要的一句"意欲施（弛）之"抛弃，属于明显的断章取义；而李零教授竟不作分辨，而照搬援引，谓为"他的话很清楚"云云，可见是一错再错之"再错"。

尚需说明的是，王肃虽然也是一代硕儒，但学问与操行究竟也不能说是无缺。史载他为学"不好郑氏"（《三国志·王肃传》），甚至处处与郑学为敌，统统反其道而攻之，没有思考合理的意见，这样的反驳走向了极端，无助于学术的发展。而他根据《韩诗外传》所作的发挥，在今天看来，要么给人文章的基本意思都没有弄懂的感觉，要么是恶意篡改原意以混淆视听。而李教授竟采信这一说法，可见其考证不密。虽然李教授在信中就《韩诗外传》里"既敛而椁……是人固以丘为欲当之者也"又作了一些解释，但给人"没有弄懂其中意思"的印象。

另外，李教授在这封洋洋洒洒几千字的信件里，关于述及孔子被郑人嘲弄而被取绰号"丧家之狗"，比较详细地引征了五则资料，如《白虎通义·寿命》《论衡·骨相》和《孔子家语·困誓》的例子，这些与司马迁《史记·孔子世家》大同小异，现在按照顺序只录稍异部分：

孔子喟然而笑曰："形状未也，如丧家之狗。然哉乎！然哉乎！"

孔子欣然笑曰："形状，未也。如丧家狗，然哉！然哉！"

孔子欣然而叹曰："形状，未也。如丧家之狗，然乎哉！然乎哉！"

在这里，孔子的笑意是很明显的，但究竟是"赞赏式"的笑，还是"不在意式"的笑呢？如果从词语意思上说，"欣然，喜悦貌"，其实并不能在这两者间作出清晰的抉择。但是，今人非得一口断言"丧家之狗"虽然出自他人之口，而在孔子似乎还喜滋滋地承认，未免无端而武断。果真如此？我以为最好还是要回到典籍资料本身。就李教授所提供的五则材料来看，上面所提到的四则相似，而《韩诗外传》的则更加详细。为了说清问题，这里将《史记·孔子世家》的记录抄写下来：

孔子适郑，与弟子相失，孔子独立郭东门。郑人或谓子贡曰："东门有人，其颡似尧，其项类皋陶，其肩类子产，然自要以下不及禹三寸，累累若丧家之狗。"子贡以实告孔子。孔子欣然笑曰："形状，末也。而谓似丧家之狗，然哉□然哉□"

如果细细分析资料，还是能够发现很多问题的。虽然这则材料简短，所提供信息不能比之《韩诗外传》相关材料，但笔法的深刻比对也很明显。郑人说孔子"累累若丧家之狗"，如果属实，情形应该是相当狼狈的，但"孔子欣然笑"，音容宛然在目，则又显示了夫子的"仁者安仁"（《论语·里仁》），在流离困顿之中仍然保持着一份精神的旷达、超然和洒脱。《论语·里仁》有一节文字，记述了孔子的表白，还可以作为说明。他说："富与贵是人之所欲也，不以其道得之，不处也；贫与贱是人之所恶也，不以其道得之，不去也。君子去仁，恶乎成名？君子无终食之间违仁，造次必于是，颠沛必于是。"所谓"无终食之间违仁，造次必于是，颠沛必于是"，即使是面对再大的困境，即使是须臾之间，对于"仁"的追求都是始终如一的。

再则，细心的读者可能已经发现，"然哉□然哉□"，我并没有标标点，这一节文字里，孔子的"欣然笑曰"是毫无疑问的，但如果要说孔子承认"丧家狗"云云，则是明显的误读。其实，这里仍然见出孔氏对出自郑人"累累若丧家之狗"的说法的否定性辩解。而今人以为从孔子的"欣然笑曰"里已经说明他全盘接受了郑人给他的称谓，其实是被后面加入的标点所误。"然哉"后面的标点是"感叹号"还是"问号"呢？细审这一节文字，孔子"欣然笑曰"是实，但并非接受一个强加于他的称谓，他首先否定了长相上类似四圣的说法，所谓"形状，末也"［（他说的）所谓形状，那倒未必］，接着又否定了抛给他的"丧家之狗"的说法，所以"然哉"后面的标点应当是"问号"而并非"感叹号"。

需要说明的是，孔子对于郑人抛给的"累累若丧家之狗"的描述，以及结合四圣描述的混杂所形成的极为滑稽的描述，心知肚明，所以要说"形状，末也"。他一定知道，在这个时候再用圣人的相貌来描述他，明显不是褒扬，而是嘲讽和奚落。所以他首先要否定这一点。然后说"然哉？然哉？"，则仿佛让人看到了孔子轻旋身影不以为然的姿态。很显然，这些塞给他的东西，都是可以付诸一笑的。

若真要论及孔子原来的长相，不妨看看匡亚明先生所著《孔子评传》（南京大学出版社 1990 年版）的彩色插页。匡先生请人绘出孔子青年像，非常英俊。我以为匡先生绝没有将处于困顿之中、被他人奚落"丧家狗"之情状作为孔子人生特征的一个最具有代表性的描述。其在非常困难时期，由极度的饥饿疲乏所造成的形貌，自然不能算是孔子的典型写照。即便如此，那位来自晋国的相人姑布子卿也不得不承认，孔子这时还是有些风度的："你看，夫子'污面而不恶，葭喙而不藉'，只是'远而望之，赢乎若丧家之狗'……"也就是说，孔子的精气神还不错，只是"瘦弱"，也就是"赢"而已。

四、余语

读李零教授的信件，让人感慨很多。搜集材料对于教授先生来说是小事，如果稍加细读详考，至少尴尬的情形便不会发生。研究古代典籍的学者，"考辨（考据）"岂可轻忽？如果为所谓创学术之新，不顾及常识与理路，对古籍作部分或微妙的曲解及遮掩，情形则已是相当糟糕了。

大呼三更见日出

——关于文本的几个关键词

　　文本阐释空间的大小，是受诸解读者对文本要素的感兴及对文本结构的把握程度。当然，要防止应试逼仄解读文本，也要考虑到解读共同的规约性。其次，文本解读要兼顾感性、理性层面，并需要加强文本解读的相关修炼。最后，理解本于心灵，要努力抓住文本的蛛丝马迹，感知和领略意义世界之美，从而不断增益生命的底蕴和亮色。

——题引

一、文本与阐释的空间

　　有年轻编辑曾给我几个问题："想请教吴老师，文本解读是否有共通的地方？或者说对于同一类型文本，是否有些通用的方法可用？现在很多地方都存在老师从自己的角度解读文本的情况，好像有些随意，包括一些名师在内，从自己理解的角度解读，解读得对不对呢？是否存在这个问题呢？"我将这几问转到新浪微博，有老师见后问："这个问题的意思是不是在寻找一种'达诂'？"我以为可能吧，要寻得一种确定性的解释，而这可能出于对当下很多随意阐释的不安。而在我看来，解读是否确定，可能并非关键，关键是，解读要寻得一种通畅的理路，并且解读要合理中见出一种新颖。合理是基础，新意是生长点。现在很多文本解读及课堂展开为追求所谓新意，却牵强附会而不见得合理。

当然，文本解读肯定有共通的地方，同一类型文本，也有些通用的方法可用。解读是基于文本要素的感兴及对文本结构的把握的解读。读者眼里所关注的文本要素有差异，其解读所依循的逻辑也不一样，那么解读的结果必然存在差异。（本文所引观点，据苏联学者尤·加·尼格马图林纳《艺术创作综合研究方法论》，详见拙著《散文阅读新路径》，福建教育出版社 2012 年版，第 51 页。拙文《如何引领学生走进阅读深处》中亦有类似表述，见《中国教育报》2012 年 6 月 18 日。——作者注）所谓完整地理解，则从来都没有；如果要说有的话，就是尽可能地照顾到不同文本要素之间的关系；或者简单点，一般只关注寻常所见的那些文本要素，并且解读的套路与法则即解读的逻辑又大致相同，于是我们见到所谓共同的一致的看法。而应试背景下所谓的文本解读，所关注的文本要素更少，解读的套路与法则更死板。也就是说，文本解读所包含的"度"及其理解的"逻辑层面"——这些其实都已先在地被圈定，只是应试主义的圈定范围最小、最僵固也最逼仄而已。如此一来，被人们所津津乐道的标准答案或权威作答，其所涵括的点越少，而所运用的规则越僵化，那么偏离文本本意的可能性就越大——不顾及鲜活的文体的丰富性和复杂性，而"机械化、程序化的操作极其残忍地肢解着文本"的现象，就不可避免地要发生了。而为照顾阅卷评分的方便，事实上，检测又极大地缩小了学生应试主观能力的发挥范围，甚至为追求所谓的答案的标准性，而常常背离了阅读文本的初衷，衍生出离奇的应试阐释——结出一个让文学界和学术界都莫名惊诧的怪果。这对于语文文本阅读不能不说是极大的嘲讽，似乎就是基础语文教育小圈子在自娱自乐。

从一个历时的层面看，阐释几乎可以说是无穷尽的，但从某一个横截面来看，从一般人的接受程度上来说，阐释可能也不是无限度的，它应该是有边界的。如果再以遵从文本的角度看，这个空间似乎又缩小很多。因为读者或评论者如何阐释，其实文本的"释阅框架"（所谓"释阅框架"，是在既有的认知能力和心理积淀作用下所产生的理想认知模型，它不断被同化，又不断顺应新知。它认识文本世界的方式是整体推进的，交织着读者的认知与期待，随时可以幻化为一定情景的信息结构。不断地建立起"阐释框架"对于阅读来说，甚为重要。参见拙著《散文阅读新路径》第七章第一节。——作者注）早已被作者搭建好了，释阅者只是在这一框架内，提出自己的一些看法。这当然是就单篇文本来说的，如果是在两个或两个以上的文本间的超阅读，释阅的这种限制可能就几乎完全可以取消了。

就一个历时的文本来说，当下的释阅肯定是有现代人的影子，而评论者作评论时，读者可以对作品的理解深于作者。但这里，也应该有一个适度而自由的阐释空间的存在。我想，既要有严谨的实证表述，肯定还要有缜密的有关资料的细考，又有很大的多重场景的构想，而这一部分便是自由的发挥、才情的挥洒了。这样，文本里某个意义，比如说到白居易，既是多情的作者，同时又是生活在中唐的多情士子。他现在走进了你的世界，你走进了他的世界，但是，这不可能是苏轼笔下的白居易，也不是日本《源氏物语》里的影子白居易，更不是高丽人眼里的白居易。当然，释阅的个性阐释的空间可以无限扩大，但同时它又是有规约的，它一定要接上一根强大的文学和历史之道的链条（所谓链条，中国人谓之"道"，西方谓之"逻各斯"，所谓宇宙万物的精神、理性及规则，冲塞于天地之间，弥漫而无形）。这根链条，是由无数人所经营的，从古代一直做到现在。

而对现在那些匆忙得无暇读书或者屈从于一个既定的权威的语文教师来说，在课堂上又如何面对那一个个简单得不能再简单的文本，可能都是一个很大的问题了。很多人一涉及课文，便要寻找什么"切入点"，往往吴牛喘月，想来既可悲也可怜。

二、文本与诗的属性（感性及理性）

一切文本似乎都可以不断地还原为其最初的体式——诗，回到其
"情"，并回到"理"的层面上。为分析的需要，我们常常像法海，将这两
个本来融合得很紧密的许仙和白蛇拆分开来。情感是我们把握世界的很直
接的方式，否则面对一个文本，我们如何寻找到一种温情与快意呢？虽然
所有的情感最终可以化而为一种理性的表述（详见本书《是"赞美"还是
"眷恋"——郁达夫〈故都的秋〉解读》中所引张根树《谈谈诗歌创作中的
理性思维》一文的有关引述。——作者注），但在诗人与作家那里，很多时
候，他们仍然要将所谓强大的理性舍弃掉，而情愿直面最丰富、最感性的
世界。而这种经验世界的做法，其实也是普通人把握世界的方式。所以在
这里，并非在文学专业层面上，而是在一般人都感受到的层面上，来理解
我们阅读的一般情形，这就是感读，欣赏或者谓之鉴赏的东西。

这个感性的世界是如此之丰富，又充满了我们所无法预料的不确定
性；但又为我们邂逅这个世界的种种奇妙和惊喜埋设了伏笔。作者的写作
时时要遇到他原本就不曾预想的情形，而读者在阅读的时候，不也如此？
朦胧的、刹那的感觉，激动和欣喜的心情，读者与作者在文本里相遇，都
带着或然性，都伴生着种种情感的张力。而"对于语文教师来说，很难想
象，一个不解情感与文学风情的人，如何深得文本与作文之心，如何解悟
诗文的趣旨呢？如果不能，那必然是挥刀乱砍，肆意滥杀。所以，一个不
懂情感与文学的人，他必是无情的人"。不解情感，那他的课堂一定不是
善的，也一定不是生命的体现了。教师在课堂上铸造他的生命情感，而这
种生命观里的汁液也一定会被他的学生自然而然地吮吸了。"所以，一代
代良师，总是在不断提升他们的教育生命意识和教育生命的境界。"（见
《中学语文教学该往哪里走——姜广平、吴礼明对话录之二》，《江苏科技
报·教育周刊》2007 年 4 月 17 日）

但是，人毕竟又是理性的动物。特别是面对不确定的世界而要认识并

制动的时候，我们需要找到一些办法，并寄托一种希望，来控制这个使我们感到很不舒服的世界，于是理性显现了它的强大的力量。甚至，因为我们对于世界的认识与控制或改造的信心是如此强烈，于是这个理性又在所谓的信心催使下变得极度膨胀起来。历史与社会的发展并非严格按照人类后来编拟出的所谓科学与逻辑的设定，但人类总是不断地修改与编拟。正如我在一篇文章里所描述的："个人的成长其实极为偶然，每个人的一生都会遇到种种可能的平顺或险恶，但是，任何人都不希望选择多种可能性的非线性进度，总希望一切都纳入人类寄托自身强大信念的经验与逻辑的轨道。于是趋向于某种所谓规律的强烈冲动，不断地找寻，使人类狂迷。但人又是一个非常奇怪的动物，在经历了太多的'套版效应'后，发觉整齐划一并非理想的所在，感觉有一定自由空间的'豪猪距离'既绅士又惬意，于是求异思维便对由经验累积起来的一些用例非常感兴趣，并对于其中所谓'更有价值'的部分进行拼命的锤敲，以期有更多的'价值汁液'溢出，以便更快地吸取。"（引自拙文《〈朝向自我成长与赎救之路〉余语》）这就是我面对文本的非文学性的感性认识，而这当然也是理性的阅读、辨认、澄清与指认新路。

三、文本与课程修炼

有人说，"中学语文教师不能降低身份，中学语文教师需要以学者化的修炼来对待自己的工作与事业"。这句话有其道理，但我更愿意相信，修炼的方式并非当前教育所能提供。也就是说，已经僵化了的教育模式难以提供一整套方式方法来应对现实的需要。因为即使是学院派，如果羼杂过多先行的元素，甚至乱贴标签，则面对文学文本时仍然隔膜沉深。孙绍振先生曾经对此极为不满，他在《必须高度重视经典文本的个案分析》一文里，对不少基础教育里的语文教师和高校里的大学教师都深感痛切。他说："他们（语文教师）面对的不是惶惑的未知者，而是自以为是的'已知者'。如果不能从其已知中揭示出未知，指出他们（学生）感觉和理解上的盲点，将已知转化为未知，再雄辩地揭示出深刻的奥妙，让他们（学生）恍然大悟，就可能辜负了教师这个光荣称号。语文教师的使命，要比数理化和英语教师艰巨得多，也光荣得多。数理化英教师的解释，往往是现成的、全世界公认的，而语文教师却需要用自己的生命去作独特的领悟、探索和发现。"并说："你们（大学教师）在大学课堂上，不是常常以在文本以外打游击为能事，用一些传记材料、时代背景打马虎眼吗？许多学者可以在宏观上把文学理论、文学史讲得头头是道，滔滔不绝的演说、大块的文章充斥着文坛和讲坛。在文本外部，在作者生平和时代背景、文化语境方面，一个个口若悬河，似乎学富五车，但是，有多少能够进入文本内部的结构，揭示深层的、话语的、艺术的奥妙呢？就是硬撑着进入文本内部，无效重复者有之，顾左右而言他者有之，滑行于表层者有之，捉襟见肘者有之，张口结舌者有之，胡言乱语者有之，洋相百出者有之，装腔作势，借古典文论和西方文论术语以吓人，以其昏昏使人昭昭者更有之。"（孙绍振《必须高度重视经典文本的个案分析》,《语文学习》2006 年第 9 期）

当然，文本解读本是难事，所谓"文章千古事，得失寸心知"（杜甫《偶题》）。但语文教学又是如此苛求，越是艰难而苛求越显得不讲情理。它要求语文教师面对无限丰富的文本有自己的话语权，无论你是用中国古代的诗话方式，还是用 19 世纪的文学批评术，或是 20 世纪比较流行的西式文论方法，你总得要有办法来应对文本的各种挑战。我们总不能在所谓的公开课或教学观摩课中一方面小心地避开教学上的敏感雷区（所谓古文、鲁迅和西方现代主义作品），另一方面又跃跃欲试，试图从某个课文文本里寻找一些节点进行得意教学以显示教师驾驭课堂的实力。一旦侥幸如愿，那么这种教学低层次应对里的"直接的现实性"，这种简单化应对机制的"适应性"，也会助长一种盲目的"饱和"与"自足"的情绪。但越是如此，这些教师心里也就越发比谁都清楚，底气越来越感不足。最后，很多教师又搬起了"知识"传授的利器，于是语文教学便时不时地返回到"工具性"上来，比如满足于固定词语的传授，片段语意的解析，甚至娴熟于知识点的"精细"切分等，不一而足。当前的普遍情形不正是这样吗？

特别是新课程一轮一轮地向前滚动，生成性的课堂里，不是不要教师，这样的课堂所讲究的是平等、合作，在这样的环境下，更需要教师收放自如的、令人心动的种种引领与展示。学生领略文本仿佛置身于一道道风景之中，要自然而不刻意地达成，那么除了教师要真正展示实力予以帮办与协助，还能够有什么办法呢？相信在这样的课堂上，"一定有如太极又似围棋，较量的是柔劲，做活的是棋眼"，而与之相埒的，对教师又是何等高度的期许呢！再进一步，教师在课堂上，如果不是表面的做作与演戏，而是发自内在的一场场真实的生命表演与生命展示，那么，我们又需要什么样的底力呢？（《中学语文教学该往哪里走——姜广平、吴礼明对话录之一》,《江苏科技报·教育周刊》2007 年 4 月 10 日）当然，课堂另外的情形也可能是感人的。"他，一名真正具有教育情怀的教师，也许没有什么花哨，也不善演戏，很本色，他所有的形象都写满了岁月和修养，但他的心胸是博大的，其目光是深远的。也许他是默默无闻的，像自然流淌的水，但他的课堂不争一日之胜，不逞一时之风光，他可以'随缘起解'，也可以'因事说法'。……当然，他必得有修养。这修养首先应该是学问与文学。"（《中学语文教学该往哪里走——姜广平、吴礼明对话录之二》）有了这两点，或一点，其德行自然就有了一个切实的保证。但无论如何，我们希望语文教师不再因循教学的旧路，要在任何时候都能拿得出属于自己的"一套"来，也希望语文教育教学不再尾随人后，作乞怜状，所谓"以教参为本""以答案为的"云云。语文教师一定要依靠自身的实力，来撕开当前沉沉的教育暗天。

四、文本与桥（心及理解）

当然，解读文本并非语文教师所有的目的，也并非我们认识作者的唯一目的，一切都应当在我们通过作者和文本，透过他们所建立起的意义世界，感知和领略这个意义世界的无限神奇与无穷美丽，从而不断增益我们生命的底蕴和亮色。尽管在真正的智者那里，这种努力似乎并不值一提。

《庄子·天道》说："桓公读书于堂上，轮扁斫轮于堂下，释椎凿而上，问桓公曰：'敢问，公之所读者何言邪？'公曰：'圣人之言也。'曰：'圣人在乎？'公曰：'已死矣。'曰：'然则君之所读者，古人之糟魄已夫！'桓公曰：'寡人读书，轮人安得议乎？有说则可，无说则死！'轮扁曰：'臣也以臣之事观之。斫轮，徐则甘而不固，疾则苦而不入。不徐不疾，得之于手而应于心。口不能言，有数存焉于其间。臣不能以喻臣之子，臣之子亦不能受之于臣，是以行年七十而老斫轮。古之人与其不可传也死矣。然则君之所读者，古人之糟魄已夫！'"〔清郭庆藩撰，王孝鱼点校《庄子集释（全四册）》，中华书局1985年版，第490—491页〕高人们注定要离开这个世界，而与时代高人们一起，只能是对一小部分人而言的充满了温馨感的生活实在。此种情形非常令人沮丧。然而细细想来，于一般人而言，又似乎并未绝望，这个希望就在"文本"上。尽管文本虽为渣滓和糟粕，如"草蛇灰线，马迹蛛丝，隐于不言，细入无间"（引自古典小说《花月痕》第五回回末评语，光绪十四年闽双笏庐刊本）；然而"草蛇灰线，伏脉千里"，"注此写彼，手挥目送"〔转引自袁行霈主编《中国文学史（第四卷）》，高等教育出版社2003年版，第404页〕，凭借想象，倚托隐喻，或小中见大，或别有情致，而可以让无数的读者在对语言进行玩味中获其一而得其二，并进而透其形而攫其神。文本之外再无捷径，通过文本的释阅，仍然是通向先知之路的不二之选。何况我们还可以通过自身心灵的开启而事实上可以感受到更多呢。

还记得，工作前十年时，几欲撞击南墙，读着古圣先贤们的书，是他们将我引出了困境。我还记得写作《夜、火与书：一段关于灵魂的叙事》〔该文后收录于铜陵市文学艺术界联合会编《铜陵文学作品选（1999.9—2009.9）》〕时的印象。其日监考，巡视踱步间，正见教室后面黑板上我为学生所抄温庭筠的《商山早行》，突然引起一阵长久的思念，回到家里，晚上在灯下写着，老子庄子，欧阳修苏轼……都进来了：

在一个枕流漱石的地方，你甚至一丝不挂地躺在高大枝盖搭成的凉篷里，以你最自然的姿势与来人谈说着在我这个俗人看来很错乱的话。我只知这次峰会的名字叫"因棋说法"，但我知道我这幽闭的心灵里其实也感到了一种远山似的平淡和雪世界的素洁。你说读书是无用的，但我还是要在书里走进你的心灵，因为没有一条更直接的路了。我知道我的心路狭小，知识的贫乏，我不能用知识考古学来审视一个玄远的灵魂，而你也没有将你最有价值的东西存放在地层之下，就像那些庸俗的统治者以为来世还可以享受人间的奢华一样，在他们的肉体即将消亡时拼命地装饰着自己的寝陵。于是，在后世那些带着奇怪念头的想法的人们那里，历史的地层一层一层地被揭开了，而人们却轻易地将那具干尸弃在了一边，而唯一的事情就是让人去猜测他究竟是谁——但绝不会想到与你有关的一切。

但我知道，灵魂是不灭的，而灵魂的修炼是要不断地历练的，那些书在你看来虽只是一堆糟粕而已，却是我追寻你的踪迹的最好的图纸。在这静静的夜，用纸做桥梁来嫁接一个高大的灵魂，我读着你的心，感受到了你的笑意。我也似乎一下子明白了——这是在一个阴暗沉沉的夜——我看到了你的心的火炬照亮我的这颗灰暗的心，感受着"心外无物""心外无理"的真妙。确实，将人连接在一起的只有"心"：心是土，所以能厚载万物；心是火，所以能将生命尽情地燃烧；心就是心，所以我感到了你的放在双手间看得见的跳动。

那夜，阴暗潮湿的房间和方寸之地的桌子突然显得拥挤起来。这个体验也坚定了我对文本解读的信心。

当然，我还记得做学生时，读李白《梦游天姥吟留别》而有别样的心惊。其实并非其中所描绘的皇帝引领群臣降阶迎接的所谓洞天幻境，而是那一节"脚著谢公屐，身登青云梯。半壁见海日，空中闻天鸡"，久久缠绕于心，不得释然。虽然至今仍然难以言明，但"半壁见海日"确实能够别开境界。后来遇到乡贤方以智前辈所著《东西均》，其《开章》结尾说："蒙老望知者，万世犹旦暮。愚本无知，不望知也，苍苍先知之矣。三更日出，有大呼者曰'是何东西！'此即万世旦暮之霹雳也。请听！"（清方以智著，庞朴注释《东西均注释》，中华书局 2001 年版，第 21 页）蒙老者庄子也，他在《齐物论》里借长梧子之口希望"万世之后而一遇大圣"，即使是"旦暮遇之也"，仍然为后世指示了一个可能的路径。尽管日以出在五更之后为常，而"三更日出"乃世所罕见，但能够感知，即了然于心，即是相遇，即是知音，而遑论其多少与广狭呢。我纵使不知，然而蒙眬有感，已经足矣。

注：本文发表于《语文教学通讯（高中刊）》2015 年第 34 期。

我如今还在享用着它们赐予我的一切

——一个老中文系毕业生的读写思

教书二十余载，我对目前语文阅读教学存在的问题，有比较深切的认识。我觉得，当前无人的阅读、机械式阅读、断取式阅读和随意性阅读状况非常严重。因而，我不揣浅陋，负暄献曝，想将我的一家体验与经验呈献给读者，权作抛砖引玉之用，希望引起更多人对教师和阅读及写作的关注。

在这里，我仍然记得当初写作《意义与结构的重新梳理——鲁迅〈阿Q正传〉的文学社会学批评》的情形。那时正是我做教育行政的第三个年头，可能是厌倦了行政的枯燥和乏味，也可能是自感专业还不能丢弃，所以在忙碌之余，还是沉下心来，挤出时间进行阅读与思考。而有一天，当我将一本软面抄放到办公桌上，我发现，竟莫名地产生了一种由心底里升腾起来的写作激情。于是静静坐在那里，居然一气写了很多。突然产生的这种久别后的温馨，让我感到，与教学一线究竟是难以割舍的。后来，为了减少纸质上修改和誊写的量，我又借了一台电脑，每天起床后第一件事，便是打开它而对文本进行修缮。这样前前后后共进行了月余，直至将心中的意思基本表达出来为止。我至今仍然认为那个文字是我写得比较满意的。

当然，在此之前的那些年，读书与写作其实也并没有停歇过。我在《朝向自我成长与赎救之路》（见《明日教育论坛》丛刊第48辑，福建教育出版社2009年11月）的"阅读、成长与精神生活"那一部分里说，我大学毕业参加工作之余，用了很多精力，起初是古典文学的系统回顾、整理与再学习，将有代表性的作品精读了若干遍，又渐进地对于先秦两汉文学产生了兴趣，再进而研读一些经学方面的书籍：由字词而文学，再到最难的经学。同时，还做一些专门性阅读，比如李白和苏轼等。此外，在淮地找大学图书馆馆长王焕国先生（他是我的安庆同乡）借阅了大量的专业书籍。另外，就是订阅了像《读书》《文学遗产》一类非常纯粹的以及像《新华文摘》等比较综合的期刊。2003年下半年，跨过淮河长江来到铜地，为了我的所谓课堂教学改革，甚至充满激情、通宵达旦地研阅了近百本有关教育的新书籍。而对福柯以来的一些思想文化，我也保持了相当的兴趣。

　　特别地，还有一段时间，或许终生难忘。我记得在《反思：在追逐趋向中开启一条通道》（见《教师之友》2005年第3期）一文里说过，上个世纪最后十年，静心于古圣先贤的阅读，是我身处艰难时最大的精神安慰。在随后而来的那段寂寞的岁月里，我沉浸下心来，又比较系统地阅读了从中国古典诗文到西方哲学社会科学的一些书籍，大量的阅读充实了我的生命。而其时，对于文本问题，也给予了相当的关注，甚至下了功夫对名篇进行深研细阅。

　　当然，这种阅读与写作还有一个重要的企图，就是为了我的教育教学需要，更直接地说，是一种来自具体课堂的需要。其时我正在尝试文学讲授，将对话引入课堂，需要做系统的读写活动，并需要不断地获得文本细节上的支持。另外，就是感于时会，期待在生活、写作与交流中不断地充实自我与灵魂。所以在2002年暑期，为打破孤陋寡闻的封闭环境，我借钱购置电脑，开始了网上的征鸿岁月。而其时，又有幸结识了一大批真诚的朋友——大江南北、教坛内外，他们热情的参与、坦诚的交流、无私的奉献，都使我获益匪浅。而从2003年2月主持"镇西茶馆"的一期学术沙龙起，我的课堂思考从李老师那里渐渐打开了一条通道：从课堂的民主意识到课堂的结构性调整。在为李玉龙先生的《教师之友》写作期间及以后，我思考了很多问题，作了很多探索，也使阅读获得了实践兑现的机会。

在这些阅读、思索与探究中，我深切地感到中国语文是趋向于文学或诗学的，超语言的，是以情感、想象等编织成的审美集结，而关乎"人"或"生命"的寻求；而语文，不能局限于教材和课堂，不能不挣脱"字词"的缰绳，并要在交流与互动中使学生主体意义建构、个体内语言与思维建设成为可能。同时，让学生明白，知识更重要的方面是通过实际行动，在自己以及他人身上发生有效的变化，而真的测试要看运用知识来完成什么。教育必须培养学生运用所学知识的能力。

在阅读和网络交流中，我的思考也在不断延伸着，主要是由文本意识向教育意识的转化，由泛教育意识集中向语文深度课堂发展，并形成了对语文教师的"专业认识"。他不仅需要建立起视野独立的文本观，还要直面写作的挑战。同时，教师要将自己提升到知识层的高度来认识，不苟同而能够认真地思考。而且，他必须视野宽阔，关注和思索社会和教育世界里种种人的和非人的、合理的和不合理的情形。他必须给学生方向性的指示，辨析社会和人生的是非和善恶，帮助学生建立起对未来的理想和信念，引导他们朝着真善美的终极目标行进。最后，教师必须意识到，课堂亦是合乎其个性和生命生长的地方，课堂既是他必要的生长点，又是完善其自我人生的当然性路径。

而对于我来说，对于我的阅读与文本解读的一个检验，就是独立著述《汉书精华注译评》和《后汉书精华注译评》（两书均于 2008 年 1 月由长春出版社出版）。我记得 2005 年 12 月某日晚，与长春出版社杨爱萍老师等在本地一家咖啡屋"世纪欧典"聊天，杨老师谈到正在出版的《唐宋八大家散文精品注译评》等事宜，我对此兴趣甚浓，对谈了很多。而她似乎对这次谈话尤其是对我抱有很大的信心，然后在 2006 年 1 月某日问我是否可以注译评《汉书》和《后汉书》的精华本，虽然这项工作非常艰巨，但我还是斗胆应承了下来。在克服了种种难以想象的困难，细阅了近千篇论文，审读了与之相关的 20 余部著作之后，我居然在正式动笔的半年之内做完了这两部，甚至连杨老师也非常感动。这给了我极大的信心。

正是倚赖于这种信心，后来又相继完成了诸如《黄庭坚〈刘明仲墨竹赋〉注译》《铜陵古诗 20 首释解》（两者均收录于《顺治铜陵县志艺文校注》，黄山书社 2016 年版）以及点校《顺治铜陵县志》（黄山书社 2016 年版）和校注其艺文篇等难度极大的工作。而其中黄赋释解的难度，几乎超出了想象。

当然，对我来说，正式的阅读，有一个在家庭自幼起就培育起来的读书种子，又有一个疯狂的初中阅读期，更有一个高中时生成于同学间的自由阅读环境（我在《朝向自我成长与赎救之路》一文，以及另一长文《回忆我的中小学时光》里都有详述）。正是这一点点看不见的生长性聚积，使得朝向未来的某种可能性变成了一种现实。

还记得高二时，见到同学手里翻阅由华东师范大学中文系资料室编、上海教育出版社 1985 年出版的《古典文学名篇赏析》，感到眼前一亮，借来阅读，竟然爱不释手，于是请他也为我代购一本。后来得了空闲，又跑去买了《古典文学名篇赏析续编》。于是结合所上的课文，时时细读。有很多不懂的地方，则慢慢消化；不能消化的，就留给老师和时间。高三上《子路曾晳冉有公西华侍坐》篇，我还专门梳理了一些细节，向语文老师吴问潮先生表达了看法。

而其时甚至还有了一些臆想，至今还在一些同学间存有传闻。如上《信陵君窃符救赵》时，老师讲"脱颖而出"的故事，而我在作文中竟异想天开地造了一个"脱颖的闪光"并发挥了一通，没想到竟"传诵"一时。当然，通过这两本书的一些引述，我渐渐地知道了其他很多书籍。由是牵引，使阅读范围渐渐地扩大起来。总之，这两本书伴随了我在高中后两年的时光，即使到后来工作，它们仍然给了我很多启发。我的文学理解的精细感觉是从那里开始的，我对文本的精细辨析亦得之于彼。没有想到，我如今还在享用着它们赐予我的一切。

在这里，我叙说阅读的经历，希望在这条路上，每个人都基于自己的爱好一路阅读下去，钻研下去。因为阅读确实是非常不容易的事，它需要慢慢地解悟，需要时间去消化，需要阅历去深化和矫正。"世事洞明方起悟，人情练达始文章。"有人说，培养一个语文老师至少要花费十年的时间，即使现在是网络时代，这也并非虚言。可能，在课堂教学环节的处理上，一名语文教师借助于他人或网络的帮助，两三年的时间就已足够，但要在文本解读上有自己的见解，并显现一定的水准，没有足够长的时间保证，是注定要出假的。教育名家兼诗人张文质先生说"教育是慢的艺术"，用到语文教育上，是再贴切不过的。

当下，阅读虽然有很多技术上的便利，但并不能自然地走进每一个阅读者的深心。有很多解读，不是空谈概念，搬弄已被人抄得俗滥的术语，就是作过多的无根的悬想，所以常常给人这样的感慨：解读要么因基于经验而缺乏逻辑，要么因着眼于逻辑而无法应对经验。而对我来说，由阅读，还有人生阅历的共同作用，我将文艺学与文艺心理学的一些具体的细节融化到了具体文字的识读、鉴赏与认知拓展里，居然也熔铸出了我的武库里的"紫电青霜"——散文阅读教学专论《散文阅读新路径》（福建教育出版社 2012 年版）和古典诗词教学专集《中国醉美的古诗词》（文化发展出版社 2016 年版），以及等待出版的《生命之美与文本之美——中学语文名篇解读》（此即本书《美的旅程——中学语文教学文本阐释精选》）和《高考作文批判性思维 20 讲》（以《高中议论文审题、立意与题材拓展》之名，由福建教育出版社 2019 年 2 月出版）等。值得一提的是，语文名篇解读，力图以诗性的视角、理性的思辨，走进经典与作者，或生命解读，或内涵发掘，或文本澄清，或路径梳理，总归在呈现生命价值与文本世界的丰富性。我希望藉此实现对文本空间及课堂空间的拓展，渐进地达成中学人文教育之目的。而所谓作文讲解，其实也融汇了我的古典文化识见与时论于一体的批判性之论，它体现了我的时代杂感、教育审视及人文忧思。

当然，微博、微信兴起以来，我也是充分利用这些平台，一方面留意国内学人们的所读，继续增加阅读的量，并参与一些交流与写作，同时抓住并解决一两个学术上的小问题，注意言说的简明与证据的逻辑性，还注意知识性及趣味性，收获颇丰；另一方面，则是广泛收集扫描版电子书籍库，以供阅读与查证之用。数年以来，已拥有超过1T的资料量。

需要说明的是，正如前面已提及，阅读与写作，也是我课堂研究——自2003年就开始的"课堂现场化"研究的一个部分。要改变课堂对备课的简单复制，而真正推行课堂的现场运作，它需要教师有比较厚实的底力和不断增大的蕴蓄。这自然是使教学真正"出彩"的一个公开的秘密。教学界要提出一个理论，形成一个流派，实在是容易之至，但是一切的思想，一切的理论，都必须寻找到它的基础性及技术性支撑。而教师独立地"深研细阅"，自然是课堂展开的最好的支持。通过这一真切的读写行动，我希望为实际中的阅读而不是理想中的阅读，提供一个看得见的阅读与阐释方式：一是学生在课堂上的理解根据文本要素，以此保证文本理解不过分逸出边界；二是课堂需要立足于现当代的需要和学生既有的知识结构，以及由阅读兴趣而来的阅读的有序增长。

所以，我的这种阅读、解读及写作，带有所谓教师专业化的性质（虽然我很厌倦此类表述）。也就是说，具体的教育教学，必须有教师独到的见解，有他的一整套读写观以及分析文本与问题的方法。在我看来，教育必须在成长学生之前或同时，成长教师。我希望，通过不间断的阅读和写作，通过一个个文本解读的系列，或者一个个系统来完整地显示一个教师尤其是语文教师的"课堂论"，而不是零星地打磨一节或几节所谓公开课就公然宣称某某教学法或教学论。

从教以来，在阅读与写作之路上不停地走着，不想25年的时光转瞬已逝。尽管生活充满了种种不顺，甚至逆境丛生，但作为一个老中文系毕业生，我回顾，我捡拾，或许还没有辜负这个曾给我以学术涵养的专业，并且还做点了什么，于是感到已是非常幸运了。

注：本文发表于《教师月刊》2017年第2期。